房地产
与国民经济

（第二版）

杨慎 著

中国建筑工业出版社

图书在版编目（CIP）数据

房地产与国民经济/杨慎著．—2版．—北京：中国建筑工业出版社，2010.9
ISBN 978-7-112-12354-4

Ⅰ.①房… Ⅱ.①杨… Ⅲ.①房地产业-经济发展-研究-中国 Ⅳ.①F299.233.5

中国版本图书馆CIP数据核字（2010）第158301号

责任编辑：李春敏 赵晓菲
责任设计：肖　剑
责任校对：王　颖　刘　钰

房地产与国民经济

（第二版）

杨　慎　著

*

中国建筑工业出版社出版、发行（北京西郊百万庄）
各地新华书店、建筑书店经销
北京红光制版公司制版
北京云浩印刷有限责任公司印刷

*

开本：787×1092毫米　1/16　印张：23¾　字数：570千字
2010年12月第二版　2010年12月第四次印刷
定价：**59.00元**
ISBN 978-7-112-12354-4
（19615）

版权所有　翻印必究
如有印装质量问题，可寄本社退换
（邮政编码100037）

作 者 简 介

　　杨慎，山东省禹城市人，1948年就读于华北大学，1952年转入建筑行业工作，曾长期从事基层施工管理，1959年调入国家机关工作，先后在建筑工程部、国家建委任处长、副局长、国家建工总局办公厅副主任、城乡建设环境保护部局长、副部长、中国房地产开发集团公司董事长等职，1994年被选为中国房地产业协会会长，1995年当选为中国工业经济联合会副会长。

第 二 版 前 言

《房地产与国民经济》一书出版发行后，承蒙读者青睐，先后印刷3次。这次出版的第二版，是在第一版基础上的补充和扩展，主要增加了2000~2010年这一时段的部分文稿，而这一时期正是我国取消实物分房，全面推进住房商品化改革的新阶段。客观记述这一阶段的发展历程，有助于全面理解居民需求和国家的调控政策，促进这个行业的健康发展。

这里需要特别提到的是，今年4月2日是邓小平同志《关于建筑业和住宅问题的谈话》发表30周年，为了重温这一历史文献的深刻内涵并启迪后人，笔者特写了一篇短文《春到人间》以示缅怀，并把它作为本书的开篇之作，目的是让人们铭志改革开放大业，铭志永远的邓小平。

本书的出版发行，得到中国建筑工业出版社的大力帮助，承蒙同济大学周静敏教授担任本书编审顾问，李春敏同志任本书责任编辑，搜房网也对本书的出版给予了很大支持，对他们给予的支持和热情帮助，谨致衷心的感谢。

作者谨识

2010年9月

第 一 版 前 言

缘起于80年代的住房制度改革,是发生在20世纪下半叶中国大地上的一场深刻的经济社会变革,它以住房商品化为目标,对计划经济体制下实物分房模式进行了全面改革,并由此萌生出一个新兴产业——房地产业。

收录本书的文章,多是作者近年从事房地产实践的随感之作,其中除《住房商品化与房地产业》一文是20世纪80年代写的外,其余都是90年代以来结合实际工作所作的演讲、调查报告和理性思考。书中大部分文稿都在报刊或内部刊物上发表过,这次成书时只增加了标题或作了某些文字上的修改,基本内容保持原貌,因为它反映了作者当时的认识和观点。

我国房地产业从邓小平同志发表《关于建筑业和住宅问题的谈话》算起,只有20多年的时间,在这样短暂的历史瞬间内,我们成功地解决了12亿多人口的住房问题,这是一个了不起的奇迹。但是,全面提高居住质量的任务还很艰巨,特别是面对加入世贸组织,如何促进这个产业持续健康地发展,还有大量的工作要做。

为了使读者全面了解我国房地产业发展的概貌,本书收录了新中国成立以来有关住宅建设和住宅消费的基本数据,包括第一次全国城镇房屋普查的部分历史数据。作者认为，当初由 70 多万人参加，历时两年进行的那次全国房屋普查，是一次重要的国情国力调查，普查取得的各项数据，具有极高的客观真实性，是反映我国住房状况最具权威的基础性数据。整理和选编其中部分有代表性的资料，对了解历史真实和改进统计业务大有裨益。然而整理加工统计数据是一项非常艰苦浩繁的工作，有时为了设计一张表格或查清一组数据，往往需要夜以继日地工作多日才能完成。尽管如此，作者仍然不敢轻言这次选录的数据都准确无误，诚挚希望广大读者随时指出其中的错误，以期在日后再版时更正。

中国建筑业协会统计专业委员会秘书长严雪芳同志为整理加工这批数据付出了艰辛劳动，特向她表示诚挚的感谢，同时对本书责任编辑崔勇博士和为本书出版提供帮助的所有同志，表示深切的谢意。

作者谨识

2002 年 7 月 16 日

目　录

论文·观点

春到人间——《邓小平同志关于建筑业和住宅问题的谈话》
　　发表纪实 ………………………………………………………… 3
住宅商品化与房地产业 …………………………………………… 8
学会在国际市场做生意 …………………………………………… 17
在发展中规范 ……………………………………………………… 22
市场经济与宏观调控 ……………………………………………… 30
投资决策必备 ……………………………………………………… 39
房地产与国民经济 ………………………………………………… 45
发展房地产要从当地实际出发 …………………………………… 52
论房地产业的基础性先导性作用 ………………………………… 56
中国房地产投资环境及展望 ……………………………………… 65
城乡一体化是个大战略 …………………………………………… 76
关于住房分配体制改革的政策建议 ……………………………… 79
构建住房建设和消费的新机制 …………………………………… 90
中国住房的历史性变化 …………………………………………… 101
中国住宅建设有四十年发展空间 ………………………………… 107
落实谈话精神　推动产业发展 …………………………………… 111

创新是产业成熟的必由之路…………………………………… 115
大力提高住宅功能质量………………………………………… 117
用先进的理念指导协会工作…………………………………… 125
营造绿色住宅　改善人居环境………………………………… 129
新机遇　新挑战………………………………………………… 131
客观看待房价上涨问题………………………………………… 134
　　　　参阅文件：北京市房地产开发税费一览………… 138
　　　　　　　　　北京市房地产价格构成………………… 147
　　　　　　　　　北京市商品住宅价格分析……………… 153
　　　　　　　　　关于对上海市房地产开发企业乱收费情况的调查
　　　　　　　　　报告…………………………………………… 162
世纪初年的住宅建设和人居发展战略………………………… 181
中国房地产开发事业的先驱…………………………………… 189
"人均居住面积"算法不科学…………………………………… 193
开发节水型建筑………………………………………………… 196
开发商要树立五大意识………………………………………… 200
按套卖房………………………………………………………… 203
重视房地产业的宏观核算……………………………………… 205
从恩格尔定律到产业形势……………………………………… 219
扩城建镇　顺势分流——关于21世纪我国人居发展战略
　　的思考……………………………………………………… 227
房地产业发展与用地制度改革………………………………… 231
《新城市主义的中国之路》序言……………………………… 237
用科学发展观指导住房建设…………………………………… 241
"中凯精神"是诚信的典范……………………………………… 249
创新推动新发展………………………………………………… 251
营造大众住房消费新时代……………………………………… 253

毛坯房应尽快出局 …………………………………………………… 255
高房价引发的思考 …………………………………………………… 258
住房建设发展低碳经济的重点和对策 ……………………………… 261
　　参阅文件：国务院关于城乡划分标准的规定 ………………… 265

中国住房基本数据（1950～2000年）

住宅建设投资占国内生产总值的比重（1950～2000年）………… 273
住宅建设投资占固定资产投资的比重（1950～2000年）………… 276
全国城镇新建住宅投资（1950～2000年）………………………… 279
全国城镇新建各类房屋面积及住宅所占比重（1950～2000年）… 282
全国农村新建住宅投资（1980～2000年）………………………… 285
全国农村新建住宅建筑面积（1980～2000年）…………………… 286
20世纪90年代全国住房水平 ……………………………………… 287
20世纪90年代全国城镇住房水平 ………………………………… 288
20世纪90年代全国农村住房水平 ………………………………… 289
全国城市住宅减量统计 ……………………………………………… 290
城镇居民家庭居住支出占消费总支出的比重（1985～2000年）… 291
农村居民家庭居住支出占消费总支出的比重（1985～2000年）… 292
城镇居民家庭户均使用面积典型调查（1999年）………………… 293
城镇住宅套型典型调查（1999年）………………………………… 295
城镇住宅权属状况典型调查（1999年）…………………………… 296
城镇住宅卫生设备状况典型调查（1999年）……………………… 297
房地产开发投资及占固定资产投资的比重（1986～2000年）…… 299
历年房地产开发面积占全国房屋面积比重 ………………………… 300
历年商品房销售面积及销售额 ……………………………………… 301
历年商品住宅平均销售价格 ………………………………………… 302
全国房地产开发企业个数 …………………………………………… 303

全国房地产开发从业人数 … 304
房地产开发企业财务状况 … 305
房地产开发企业经营状况 … 306
房地产开发企业资金来源 … 307
1979年农村住房水平典型调查 … 308
1979年农村户均住房水平典型调查 … 310
1979年农村房屋结构典型调查 … 311
1985年全国城镇实有住宅数量 … 312
1985年城镇居民户均住房建筑面积 … 314
1985年城镇居民户均住房使用面积 … 316
1985年城镇居民人均住房水平（按建筑面积计算） … 318
1985年城镇居民人均住房水平（按使用面积计算） … 320
1985年城镇成套住宅比重 … 322
1985年城镇居民缺房状况 … 324
1985年城镇住房设施状况 … 326
1985年城镇房屋结构状况 … 327
1985年城镇房屋层数 … 328
20世纪90年代农村个人建房典型调查 … 329
统计数据说明 … 330

国外参考资料

国外住宅建设对国民经济的影响 … 343
国外新建住宅平均每套建筑面积（1970～1991年） … 345
美国新建独户住宅面积及设施 … 346
美国新建多户住宅面积及设施 … 347
国外居住水平及自有住宅比重 … 348
国外家庭消费支出构成 … 349

负担系数与人口老龄化·················· 350
城市人口比重······················ 352
人均国民生产总值···················· 354
不同国家投资率比较··················· 356
世界经济发展主要指标·················· 358
国土面积与人口密度··················· 360

参考书目························ 366
补正说明························ 367

论文·观点

春到人间

——《邓小平同志关于建筑业和住宅问题的谈话》发表纪实

党的十一届三中全会闭幕不久，1980年4月2日，邓小平同志同胡耀邦、万里、姚依林、邓力群谈长期规划问题。在谈到建筑业和住宅问题时，小平同志作了重要指示。

关于建筑业，小平同志说，从多数资本主义国家看，建筑业是国民经济的三大支柱之一，这不是没有道理的。过去我们很不重视建筑业，只把它看成是消费领域的问题。建设起来的住宅，当然是为人民生活服务的。但是这种生产消费资料的部门，也是发展生产、增加收入的重要产业部门。要改变一个观念，就是认为建筑业是赔钱的。应该看到，建筑业是可以赚钱的，是可以为国家增加收入、增加积累的一个重要产业部门。要不然，就不能说明为什么资本主义国家把它当作经济的三大支柱之一。所以在长期规划中，必须把建筑业放在重要地位。与此相联系，建筑业发展起来，就可以解决大量人口的就业问题，就可以多盖房，更好地满足城乡人民的需要。随着建筑业的发展，也就带动了建材工业的发展。

关于住宅问题，小平同志说，要考虑城市建筑住宅、分配房屋

注：2010年4月2日，是《邓小平同志关于建筑业和住宅问题的谈话》发表30周年，为纪念这一重要文献的广泛践行，特撰此文，以示缅怀。

的一系列政策。城镇居民个人可以购买房屋，也可以自己盖。不但新房子可以出售，老房子也可以出售。可以一次付款，也可以分期付款，十年、十五年付清。住宅出售以后，房租恐怕要调整。要联系房价调整房租，使人们考虑到买房合算，因此要研究逐步提高房租。房租太低，人们就不买房子了。繁华的市中心和偏僻地方的房子，交通方便地区和不方便地区的房子，城区和郊区的房子，租金应该有所不同。将来房租提高了，对低工资的职工要给予补贴。这些政策要联系起来考虑。建房还可以鼓励公私合营或民建公助，也可以私人自己想办法。农村盖房要有新设计，不要老是小四合院，要发展楼房。平房改楼房，能节约耕地。盖什么样的楼房，要适合不同地区、不同居民的需要。

小平同志的这篇重要谈话，是1980年4月13日全国基本建设会议期间，由时任国务院副总理兼国家计委主任姚依林向大会传达的。参加会议的有各省、市、自治区分管建设工作的负责人，中央有关部委领导，各地建设厅长、建委主任及国家建委机关处级以上干部。谈话全文共642个字，言简意赅，高屋建瓴，体现了他对群众住房问题的关切，也反映出他对建筑行业乃至整个经济管理体制的深度思考。衣食住行，民生之本，全国解放几十年了，人均住房不到5平方米[注1]，家家户户缺住房，已成为举国关注的大问题。所以，小平谈话一传达，立即引起全场高度关注。

会议在当时的建筑展览馆礼堂举行，传达时会场一片寂静。姚依林在讲话开始，先简述了降低积累率和经济建设方针问题。他强调积累率不能太高，不宜超过百分之二十五，积累率过高就会没有速度了。过去的几个五年计划真正执行好的只有第一个五年计划，以后几个五年计划都没有很好执行，主要原因是政治上的反复造成的。姚依林开诚布公的讲话，给大家留下深刻的印象，也为正确领会小平同志谈话作了很好的注解。人们边听边记，全神贯注，会议开了近半个上午。

当天中午，大会刚刚结束，韩光【注2】便把肖桐【注3】和我一起叫到他的办公室，当即讲了两件事：（一）认真组织学习，可按系统传达；（二）尽快提出试点方案。因为在这以前，国家建工总局曾把各地建筑部门一把手调集北京举办研究班，系统培训了三十九天，韩光对此印象深刻。

5月19日，肖桐主持召开国家建工总局成立大会暨全国厅局长会议，主要任务是传达小平谈话和部署当前工作，会议开得十分热烈。当传达到"过去我们很不重视建筑业，只把它看成是消费领域的问题。建设起来的住宅，当然是为人民生活服务的。但是这种生产消费资料的部门，也是发展生产、增加收入的重要产业部门"时，全场气氛顿时沉寂下来，在这沉寂的背后，引发起人们对历史的共鸣与沉思。建国后为了建立工业化的基础，集中全国人力、物力、财力，省吃俭用办工业，大炼钢铁，优先发展重工业，这在当时有其对的一面，但却忽视了人民生活，放松了消费品生产，导致产业结构失衡，资金集聚困拙，反过来又制约了发展，建筑业也深受其累。了解历史的人都记得，由于传统体制的制约，建筑行业在没有分文利润的情况下，艰辛地渡过了21个年头【注4】，当时大家最大的心愿，就是奉献自我，民富国强。从过去不被重视到支柱产业地位，这不是人为的提升，而是拨乱反正的结果。

会议期间，大家争相传抄小平的讲话并自发进行讨论，其中谈论最多的是支柱产业的内涵及住房商品化的实现途径，还有很多人是想得到一份小平谈话原文当"尚方宝剑"。因为小平谈话一针见血，他把建筑业发展滞后的原因和未来前景，提升到理论高度和制度建设的高度，使人顿开茅塞。更难能可贵的是，针对破解城市住宅的困局，他果敢提出推进住房商品化改革，发展消费信贷，合理调整房租，鼓励合作建房，对低收入家庭发放住房补贴以及重视农村建房等一系列政策，思路清晰具体。据笔者所知，在这之前他先后赴大庆、鞍山、唐山、北京、天津[注5]等地，实地考察群众住房情况。在出访马来西亚及新加坡期间，曾对当地住房状况进行了考察。这些，都为他作出战略决策提供了宝贵的思想原料。可是，受当时大环境及条条框框的限制，谈话只能在内部传达，不能对外发表，人们对此反应强烈。尤其是已率先进行改革试点的沈阳、重庆、南京、南昌四个城市，呼声更是强烈。

为了适应改革开放和国际交往的需要，1983年7月，建设部决定出版《中国建筑年鉴》向国内外公开发行，并由杨慎担任主编。首卷重点反映建国以来全行业重大活动及发展成就，凡涉及全局性的重大事件均收入其中。为了广泛宣传邓小平的改革主张，我们决定直接向中央写信，要求公开发表小平同志的谈话。这封信由我口述，由年鉴办公室综合处长都贻明记录并抄写，以部党组的名义直送中央宣传部。时间是1984年3月15日。时任中宣部部长的朱厚泽在他的办公室热情接待了我，当我说明来意后，朱厚泽告诉我：公开发表中央领导的讲话、文章，统归中央文献研究室负责。据此，信件又于3月27日转送至中央文献研究室。

过了不久，中央文献研究室接到我们的报告后，指派张裕康同志负责经办，他先后多次来我的办公室研究稿件修改及相关事宜。1984年5月10日，张裕康当面告诉我："谈话"已经小平同志审定，同意发表，请据此收入《中国建筑年鉴》。同时告知，这篇谈话还将在《人民日报》和《经济日报》上发表。至此，公开发表小平同志谈话的一桩大事，终于完满完成，大家十分高兴。

1984年5月15日至31日，六届人大二次会议在京举行。会议根据小平同志谈话要点，政府工作报告把改革建筑业和基本建设管理体制作为重要内容进行了全面阐述，受到大会高度评价。当天，《人民日报》、《经济日报》均在显著位置刊发了小平同志谈话全文,其他媒体也相继作了报道。从此,一个富民强国的伟大战略决策,在全国城乡迅速传开;一个旨在改善民生的发展大计,列入国家重要日程;一个亿万群众日夜企盼的住房梦,从此开始成为现实。

【注1】 见国发〔1978〕222号文《国务院批转国家建委关于加快城市住宅建设的报告》,当时全国人均居住面积只有3.6平方米,低于解放初期的水平。

【注2】 韩光,时任国家建委主任,2008年去世。

【注3】 肖桐,时任国家建委副主任兼国家建工总局局长,2001年去世。

【注4】 建国初期参照前苏联模式,施工企业法定利润为2.5%。20世纪50年代末期,有的单位提出:基建投资由国家预算拨款,施工企业的利润再上交国家,等于资金空转。鉴此,1958年财政部以(58)财建工字第443号文发出通知,自1959年起取消施工企业法定利润,同时企业的降低成本也相应上交主管部门。从此建筑业成为一个没有利润的行业,直至1980年才开始恢复,共历时21年(详见杨慎著《中国建筑业的改革》)。

【注5】 中央文献研究室编.《邓小平年谱》上卷385～429页。

住宅商品化与房地产业

关于发挥建筑业在国民经济中的作用问题,近年来理论界、学术界已有不少论述,实践中也有许多创新。存在的主要问题是受整个经济体制改革进程的制约,民用建筑业(主要是住宅)商品化进程没有设想的那样快,因而建筑业在宏观经济中调节消费结构、集聚社会资金方面的功能,没有充分发挥出来。

不久前召开的党的十三大关于我国经济发展战略指出:"以积极推行住宅商品化为契机,大力发展建筑业,使它逐步成为国民经济的一大支柱。"这一论述既重申了建筑业在国民经济中的战略地位,又明确指出了实现其支柱作用的途径,为振兴房地产业提供了一个良好的机会。大家记得,1980年4月邓小平同志曾就发展建筑业问题作过一次重要谈话,内容涉及住宅的性质,建筑业的地位,改善群众住房条件的途径,调整房租,出售旧房等一系列政策问题,核心也是住宅商品化,十三大在这方面的论述和小平同志谈话的精神是完全一致的。

为什么发展建筑业以住宅商品化为契机呢?所谓契机,就是事物的转化环节,它是哲学上的术语,在这里就是"关键"的意思。广义地

注:本文系1987年11月30日在中国建筑业联合会首届年会上的讲话,原载《中国建筑业的改革》。

说，建筑产品可以分为两大类：一类是为经济和社会发展创造物质技术基础的建筑物和构筑物，属于生产资料范畴，这一部分产品和通常意义上的商品不同，它具有内在商品属性而不具有一般商品的流通形式，暂不作为商品化考虑的内容，至于这一部分如何进一步搞活，另外专门讨论。再一类就是以住宅为主的民用建筑，这一部分属于消费资料，可以按一般商品原则进行生产和流通，是实现商品化的重点。住宅作为消费资料，从来就属于个人出资购买或建造的范畴，在经济发达的西方国家，包括某些社会福利制国家，住宅多数是由个人出资购买或租赁。在这些国家中，住宅商品化不是什么政策导向，而是社会分工演进的结果。我国因为经济体制模式不同，长期实行由国家包下来的办法，当时出发点是为了把群众的住房问题解决得好一些，但在我国这样一个十亿人口，一亿多职工的大国里，国家包不起也包不了，这已为前三十年的历史所证明。

以住房商品化为契机，就是通过体制和机制的转换，改革低租金、高补贴、福利型、供给制的住房制度，返还住宅的本来属性和运行形态，相应改革有关的体制政策，从根本上改变住宅建设只有投入没有产出、资金不能良性循环的局面，使之成为推动建筑业稳定发展的动力。限于篇幅，本文不准备泛述住宅商品化的一般道理，仅就如何使这一政策思想实践化的有关问题，讲几点不成熟的意见。

（一）推进住房制度改革是实现住宅商品化的前提

低租金制是旧住房制度的核心。据1985年统计，全国城市公房月租金每平方米平均为1角3分，房租支出仅占个人生活费支出的1.08%，是世界上少有的低租金国家。不解决房租过低的问题，继续维护无偿分配的老办法，住宅商品化就很难推开。只有联系房价调整房租，使人们考虑到买房比租房合算，才能促进住房商品化的实现。

目前各地出台的房改方案不下十余种，归纳起来基本上可分为

"分步到位"和"小步密走"两种方式，前者步子较大，第一步提到准成本租金的水平，然后再分两步或三步提到商品租金的水平；后者以现有租金水平为基础，根据实际情况分若干个步骤达到商品租金的水平。这两种方式的共同优点，是都考虑了因地制宜、量力而行和群众承受能力的一面，但也存在着步子迈得过小，提租幅度过慢的不足。经验证明，对于房改这类看准了的改革，如果拖得时间太长，不利于住房问题的解决，同时在新旧体制并存的情况下迈小步，积累的矛盾将会越来越多，冲淡改革效应。基于这一认识，我认为应该加快房改步伐，用五年到八年的时间分两步实现"三项因素"计租和"五项因素"计租的目标，堵死低租金和无偿分配住房的老路。至于商品租金（八项因素计租），可作为一个预期目标，留待以后再说，近期暂不考虑。

借这个机会，谈一下我对房改实施范围的看法。按现在出台的一些成文或不成文的规定，房改只在群众中进行，对省部级以上干部实行官邸制，提租时多方减免，个人也不买房，群众对此反映强烈。从密切党群关系、发扬党的优良传统出发，我认为这种规定不符合住房制度改革的原则，不符合在租金面前人人平等的原则。当然我也不赞成脱离历史背景，搞一刀切。对于党和国家的主要领导人应从工作需要出发，继续实行官邸制，房租也适当减免。除此之外，包括省部一级干部均应和群众一样参加房改，该提租的提租，该增资的增资，鼓励他们带头买房，否则他们就没有资格动员别人参加和支持房改。

（二）结合房改，调整工资，改暗补为明补

我国现在实行的是广就业、低工资、多补贴的工资制度，工资结构中只包括吃穿用等基本要素，房租含量很少（有一种意见说工资中不包括房租是不对的）。大幅度提高房租必须相应改革现行的工资结构，增加工资中的房租含量。改革的办法是将国民收入中"扣除"的

那部分预留基金和二次分配用于住房建设的资金（按现在的口径，约占全国基建投资的 20%）调整到初次分配中去，作为工资收入发给个人，把工资中的房租含量打足，同时将房租调高到合理水平，取消住房补贴，实行多住房多交租，少住房少交租，房租由个人负担，在租金面前人人平等。举例来说，1986 年全年用于城市住宅建设的资金及维修费补贴约 400 亿元，同年国有及城镇集体所有制职工 1.28 亿人，把用于建房的资金均摊到每个职工，人均每月 26 元，以此为基数每人每月增加工资 26 元，明确宣布增加的这部分工资是用于交纳房租的。在增资的同时，把房租也调上去，做到一手发放，一手回笼，基本上收支平衡。这样，职工收入将有一个较大的提高，直观地看，财政支出增加了一大块，但国家可以卸下为 1 亿多人无偿建房分房的大包袱，维修补贴减少了，用于建房的资金通过上述循环基本上当年可以收回，同时由于房租提高，可以有效地抑制不合理需求，刹住分房中的不正之风，算大账对国家有利。总之，现在这种低工资、高补贴的工资制度非改革不可，早改早主动，越晚越被动。

（三）建立住房发展基金

作上述改革后，为了使建房资金能正常循环，还必须建立由国家、集体、个人合理负担的住房发展基金。国家一块可按当年财政收入的 5% 左右考虑；集体一块由企业福利基金支付；个人一块按基本工资一定比例负担。住房发展基金一部分用于解决没有工资收入的城市居民建房需要，一部分用于解决无房户或新增职工的建房需要，一部分用于物价上涨的差额补贴和储备资金。

（四）延长贷款年限

由于我国现行工资标准偏低，即使作上述调整后，仍然是多数人无力购房，因此必须开展住房贷款业务，相应建立住宅专项储蓄，个人存款达到购房资金的30%，即可向银行贷款，但住户必须以房契作为抵押，待本息全部付清后退还原主。贷款期限从现在的15年延长到20年至25年（东欧及西方国家多数在20年以上，美国为30年，瑞典为40年），同时将贷款利息改为浮动利率，每年一结，滚动转入贷款余额。为了鼓励个人买房，住房贷款不计复利。

（五）明确产权归属，增值收入归己

在推进房改过程中各地相继出台了一些优惠措施，对此应作具体分析。如果没有必要的优惠措施，就难以调动个人买房的积极性，因为现在的房价和个人工资收入差额太大；如果优惠政策过多，则容易打乱房改的总体思路，造成互相攀比，竞相压低房价，使国家财产异化为个人所有。据说有一个省在出售旧房时，一套三居室的单元住宅，七折八扣最后只卖到4000多元。还有的以低价购买住房，转手高价出租，每月租金收入上百元，这些都值得引起重视。优惠政策的批准权应集中到省（市）一级人民政府，重大优惠政策由国家统一制定。经过批准按优惠政策出售给个人的住宅，包括折价出售的旧房和减收价款出售的新房，均应产权归个人所有，购买人有居住、继承、赠与和出售等自由。

现在有的地方把折旧或优惠出售的住宅称作有限产权，规定几年内不准出售，到期出售时增值部分按优惠比例与原产权单位分成。实行这种办法的出发点可以理解，但操作中问题很多，主要是产权界定和房屋管理维修方面有许多技术问题不易处理。从所有权理论上讲，也难以自圆其说。因为住宅既然是消费资料，就应和其他商品一样，在完成购买行为后归购买者所有，销售单位不应在若干年后再向买主追索增值收益。我们的政策设计应着眼于调动多数人买房的积极性，尽量少采取不必要的限制措施，对某些可能增值过多的房屋，可用征收增值税的办法解决。

（六）开展土地批租，实行土地开发经营

改革开放政策打破了土地不能经营的禁区，土地资源的开发利用被提上日程。土地作为自然物本身并不是商品，但经过开发的土地，例如整治地形、改换土质、清障除污、敷设管线、强化荷载，以及建筑物和土地不可分离的特点，使土地具有了商品内在属性和生产功能，即人们通常所说由生地变成熟地。我国土地过去长期实行无偿划拨，对这部分资源没有充分利用，现在用地制度改革刚刚开始起步，主要内容是城市国有土地使用权的有偿出租和转让，乡镇企业和居民宅基地实行有偿使用。这些改革符合社会主义初级阶段的特点，正确运用这一政策，既可避免无偿使用带来的浪费和流失，又可使巨额呆滞财富成为可观的财源。

土地有偿使用是所有权与经营权分离的一种形式，并不改变所有制本身。城市政府及建设主管部门在维护总体规划的前提下，可依法开展土地批租及开发经营业务，有权确定土地价格及使用年限。批租土地的年限根据用途可长可短，现在深圳试点为 50 年，我认为只要对发展经济有利，50 年也不应成为极限，还可以 60 年、70 年甚至更长。为了提高城市综合功能，城市征收的土地使用费，应主要用于市政建设。

（七）加强综合开发，改革住宅投资体制

解决住房问题的出路，要从抑制不合理需求和增加住房供给两个方面入手。前者靠改革住房制度来解决，后者靠综合开发，振兴房地产市场来实现。进入 80 年代以来，我们借鉴国外做法，实行房地产综合开发，找到了一条解决住房问题的有效途径。在实践中形成的"统一规划，合理布局，综合开发，配套建设"的方针，已成为指导城市建设最重要的经验。目前全国已成立房地产开发公司上千家，每

年完成开发工作量 100 多亿元，商品房约占全部住宅建设面积的百分之二十。实现本世纪末人均居住面积达到 8 平方米的目标，必须进一步加强综合开发，扩大综合开发范围，提高开发质量和开发效益。同这个问题有关，建筑施工企业要打破单一工程承包的格局，积极参与房地产开发和经营。建筑业和房地产业具有兼容性和互通性，只要具备必要的条件，既可自营也可联营开发业务。发达国家的建筑承包商，几乎都兼营房地产业务，非常重视开发性建设，并借助房地产优势进行实业开发，因而成为一代巨富。对于这些符合社会化大生产规律，有利于行业振兴的经营之道，我们也要大胆采用。

为了更好地实现这一目标，必须改革现行住宅投资体制，由现在的以条条为主，改为以块块为主，由建设主管部门统一归口管理，做到住宅建设和城市基础设施统筹安排、协调配套，新区建设和旧城改造互相衔接，努力改变分散投资、分散建设的局面。全国住宅建设计划由建设部主持编制，纳入国民经济和社会发展计划，经国家计委综合平衡后统一下达。

（八）大力发展房屋管理和维修服务业

随着住宅商品化的推行，群众更加关心房屋的质量，维修服务业务将大量增加，产权、产籍管理和咨询、评估业务也提上日程。现在人们对买房子观望踌躇，并不完全是缺乏承受能力，更担心的是政策多变和维修服务工作跟不上。因此，必须按照变化了的形势和群众要求，大力加强和改进房产管理，建立社会化、企业化的维修服务网络。作为第一步，对房产管理和维修服务，要制定详尽周密的管理制度，公诸于众，自小区（或栋号）交付使用第一天起，便严格按制度执行，做到主动上门，随叫随到。房管部门要与开发企业签订协议，明确保修期内的修缮责任和经济责任，在保修期内发生的质量缺陷，其修缮费用不得向用户收取。

（九）加强对房地产市场的管理

现在已有 167 个城市建立了房地产交易中心或交易所，陆续开展了房地产买卖、评估、典当、拍卖、租赁、抵押等管理和监督业务，对活跃房地产交易和建立正常的交易秩序起了重要作用。房地产价格昂贵，货币流通量大，很容易产生私下交易、倒买倒卖、偷税漏税等违法行为。特别是目前房地产业正处于兴起阶段，法规政策不健全，改革措施不配套，管理经验不足，更容易出现某些漏洞和弊端。当务之急是抓紧交易市场的建立，扩大覆盖面，同时抓紧拟订和完善有关的法规制度，使房地产业尽快走上依法管理和有序管理的轨道。

（十）开拓金融业务，增强产业活力

金融资本同产业资本的互相分离而又紧密结合，是当代资本主义国家发展商品经济的共同规律。只要存在着商品经济，货币作为一般等价物和价值尺度，就在生产、流通、分配各个环节中，起着调节经济运行的中枢作用，社会主义国家实行有计划的商品经济，更应重视和发挥金融的宏观调控作用。房地产业和建筑施工企业最大的不同，就是房地产业属于资金密集和管理密集型行业，其生产循环的方式和其他产业一样，是按照 G—W—G 的公式进行的，从货币投入开始，通过开发和建设转化为实物形态的商品房，再通过市场实现，复归到货币形态。但这时的货币已不是原来的货币，而是增值了的货币，即包括了孳生的利润。因此，房地产业离开金融业的支持和配合，就寸步难行，而金融业介入房地产业，又是扩张资本、实现资本增值的良好机会，两者互相依存，互为前提，谁也离不开谁。

国际上知名的开发商几乎都有金融业的参与或以财团为后盾，就是为了及时捕捉投资良机，能在起伏不定的市场冲击中站稳脚跟。广

东的同志曾对房地产业作过一句形象的概括，叫做"面向市场、背靠金融"，这是很有见地的。我们现在的问题是，金融市场很不发达，专业银行分工过细，房地产业普遍存在融资渠道单一、货币供应过紧的状况，企业经济实力薄弱，多数停留在小打小闹的水平。因此，推进金融体制改革，充分发挥金融机构在信贷、融资、结算、评估、抵押、保险和债券股票等多方面的功能，积极主动地为推行住宅商品化服务，是振兴房地产业的当务之急，也是搞活企业的迫切需要。

现在，住宅商品化已作为经济发展战略提上日程，这是一项牵动千家万户的改革，必然要在人们的观念上带来巨大振荡，更重要的是有一系列实际问题需要解决，有关的体制政策必须配套改革。没有这些条件，住宅商品化的任务是很难顺利实现的。

学会在国际市场做生意

工作组来美国已经18天，先后在洛杉矶、亚特兰大和佛罗里达察看了十八个现场和地块，会见了驻洛杉矶总领事和五家金融咨询机构，同十二位合伙人进行了接触。通过这一段工作，对美国房地产市场及美国分公司开展业务的情况有了一些粗浅了解。昨天工作组对前一段工作进行了阶段性小结，今天由我同大家谈一谈，同时提出几个问题，请大家讨论。

（一）正确认识主客观条件是制胜之本

中国建筑总公司开展对外业务以来，从经援到承包，从中东到北美，从建筑施工到经营房地产，并在经济发达、竞争激烈的美国市场上站住了脚，这是一个很大的进步。三年来，美国分公司在人手少、经验不足的情况下，做了许多开创性工作，为中建公司在北美地区发展业务打下了一定的基础，取得的成绩是主要的，这一点应该充分肯定。

现在三年过去了，很有必要认真回顾和总结过去几年开拓发展的经验教训，通过总结实现两个再认识：一是重新认识美国房地产市

注：本文系1989年5月28日在中国建筑总公司美国分公司全体干部会议上的讲话摘要。

场，二是重新认识自身的主观条件，在这个基础上进一步明确今后的经营方针。

我们说过去的成绩是主要的，是就总体而言，并不是每一个项目都没有问题，有的已经发生亏损，有的前景还难以预测，这些虽然是创业阶段难以完全避免的，但需要认真总结。万事开头难，过去几年的路不容易，从这个意义上说，过去的经验和教训都是未来发展的宝贵财富。通过总结，达到统一认识、增强信心、巩固成绩、扩大战果的目的。总结工作要结合当前生产进行，不要中断业务，要对事不对人。当然，总结经验教训不但分公司需要，总公司也需要，因为分公司是总公司的一个组成部分，有些重大问题总公司还参与过决策。根据工作组一路的见闻，建议总结时重点研究以下几个问题：

（1）怎样选好项目，重点是如何做好资金投入前的论证。在美国搞房地产，前期工作要经过项目遴选、咨询评估、银行审核三道关口，但作为业主或投资的主体，项目投入前的自我论证至关重要。也就是说，在下决心投资前一定要认真算账，反复论证比较，确保有利可图。

（2）怎样选好合伙人。房地产是一项十分复杂的业务，涉及金融、法律、商务、技术、管理等广阔领域，它比单一的工程承包要难得多，尤其是在美国这个法律多如牛毛的国家里，如何学会用法律保护自己，还没有入门。我有这样一个看法，就是根据我们自身的条件，至少在近期我们还不具备做总合伙人的本领，做有限合伙人将是今后相当长一段时期的合作方式。因此，选好合伙人是项目成败的关键。这就需要结合几年的实践，看一看选择合伙人要注意些什么问题，研究一下在一个地区或一个项目上，是多选几个合伙人好，还是少选几个好。

（3）怎样介入项目管理，把自身的工作拓展到项目实施过程中去。房地产开发成败有两个关键环节：一是投资决策，一是项目运作，两者缺一不可。开发商只搞资金投入不介入项目管理，就容易出现失控，预期效益就难以到手。目前我们参与的方式主要有三种：即有限合伙人、总合伙人和独资经营。要研究一下今后在哪些项目上采取哪种管理方式最好，区别对待，分类指导。总之，要深入到第一线去，不能遥控。

（4）怎样突出效益。美国分公司三年来经营效益究竟如何？赚了多少，亏了多少，都要搞清楚，同时要结合目前实际情况制定出今后两年的发展规划。

以上只是出几个题目，答案由你们去做，因为你们在第一线，最有发言权。

（二）盈利是核心

关于美国分公司今后的业务方针，工作组议了一下，大家认为应当遵循"以盈利为中心，从长计议，量力而行，积极发展"的方针。这里顺便说明一下，这四句话不是并列的，盈利是核心。我们到美国来就是为了赚钱，分公司的经营布局和业务发展要围绕增加收益这个主旨做文章，有多少本事干多少事，既不要坐失良机，也不要干那些力不能及的事。在国外开发房地产财力支持固然重要，但人才比钱更重要，因为钱要通过人去运作，项目要通过人去管理。我们要在人力、财力许可的情况下积极开拓，争取做一项成功一项。

通过这段时间的考察，工作组认为在美国从事房地产投资存在着"三难三不难"，即找到开发项目不难，找到好的项目比较难；找合伙人不难，找到好的合伙人比较难；迅速投入资金不难，获得预期效益较难。"三难"的存在，并不完全取决于我们本事的大小，还取决于对客观规律的认识和把握，因为做房地产生意变化因素太多，受客观形势影响和制约的因素太多。我们既要看到美国房地产市场潜力大的一面，又要看到赚钱也很不容易的一面。国际市场竞争激烈，敢到美国来一比高低的大都是商界高手，在精明的圈子里同精明的人打交道，必须自己先学会精明。

考虑到多方面的因素，工作组暂定对美国分公司的投资规模定为5000万美元，其中包括一期工程回收后再投入的资金，如果5000万美元用完了，而又有效益特别好的项目，另外专项报批，但主要立足于用好现有资金。

对一个公司来讲，有5000万美元资本金已不算小，如按1元投入可做5元钱生意计算，等于2.5亿美元的营业额。我现在担心的不是钱少，而是你们的管理工作跟不上。今后对分公司的考核主要看投入产出效益，也就是看资金利润率，今后再开新项目税前利润率至少应达到15%至25%，税后利润达到8%至10%，否则不能轻易投资。

关于经营方式，最好是找合伙人共同投资，做到风险共担，利益共享，用利益关系把双方捆在一起，然后逐步做到少投资，多占股份。当前工作重点应放在土地储备和前期开发上，有条件地参与项目的施工管理。对投资额大回收期长的项目，必须在算清账和效益确有保障的情况下再投入，这类项目要严格控制，多开发一些短平快的项目，加速资金周转。

（三）重视战略布局

美国分公司现在的设点比较分散，今后可考虑重点放在三个地区，第一是以洛杉矶为中心的西部地区，第二是以纽约为中心的东部地区，第三是佛罗里达州。这样定点以后，现在的管理体制要作相应调整，改变目前分公司对所有项目都直接管理的做法。这一条如果大家同意，可以考虑按上述三个地区设立地区经理，实行地区经理负责制，分片负责。分公司通过地区经理管项目，但地区经理不是子公司，而是分公司派出的代表。如果层层设立子公司，不但要双重纳税，还增加管理层次，影响工作效率。

实行分片管理后,各片区根据条件在算清账的情况下,适当储备一些土地,也可搞一些土地的有限开发,前提是看准市场行情,不要把活钱变成死钱。

在业务扩张时期要特别重视企业自身建设,当前业务建设主要是两件事:一是建立内部工作责任制和一套办事程序,做到各项工作都有所遵循;二是业务管理规范化,如选购土地需要做些什么工作,经过哪些手续和程序,取得哪些法律保障?选择合伙人要做些什么工作,怎样进行资信调查?如何确定股权比例,怎样进行财务监督等等,都要认真借鉴国外的成功经验,系统积累各种有用的知识,力争在不久的将来成为国际承包市场上的高手。

在发展中规范

我对房地产业务不熟悉，这次有机会参加房协召开的研讨会，是一次很好的学习机会。不久前我去浙江对房地产开发和经营情况作了一些调查，今天就调研中碰到的几个问题，提出来和大家一起讨论。下面分八个题目来说。

（一）怎么看待房地产业形势

我的看法是前景无量，有喜有忧，当然喜是主要的。党的十三届七中全会和"八五"计划，已把住房条件有明显改善，本世纪末城镇居民人均居住面积达到八平方米，作为第二步战略目标公诸全国，这是一个振奋人心的蓝图。根据这个目标估算，90年代全国城镇需要新建房屋15亿至18亿平方米，其中包括解决现有800万困难户，改造5000万平方米危房和淘汰部分危旧房屋，平均每年新住宅不少于1.6亿平方米。除了住宅之外，还有相应的商业网点、教育卫生和服务设施，也将用综合开发的方式完成，总量不少于2亿平方米。

用历史眼光看，我国的房地产业尚处于起步阶段，今后任务很

注：1991年8月5日至8日，中国房协在太原召开房地产业承包经验交流会，这是作者在8月8日会议上的发言，原载《中国建筑业的改革》，当时用的题目为"房地产开发调研初探"，这次重印时作了一些文字上的删改。

重，责任很大。80年代以来随着住房商品化政策的实施，商品房建设大量增加，今年全国安排投资290亿元，比去年增加30%，每年建成商品房大约3500万平方米到4000万平方米，这种势头还要持续相当长一段时间。我国的住房制度改革，群众居住条件的改善，城市面貌的改造，在很大程度上仰赖于房地产业的发展，这是前景无限好的一面。

为什么还说有忧呢？主要是因为有许多影响发展的制约因素。我们无论办什么事情，只提出奋斗目标还不行，同时必须有一系列的方针政策和措施跟上，否则再好的奋斗目标也会落空。我曾粗略地算过一个大账，今后十年要建15亿到18亿平方米房屋，包括征地拆迁、基础设施和配套费在内约需投资一万亿元，平均每年一千亿，即使考虑发挥四个积极性，每年拿出一千亿元也不是轻而易举的事。目前的实际状况是国家财政困难，企业效益滑坡，没有更多的投资能力。20世纪80年代末全国住房投资的构成，大体上是国家、事业单位占30%，企业占60%，集体和个人占10%，基本上是三七开。而现在这两方面的投资都在相对减少。据《建设报》刊登的一则消息，1990年全国城镇住宅建设从过去的一亿五千万平方米降到九千多万平方米，我对这个数字持保留态度，主要是考虑统计口径是不是一致，会不会陡然下降那么多。

其次，对个人买房承受能力，也要有一个客观地估计。据统计，1990年个人买房占全部商品房的27.5%，大头集中在沿海的广东、福建、海南等经济比较发达的地区，其中不少是外资、外商、侨眷及收入多的个体户，内陆地带大城市个人买房的只有10%左右。其间原因很多，主要是个人的购买能力和房价之间反差太大，想买的没有钱，有房子住的不想买。因此，没有住房制度改革的深化和推行，房地产业就难以进入良性循环，商品房的开发建设也难以稳定协调发展。住房制度改革是房地产业振兴的催化剂，而住房制度改革又受诸多因素制约，难以一步到位。在这种情况下，开发企业如何进一步搞活，也是需要研究解决的课题。

第三是竞争激烈。这几年开发公司发展很快，从1981年开始创立首家房地产开发公司到现在，已发展到3200多家，多数地区不止一家，广州市就有上百家。这种现实再加上地区、部门保护和无序竞争，开发企业的前景也不容过分乐观。

提出以上问题，绝不是信心不足，而是为了在看到大好形势的同时，对工作中的难点和存在的问题引起足够的重视。只有正视矛盾，用不懈的努力解决矛盾，才能巩固和发展大好形势，实现预定目标。

（二）企业体制模式

现在房地产开发企业基本上有两种体制：一种是自主经营、独立核算的企业；一种是事业单位，企业化经营。从数量上讲，前者约占60%，后者占40%，从完成的开发工作量看，后者占60%，前者占40%。这两种体制如何实现优势互补，今后朝哪个方向发展，也作为一个问题提出。现行的体制是历史形成的，短期内要人为地采取某种模式为时尚早，但要注意总结经验。这里主要说明两点：第一，开发企业不论采取哪种体制，其收益应主要用于城市建设或再开发；第二，从今后的发展方向看，政企分开，自主经营，是深化改革中必须解决的问题，因此这两方面究竟如何统一起来，建议专题讨论。

（三）商品房价格构成和价格管理

最近所到一些企业和城市，普遍反映商品房价格构成不合理，主要是售价偏高，价格管理体制不顺。在价格构成方面最集中的意见，认为现行销售价格中转嫁费用太多，按照马克思主义价值理论来说，就是商品房价格中非物化劳动因素太多，因而造成价格和价值的背离。现在需要研究的不是现象本身，而是为什么会出现这类问题。

我认为，城市建设资金不足可能是重要原因。大家知道，现在的城建资金来源主要靠城市建设维护税，城建维护税不仅税率低，而且计税基数以流转税为基础，绝大多数城市都不够用，有的甚至连维持简单再生产也困难。另一方面经济要发展，城市要改造，钱从哪里来？惟一的办法是通过综合开发和收取部分配套费来解决，用市长们的话来说，就是取之于民，用之于民。十年改革开放我国城市面貌所以发生如此显著的变化，实行综合开发是一项重大政策，今后还要按这条路子坚定不移地走下去。同时也不得不承认，现行商品房价格中确实包含了一些不合理的费用，或者收费科目合理但取费水平过高，造成房价越来越高，不仅个人买不起，企业也买不起，而房价过高又为推进房改造成新的障碍。解决这类问题就房价说房价不行，必须从理顺城市建设资金入手，从财政体制上疏解价格构成存在的问题，在这个前提下，解决合理、规范、量化等问题，建立具有中国特色的商品房定价原则和价格体系。

除了价格构成外，还有一个价格管理问题。有的同志提出，商品房作为一种特殊商品，同固定资产投资密切，其价格应以建设主管部门为主进行管理。我认为这个问题提得有道理。因为行业主管部门如果不管价格，就难以行使宏观调控和决策方面的职能。举例来说，钢铁的价格主要由冶金部定，化工产品的价格主要由化工部定，纺织品价格主要由纺织部定。建筑工程的预算定额，自建国以来就是建设部门主管，预算定额就是建筑产品的价格基础。当然，部门主管也不是一家说了算，而是在国家方针政策指导下与各有关部门协力进行。从这个意义上说，商品房价格由建设主管部门管理是顺理成章的事。

但价格又是十分敏感的问题，特别是商品房价格关系国计民生全局，在没有建立起一套有权威的、科学的价格管理办法之前，由物价部门为主管理可能利多弊少，至少容易取得社会承认。例如现在北京市的房子每平方米卖到2000多元，高的3000元，假定建设部门批准这个价格，就会有人骂街，说你胡勒乱要，但是由物价部门审定，阻力就可能少一些，至少在心态上可以平衡。商品房的价格如何管理，不简单是个分工，关键在于立法，有一套完整的定价办法和管理制度。

（四）关于承包经营规范化问题

理论界对承包经营有争论，那是学术理论之争。对企业来说，现在国家已作为深化改革的方针定下来，主要任务是结合实际贯彻执行。规范与不规范都是相对的，核心是承包内容和承包基数如何大体一致，要做到完全划一不可能，只能大体一致。因为现在的承包经营是在三个不规范的情况下进行的：一是企业内部管理不规范；二是市场运行机制不规范；三是政府行为不规范。在这种情况下推行经营承包，必须把加强内部管理同改善外部环境结合起来通盘考虑。现在大家反映最强烈的是承包主体之间（承包人和发包人）责任、义务缺乏明确的规定，对企业干预过多，而企业要求解决的问题，却往往找不到头。只有这类问题解决了，企业内部走向规范化管理，并在各个层次、各个环节上建立起严格的责任制，承包目标的实现才有可靠的保证。

（五）挂钩指标问题

实行承包经营必须有相应的分配制度，核心是承包效益如何同分配挂钩。目前多数企业实行的是综合考核指标，这种多指标考核体系好处是奋斗目标全面，适应性强，特别是在企业既承担经营职能又承担社会职能的情况下，考核指标过分单一难以满足各方面的需要。带来的问题是重点不突出，经营目标和领导精力难以集中的生产上。现在需要研究的是，分配究竟同哪些指标挂钩，是多一些挂钩指标好还是少一些好。我倾向于少一些，主要同上缴利税挂钩，如果挂钩指标过多，看起来全面，反而容易冲淡企业的主要任务。我国《企业法》规定，企业的根本任务是：根据国家计划和市场需求，发展商品生产，创造财富，增加积累，满足社会日益增长的物质和文化生活需要，这一规定已经从内在统一性上把经济效益和社会效益结合在一起。开发企业把房子盖好，既对企业有利，又对国家和社会有利，如果把房子盖的东倒西歪，其他指标完成得再好，也不能算及格。要防止思想政治工作庸俗化的倾向，不要把应做的每一项工作都同分配挂钩，这样不仅在实践上难以做到，而且容易冲淡企业的根本任务，甚至诱发一切向钱看的思想和形式主义。

（六）关于产权制度改革

要深化改革，进一步搞活企业，必然涉及产权制度改革这一深层次的问题。产权制度改革绝不是改变生产资料所有制的社会主义性质，而是按照社会化大生产的要求，明晰财产关系，使职工群众的主人翁地位同生产资料的全民所有从内涵上进一步结合起来。这次会上有些单位介绍的全员抵押承包、职工入股等，已和传统的经营方式有所不同，非但没有危及全民所有制的主体地位，反而带来了企业的兴旺。评价一项改革措施是否正确，无论现在和将来都应看其是否促进了社会生产力的发展作为标准。

就当前来说，我们的任务是紧紧抓住承包经营责任制这个题目不放，并在实践中进一步深化、完善、提高，但这不妨碍在有条件的单位进行一些产权制度改革试点，拓宽搞活企业的思路，在转换经营机制上多下功夫。最近，经国务院批准的90年代经济体制改革规划提出，将部分竞争性行业的全民企业，逐步改组成国有法人持股为主的有限责任公司或股份有限公司，形成同社会主义商品经济相适应的企业组织形式与经营机制。房地产企业如何改组，怎样建立新的国有资产管理体制和经营制度，也需要适时研究并拿出主张。

（七）三大效益统一问题

我们在工作中经常提到经济效益、社会效益、环境效益究竟怎么摆法，因为观察问题的角度不同，说法也不尽一样。有的认为企业应以经济效益作为第一位，有的主张开发企业应把社会效益放在第一位。由于缺乏统一的评价尺度，认识很难一致。在这个问题上，我重申前面讲过的观点，三大效益具有不可分割的内在统一性，其中不断提高经济效益是企业的根本任务，社会效益、环境效益是经济效益的延伸和扩大，它们均受社会主义生产的目的性所规定和制约，不应孤立地讲哪个是第一位，哪个是第二位，至于在我们国家中，不能和一般企业相提并论。

还有一个问题，即人均实现利税（有的叫人均创利）如何反映，也值得研究。现在不少单位都说本单位人均创利上万元，几万元，甚至超过 10 万元，我对此有不同看法。现行的人均创利计算方法是销售利润同职工人数之比，而销售利润中包含了土地级差收入、设计、施工单位的税利以及其他税费等，严格划分，可能有一部分重复。另一方面，开发企业属于资金密集型企业，人员较少，这两个因素结合在一起，房地产就成了鼎鼎有名的创利大户。为了真实反映企业客观实际，建议在适当时机修改相关的计算方法，否则容易招致误解。我国各行各业中，国营工业企业装备水平最好，1989 年人均利税只有 4200 元，超过万元的企业屈指可数，房地产开发企业成立只有十年，人均创利就超万元，几万元，严格讲来不符合实际。

（八）加强理论研究

我国房地产业是在改革大潮中应运而生的新兴行业，过去十年为住房建设、城市改造和国民经济发展做出了重大贡献。但这个行业在国民经济中的地位还未确立，有关指标在国民经济核算体系中没有全面得到反映。因此,如何建立具有我国特色的房地产经济体制和运行机制,是一个具有现实意义的理论课题。这个问题解决好了,就可以把我们的工作升华到宏观政策的高度,为确立房地产业在国民经济的主导产业地位奠立基础,所以要大力倡导理论研究风气,这是事关振兴行业全局的大事,希望能引起重视。

市场经济与宏观调控

房地产业的新发展和存在的问题

大家知道,由于历史的原因,我国的房地产业自20世纪50年代初开始,沉寂了三十多年,那个时期,作为商品生产和商品交换意义上的房地产业,基本上已不存在。进入80年代以来,随着土地使用制度和住房制度改革的推进,房地产业作为一个行业才逐步建立起来。去年邓小平同志巡视南方谈话后,房地产业迅猛发展,出现了新的高潮。据统计,1992年全国用于商品房开发的投资732亿元(人民币),比1991年增长117%,施工面积1.9亿平方米,竣工面积7150万平方米,都比1991年增长一倍左右。去年还有一个显著的特点,就是引进外资增多,全年用于城镇房地产开发的投资7.1亿美元,是1991年的2.28倍。随着开发规模的扩大,从事房地产开发的企业从1991年的3700家增加到去年底的12400家,据说今年上半年又增加3000家,达到15000家。其中有综合开发公司,也有项目公司,有中外合资企业,也有外商独资企业。当然,其中也有一些是不具备开发资格,素质很低的公司,这个问题下面

注:本文系1993年9月2日在中外房地产投资与经营管理高级研修班的演讲。这次研修班于1993年9月2日至7日在大连举行,由中国房地产业协会开发委主办、中国国际经济技术交流中心协办。

再讲。

此外，随着社会主义市场经济体制的提出，房屋成交量及个人购房者大量增加，去年销售的商品房中，由个人购买的约占三分之一，其中广州、深圳等地达到60%，收回资金47亿元，说明随着人们收入的增加，消费结构正在发生变化。今年上半年，房地产业发展的冲力有增无减，截至5月底完成的商品房投资比去年增长115%，施工面积增长78%，其中新开工面积增长130%。

房地产业的迅猛发展，对于改善投资环境，提高群众居住水平，实现土地资源的优化配置和合理利用，对于产业结构和消费结构调整，促进第三产业的发展，都起到了不可磨灭的作用。现在全国城乡每年兴建各类房屋10亿平方米，其中约80%是住宅，城镇人均住房面积从80年代初期的3.6平方米增加到8平方米，广东、福建、浙江、山东等一些沿海城市已经超过10平方米。同一时期城市的旅游、商业、餐饮等设施，也比十年前成倍甚至几倍地增加，基本上适应了经济发展和改革开放的需要。现在房地产业每年上缴的税收100多亿元，加上土地出让金、城市建设配套费和其他有偿使用收入，接近300亿元，在南方经济发达的一些地区，房地产收益已经成为地方财政的重要来源，房地产业在国民经济和社会发展中的作用，越来越受到人们的重视。这是我们事业的主流，对此应予以充分的肯定。

另一方面也必须清醒地看到，房地产业在我国还是一个新兴产业，正处在改革和发展的起步阶段，在迅猛发展的过程中，由于缺少经验，法制不健全，宏观调控不力，也出现了一些不容忽视的矛盾和问题，这些问题主要有以下几个方面：

第一，土地供应失控。去年全国计划用地200万亩，实际批用360万亩，超出计划控制的80%。在土地供应方式上，划拨及协议出让的比重过大，招标、拍卖的不到5%，加上批地与项目脱节，项目与规划脱节，造成土地供应量过大，基础设施配套与开发需求矛盾日益突出。

第二，开发区的设立和建设存在着盲目性，摊子过大，占用耕地过多。全国经国务院批准设立的经济技术开发区为30个，但这两年各地自办的开发区竟达2000多个，占地一万多平方公里。一种流行的看法是：设立开发区才能享受优惠政策，有优惠政策才能吸引外资，能吸引外资才算改革开放，吸引外资越多改革开放成绩越大。在这种逻辑思维的影响下，全国出现了一股"开发区热"，许多自办的开发区大面积越权批地，任意减免税收，擅自制定优惠政策，在一些地方甚至出现了靠"卖地生财"的倾向，每亩地价高的几万元，低的几千元，有的甚至不要钱，许多土地批出后资金迟迟不能到位，基础设施无力投入，造成大量土地闲置。

第三，房地产开发过热，结构不尽合理。去年房地产迅猛增长有其历史必然性，但也有市场秩序不规范带来的不正常因素。有些人认为搞房地产"奇货可居"，是发财的好机会，在一无资金、二无人才、三无技术的情况下办起了开发公司，全国开发公司的数量在不到一年的时间里增加了三倍，其中海南省从300多家增加到2000多家，北海市从6家增加到1056家，而真正有业绩的并不多，许多是抱着"试一试"、"捞一把"的侥幸心理横冲直撞，不仅加剧了资金、物资紧张，拉动了生产资料价格上涨，而且挤了国家重点建设项目。有些开发公司不作市场调查，盲目兴建高档宾馆、花园别墅、度假村，装修材料全部进口，标准很高。有人估计，全国已经开工建设和计划开工建设的别墅和高级公寓近百万套，目前已经出现积压，而群众急需的普通住宅却供不应求。

第四，市场规则不健全，市场行为不规范。突出的是无法可依、执法不严、炒买炒卖、偷税漏税严重。少数开发商不是凭真本事赚钱，而是靠"关系"和钻政策空子牟利。另一方面，真正安分守己的老企业却步履艰难，于是一时间出现了"内行不赚钱，外行赚大钱"的反常现象，助长了房地产市场的混乱和腐败现象的滋生。

房地产业出现的这些问题，概括地说就是一级市场未管住，二级市场不规范，三级市场没有搞活。问题有的反映在政府部门，有的反映在企业，深层次的原因是改革不配套，法制不健全，在社会主义市场经济新体制尚未建立起来的情况下，放松了宏观调控。正因为这样，国家才把加强房地产市场管理，促进房地产业健康发展，作为加强宏观调控的一项重要内容。

可能有人会问，究竟怎样正确看待房地产业的成就和问题？对这个问题我的看法是应该说两句话：一是房地产业出现的这些问题牵动国民经济健康发展，必须引起足够重视，不能等闲视之；二是房地产业存在的问题同它取得的成就相比，问题是第二位的，是发展和前进中的问题，只要认真贯彻落实加强宏观调控的各项措施，这些问题是可以解决的。

加强宏观调控　促进房地产业健康发展

中央把加强房地产宏观调控的任务，交给建设部牵头承办，建设部领导对这个问题很重视，先后多次召开会议研究贯彻落实的措施，经过调查和反复磋商，由建设部、国家土地局、国家工商行政管理局、国家税务总局于 8 月 10 日联合颁布了《加强房地产市场宏观管理，促进房地产业健康持续发展的意见》，即 598 号文件，其主要内容有七个方面：

(1) 加强对土地出让的管理，严格控制土地供应总量。 具体说来就是坚持六个必须：即必须按用地计划进行数量控制；必须按规划审批；必须与建设项目相结合；必须有明确的开发期限和进度要求；必须有基础设施配套条件；必须按权限审批。

(2) 调整房地产开发投资结构，确保重点。 这里说的重点就是城镇职工住宅，要控制开发的主要是花园别墅、度假村、高级公寓、高档宾馆、写字楼。这里我解释一下，文件用了控制开发而没有使用限制开发的提法，主要是考虑到这是属于结构调整的范畴，而结构调整就不能轻易采用行政命令手段一刀切，而应立足于政策引导，立足于发挥市场机制的作用，同时也必须考虑到实际的需要。就拿写字楼来说，它是市场经济条件下一种交易方式，属于生产性建筑，而不是享受类建筑，可能有些地方出现了过剩，但有些地方如北京、广州、深圳则供不应求，完全限制就没有道理。当然，对已经滞销的项目则要实行"四不准"，即不准立项、不核发规划许可证、不供给土地、不提供贷款，这对保护投资者的利益也有好处。

(3) **加强对房地产开发企业的管理**。对一年内无开发任务或未进行实际开发建设的，取消开发经营权；对注册资金虚假，没有开发能力及偷税漏税的，进行查处；未进行资质审查或资质条件不符的，取消开发资格。同时规定银行和土地管理部门一律不得开办开发公司，已经开办的限期脱钩。

(4) **规范市场行为，制止炒买炒卖**。今后土地出让实行招标或拍卖，不搞行政划拨，减少协议出让；出让土地要制订基准价格，加强社会监督；受让土地必须按合同开发，一年内投入资金不足购地费25%的，收回土地；未完成开发投资总额20%的，不得转让；土地和房屋转让必须到指定部门办理交易手续，对炒买炒卖哄抬房价地价的进行严肃查处。

(5) **合理调节收益分配，防止国家收益流失**。

(6) **推进城镇住宅建设，加快"解困解危"步伐**。所有开发公司都要承担20%以上微利居民住宅建设的任务。

(7) **加强对外商投资的管理**。外商投资要实投而不能虚投，必须有和项目适应的注册资本，中方企业不得为外商出资或提供担保，不准以压低地价作为吸引外商的条件。

中央加强宏观调控的政策措施下达虽然不久，但已收到初步成效。从大的方面说，银行违章拆借初步得到了制止，到8月中旬已收回违章拆借资金727亿元，非法集资得到了初步控制，银行储蓄增加，人民币汇价基本稳定。开发区热、房地产热开始降温，山东、浙江、江苏、福建、辽宁、河北、广东、广西八省区经过清理，各类开发区从1200多个减少到200多个。陕西原有开发区116个，其中经国务院和省政府批准的只有7个，这次经过清理，决定保留20个，停建96个。目前海南、北海的房价已下降30％左右，部分地价回落到每亩8到10万元，部分有名无实的开发商受到查处，投资结构不尽合理的状况开始改变，受"房地产热"拉动起来的建筑材料价格开始回落。总之，中央的决策受到了绝大多数企业的欢迎，特别是那些多年来守法经营，致力于住宅建设的老开发企业，更是高兴。但也有少数企业存在一些模糊认识和疑虑，这些人主要是囿于本地区、本单位的一得一失，对加强宏观调控的必要性和迫切性认识不足，理解不深。因此，从理论上弄清发展社会主义市场经济与加强宏观调控的关系，就成为一个具有现实意义的迫切问题。

加快经济发展，建立社会主义市场经济新体制，已经作为我国经济体制改革的目标确定下来。新体制的核心是搞好企业改革，特别是国有大中型企业改革，推进政企分开，使企业成为自主经营、自负盈亏、自我发展、自我约束的法人实体和市场竞争主体。客观地讲，过去进行的改革离这个目标还相差很远。因此，转换经营机制，进一步给企业放权，把企业搞活，仍是今后深化改革的主要任务。

但是，发展市场经济并不排斥政府干预，不是不要宏观调控。现代市场经济是建立在生产力高度发展基础上的经济，是一种规范化、制度化、法制化的经济，如果放松宏观调控，经济运行必然发生混乱，经济发展可能出现大起大伏。特别是我国正处在由计划经济体制向市场经济体制过渡的阶段，原有体制的一些弊端没有消除，新体制尚未形成，市场机制的作用不能有效地发挥，在这种情况下，更需要适时进行必要的政策调整，从总体上协调各方面的利益关系，这种调控不仅对国家全局有利，对企业也是一种政策引导和保护。举例来说，有些企业迫切需要土地，但在开发热没有降温的情况下，土地很容易被那些关系户拿走，现在加强宏观调控，情况肯定会好转。再如，大家普遍反映资金紧张但又拿不到贷款，究竟资金到哪里去了，有的是银行自己拿去搞房地产了，有的是拆借出去收高息了，现在整顿金融秩序，情况也会改变。

加强宏观调控并不是我们的发明，任何市场经济国家，包括美国、德国、日本这些典型的市场经济型的国家，也不是完全自由放任的市场经济。像美国，就是由联邦储备局通过利率调整和货币发行调节经济运行，联邦储备局相当于我们的人民银行，是国家实行宏观调控和制定货币政策的重要部门。德国实行社会市场经济，40多年来一直由联邦银行通过利率杠杆控制货币供应和通货膨胀，物价上涨率长期稳定在5%以下。政府干预最多的是日本，他们从战后恢复时起就实行政府主导型的市场经济，政府从发展规划、产业政策、出口控制、国土开发等都广泛参与，从一个战败国很快成为世界第二经济大国。他们的经验说明，宏观调控不是可有可无，而是发展市场经济题中应有之义。

我们这次加强宏观调控，不是全面紧缩，而是为了克服前进中的矛盾，促进国民经济健康持续地发展，重点解决过热和市场秩序混乱问题。拿速度来说，1992年国民经济增长12.8%，国内生产总值达到26638亿元，增长速度居世界前茅。1993年上半年工业增幅为25%，固定资产投资同比增加61%，新开工的项目22161个，平均每天128个。这种过高的增长速度超过国家财力物力的可能，只好靠大批进口物资维持，估计全年钢材进口不少于1000万吨，所以必须采取坚决措施，把过高的速度降下来。

那么，这次宏观调控和 1988 年的治理整顿有哪些不同呢？大体上有四个方面：

第一，1988 年治理整顿主要是靠总量紧缩和全面收紧银根实行急刹车，这一次是在保持总量持续增长的情况下进行结构调整，而不是全面紧缩；

第二，1988 年是从全面清理基建项目入手，主要搞停建缓建，这一次是从整顿金融秩序入手，靠把住货币投放和贷款发放两个关口，堵斜门，开正门，保重点；

第三，1988 年治理整顿主要采取行政办法，一刀切，这次采取标本兼治的办法，强调靠深化改革来解决；

第四，群众承受能力不同，1988 年居民担心涨价，发生了抢购风，这一次商品丰富，群众消费心理稳定。

加强管理　提高效益

随着宏观调控政策措施的落实，法规制度的健全和市场秩序的逐步好转，对企业管理提出了更高的要求，具体说来就是管理制度规范化，企业行为规范化。必须清醒地看到，过去那种认为房地产什么人都能干，搞房地产就能赚钱的认识误区必须清除，那种凭关系要土地、靠路子弄贷款的机会也将越来越少。今后企业能不能赚钱和赚钱多少，要凭真本事，要靠周密策划、精明运作和严格管理，否则就会被竞争的大浪吞噬。市场经济从本质上讲就是竞争经济，是法制经济，在市场规律面前，竞争是无情的，优胜劣汰企业才能提高，社会才能进步，人才才能脱颖而出。房地产开发是集管理、技术、法律、金融等各种知识于一体，产业水准很高的行业，人才素质特别重要。我们每一个人都面临着重新学习的任务，只有造就一大批精明干练的企业家，中国房地产业振兴的日子才会到来。基于这一认识，中国房协今后将把培训作为一项重点任务列入工作日程，这次举办中外房地产投资与经营管理研修班，就是一次学习的好机会。我们感谢中国国际经济技术交流中心给予的支持，感谢开元律师事务所给予的合作，感谢张毅威博士等三位专家不远万里从美国来中国讲学。

投 资 决 策 必 备

(1994年6月6日)

房地产开发项目具有周期长、投资多、风险大等特点，积多年之经验，一个开发项目的成功与否及效益高低，在很大程度上取于实施前可行性论证及决策。鉴此，根据诸多案例草成《投资决策》一文，共22项，94条，旨在强化企业管理，规范经营行为，提高决策水平。由于占有资料有限，很可能有些内容未包括进去，尚需在实践中完善补充。

（一）项目区位

（1）所在街道详细地址及地段

（2）方位示意图

（3）如有拆迁建筑应附拆迁说明，包括拆迁条件、拆迁责任、拆迁户安置、拆迁费用等

（4）新建项目与市中心代表性建筑的距离及示意图

（5）土地归属及周边建筑物距离、高度

（二）占地面积

（1）建筑红线尺寸及地形地貌

（2）法律或规划规定红线内必须预留空地（包括道路、绿化、广

注：此稿系1994年6月为中房集团公司领导干部培训班讲课提纲。

场、车库及地下地上构筑物等）

（3）可用于正式建筑的占地面积及建筑物区位示意

（4）土地使用年限，以国家法律规定或符合法律规定的契约为准

（三）周边建筑

（1）现有建筑间距、高度及建筑物性质

（2）规划建筑物性质及间距（包括已经批准待建及规划待建）

（3）障碍性建筑的特别说明，如变电站、锅炉房、高压线、产生噪声源及污染源的建筑及设施

（4）距项目地址最近的购物商店、学校、医院、幼儿园等说明

（四）可建房屋面积

（1）地上建筑面积，包括房屋间数及面积

（2）地下建筑面积，包括房屋间数及面积

（3）不可销售建筑物数量及说明

（4）规划高度限制条件

（5）规划容积率

（五）水文地质

（1）岩土性质及承载力，以符合施工钻探技术要求为准

（2）地下水深度及流量

（3）山体、河渠最近距离及示意图

（4）土地自然标高及规划对坡度的要求

（六）交通道路

（1）通往本项目现有道路干线状况，包括道路宽度、道路标准、主要公共交通线路以及这些道路至本项目边际位置的距离

（2）已列入当地政府规划或已经批准新建改建道路干线示意图或说明

（3）小区或本项目对道路建设的规划说明，重点说明本项目出资

建设或本项目交纳配套费由地方政府或有关部门修建的道路及桥梁，包括道路宽度、道路标准及流程示意。

（七）水电气供应

（1）供水量、提升高度及满足本项目需要程度，以供水部门的正式资料为准

（2）排水设施现状及满足需要程度，雨水及污水同流还是分流，支管与干管的连接要求及措施

（3）热力供应方式及保证，热源保证是否落实

（4）空调（冷气）供应方式及保证

（5）煤气供应及保证

（6）电力供应及保证

（7）电话供应及保证

（八）设计方案

（1）总平面布置图

（2）立面图及剖面图（含建筑及结构、水电等）

（3）首层平面图（含建筑及结构、水电等）

（4）地下室平面图（含建筑及结构、水电等）

（5）公共建筑平面图（含建筑及结构、水电等）

（6）标准房间平面图

（7）景观建筑示意图

（8）绿化示意图

（9）停车场（自行车、汽车）布局

（10）公共场所布局

（九）建筑标准

（1）结构标准，包括主体、地下室、屋面标准及优选说明

（2）抗震标准及防火标准，按国家规定执行

（3）装饰标准，包括公共建筑、标准间，并对室内装饰、室外装

饰、门窗及地面装饰要做出详尽说明

(4) 因技术或景观需要有特殊要求的装饰，应做出专门说明

（十）设备标准

(1) 灯具

(2) 空调

(3) 卫生洁具

(4) 电梯

(5) 消防设施

(6) 厨房用具及净水设备

(7) 家具

(8) 电话

均需注明详细产品规格、功能要求、制造厂商、价格，由开发商或开发商授权的设计单位指认。

（十一）市场分析

(1) 市场对本类项目的数量要求

(2) 用户对本类项目的功能要求及品质要求

(3) 市场供应量及营销前景分析，提供周边同类建筑一年前的销售价格及近期销售价格

(4) 对本项目开发营造标准的论证

（十二）建设工期

(1) 前期工作主要内容、进展情况及分项完成的进度表

(2) 正式开工建设的总工期及分部分项进度表

(3) 竣工验收及交付使用时间

(4) 实现进度控制的方案优选及措施保证

（十三）成本控制

(1) 土地价格的摊入

(2) 材料、设备价格及物价指数测算

(3) 施工队伍优选及合同实施要点

(4) 贷款利息的计入要充分考虑

(5) 配套费用的计入要充分考虑

(6) 担保费用及不可预见费用的计入

(7) 非成本要素必须严格控制和剔除

(8) 最终组合成本价的计算，按总价及每平方米楼面价格分别计算

（十四）资金取得

(1) 自有资金投入量及分期投入计划

(2) 合伙人资金投入量、投入方式、投入计划

(3) 金融机构贷款投入量、借贷期

(4) 以具备售房条件为界限的最低资金投入量，并编制资金流量表

（十五）合同条件

(1) 凡列入本项目实施的合约条件，均应签署具有法律效力的合同作为保证，合同的内容和条款力求明确具体，具有约束性和可操作性，企业法定代表人对合同的签署和实施全面负责

(2) 一次性买断的项目，要把应付首款数额降到最低限度并尽量利用售房订金

(3) 合作建房项目，必须把分成比例、用地年限、拆迁责任、配套费支付、建筑标准、价格计算等详尽规定，做到有利有据。公共建筑分摊的细则应事先明确并列入合同

（十六）政策环境

(1) 土地使用取得方式（列明是行政划拨还是出让、租赁、合作开发）及土地使用金政策

(2) 税费政策，包括营业税、所得税、投资方向税、增值税、市场交易税、及各种规费有关政策

(3) 贷款手续及利息等政策规定

(4) 进口材料、设备关税政策

(5) 外汇政策，包括汇率及外方收益汇出政策

(6) 境外售房政策

（十七）盈利预测

(1) 销售价格构成及价格水平预测，按现房及期房分别计算

(2) 税前利润预测

(3) 纳税及各种扣除后净利润预测

（十八）产权凭证

(1) 土地使用权凭证

(2) 房屋所有权（或使用权）凭证

(3) 房屋产权分割的规定细则，法律法规或具有法律效力的合同

（十九）环境保护

(1) 绿化要求，包括绿化面积、树种、草种、灌溉措施

(2) 排污要求，包括污水、垃圾、烟雾处理

(3) 噪声控制，包括不同建筑物，不同区位房屋必须达到的噪声控制要求

（二十）风险分析

(1) 价格风险及对策

(2) 销售风险及对策

(3) 金融风险及对策

(4) 履约风险及对策

(5) 政策环境风险及对策

（二十一）各种附件

（二十二）其他

房地产与国民经济

  经过建国 40 余年的不懈努力，我国经济建设取得了历史性的成就，已经形成门类比较齐全的工业体系和国民经济体系，正朝着工业化、现代化的前程迈进。1979 年以来，在改革开放政策的推动下，经济持续高速增长，从 1979 年至 1993 年，国内生产总值增长 2.8 倍，平均增长率为 9.3%。1994 年又比上年增长 11.8%，不仅大大高于世界经济 3% 的增长速度，也高于亚洲 8% 的增长速度。中国已经成为全球范围经济发展最具活力的国家之一。

  据有关部门预测，从现在至 2010 年是中国经济增长的黄金时期。90 年代国内生产总值可保持 9% 的增长率，21 世纪初增长率也不会低于 7%，到那时中国的经济总量将位居世界前列。

  国民经济的高速增长促进了住房建设发展，而大规模的住房建设又拉动着经济的增长，两者互为条件，互为前提。80 年代以来，在邓小平《关于建筑业和住宅问题的谈话》精神指引下，中国的房地产业摆脱传统体制的束缚，以新兴产业的姿态迅速发展。"七五"期间，全国完成的商品房投资为 1072 亿元，平均每年递增 39.3%；从 1986 年至 1992 年七年间，新建城镇住宅 14.8 亿平方米，投资 4078 亿元，

  注：本文系 1995 年 3 月 23 日在中国房协举办的房地产经营策略培训班的演讲。

其中通过房地产开发方式完成的商品房投资占51％，平均每年施工面积超过1亿平方米以上。

1992年是中国房地产业高速发展的一年。当年房地产开发投资额732亿元，比上年增长117％；商品房施工面积1.9亿平方米，增长57％；竣工面积7145万平方米，增长36％；开发公司数量从上年的3700家猛增到12400家，企业实现的利润和纳税额分别较上年增长140％和102.4％。存在的问题是，这个时期局部地区出现了过热现象，土地供应及金融信贷失控，市场交易混乱，对经济发展带来了一些负面影响。

1993年下半年，在国家宏观调控政策引导下，一度超常的发展速度有所回落，与上年同期相比，投资增长率下降14.9％，商品房施工面积和新开工面积分别下降了26.7％和67.2％。从1994年起，随着相关政策法规的逐步完善，房地产业开始进入持续稳定发展的新时期。

在国外，房地产业通常被视为一个国家经济发展的晴雨表。按照联合国统一的行业分类标准，房地产业是为居民提供住房服务的非物质生产部门，属于第三产业。1992年11月4日我国政府发布的《关于发展房地产业若干问题的通知》中，也把房地产列为第三产业，并指出：随着城镇国有土地有偿使用和住房商品化的推进，房地产业将成为国民经济发展的支柱产业之一。

1980年4月，邓小平同志根据国际经验把建筑业确定为支柱产业，他讲的建筑业是包括住房生产、流通、分配、消费在内的住宅建筑业，也就是我们现在所说的房地产业。房地产业在国民经济中的作用，主要是通过土地和房屋的开发经营，向社会提供各类房屋，以满足人们居住和生产经营活动的需要，并通过市场运作回笼货币、调节消费，为国家增加财政收入。由于房屋在建造过程中能吸纳大批劳动力和消耗大量生产资料，可带动关联产业发展，增加就业机会，所以在市场经济体制下房地产业的兴衰直接关系国民经济全局。但是，房地产业的这种带动作用必须同建筑业结合并以建筑业为载体，才能充分发挥出来，同时还要与我国特定历史条件下形成的住房制度改革相结合，根基才会牢固。

实践需要理性思考。探讨在我国生产力水平和体制现状下发展房地产业的途径和规律，有助于克服盲性，提高自觉性，促进这个产业的健康发展，然而系统的理论概括不是短时间内能够完成的，需要在实践中不断总结。今天讲的这些，只是抛砖引玉，供大家讨论和参考。

（一）围绕发展生产力，改革管理体制，完善政策法规

建国以来，由于长期实行住房实物分配和土地无偿划拨，我国的房地产业一直处于停滞状态。十一届三中全会后，随着住房制度改革、住房商品化和土地有偿使用制度的逐步推行，中国的房地产业才真正开始起步。1988年4月12日，七届全国人大一次会议通过的宪法修正案，将《宪法》第十条第四款"任何组织或者个人不得侵占、买卖、出租或者以其他形式非法转让土地"，修改为"任何组织或者个人不得侵占、买卖或者以其他形式非法转让土地。土地的使用权可以依照法律的规定转让。"这就为我国实行土地使用权有偿出让或转让提供了法律依据。1998年12月29日，七届人大常委会第五次会议据此对《土地管理法》作了相应修改；1990年5月19日，国务院发布《城镇国有土地使用权出让和转让暂行条例》，具体规定了各类土地的使用年限和审批权限。上述改革以及在此前后出台的《土地管理法》、《城市规划法》、《城市房地产管理法》三大法规，为中国房地产业的制度建设奠立了必要的法律基础。

90年代初，邓小平同志南巡讲话和十四大关于建立社会主义市场经济体制的决策，进一步松动了传统体制对生产力的束缚，使房地产业进入一个新的发展时期，投资大幅度增长，产业结构和运行机制

进一步完善，并为后来持续快速发展打下了良好的开端。

回顾这段历史，最重要的启示就是，作为新兴产业，要实现其超前发展，必须有一个宽松的体制环境、法律环境和政策环境；对产业发展初期的经济活动要加强引导，规范行为，着眼于建立健康发展的基础。

（二）房地产业的发展规模要与国民经济整体发展速度协调

房地产业的发展既要考虑住房消费要求，又要考虑产业基础和有效供给能力，做到规模适度，循序前进。在发达国家，建筑业和房地产业共同构成国民经济的支柱产业，其增加值通常要占国内生产总值的10%以上，我国房地产业形成的增加值1993年仅占国内生产总值的1.8%，说明发展潜力很大。

房地产业有巨大的后向带动作用。据国外测算，房地产业每增加1个单位的最终产品，可带动关联产品增加1.5～2个单位。在我国建立发达的房地产业，主要通过对住房的有效需求和产业自身的内涵扩张力，推动建材、轻工、钢铁、机械、电气、家具、化工等基础工业部门发展，提高国民经济整体发展水平和宏观经济效益，促进产业结构优化。

发达国家的经验和我们自己的实践还证明，贸易、商业、金融业、交通运输业、服务业、旅游业以及社会公共事业的发展，都要求房地产业有一个较快的发展。据第一次全国城镇房屋普查资料，住宅建设与相关配套设施的比例，大体是1∶0.8，也就是说，每开发100万平方米的住宅，约需80万平方米的社会服务设施与之配套，才能实现社会的有效运转。由此可见，房地产业的适度发展，可以为国民经济协调发展开辟一条新径，并能以多角度的拉动效应，为城乡经济和社会发展创造良好的条件，但对"度"的掌握至关重要，不能危及全局稳定和金融的安全。

（三）以市场为导向，以普通住宅为重点，与社会消费水平相适应

房地产业只有不断提供与社会消费水平相适应的产品，才有广阔的前景。产品定位和市场定位，都应依据多数群众的支付能力为前提，建造不同档次的商品房以满足社会需求。在现阶段，应当把建造适应中低收入家庭的普通住宅作为重点，同时随着居民收入的提高和市场需求变化，及时调整经营方针和经营战略，做到以人为本，市场为上。

通过住房制度改革创立新的住宅消费方式，是催生房地产业实现最终消费的原动力。中国长期实行的住房实物分配体制使巨额资产陷入僵滞并成为国家的沉重负担，改革必须立足于体制创新。但单纯出售公房不能塑造新的经营机制，不能从根本上促进房地产业发展。新的住宅供给方式应当是按照市场机制由开发商向社会出售或出租住房，实现住宅生产、分配的良性循环。对住房商品化要全面理解，个人出资买房是商品化，按市场价格租房也是商品化，在现阶段，从我国购买力现状出发，要提倡租售并重，以租为主。当前的关键是结合房改进行工资制度改革，增加初次分配中的住房消费含量，提高个人购房租房能力。只有使广大职工有能力以货币形式购买或租赁自己需要的住房，住房商品化的目标才能实现。

（四）建立完善的产业体系，实现高水平运转

房地产业是智力型、资金密集型行业，必须着眼于建立完善的产业体系，实现高水平运转。

完善的房地产业体系包括开发经营、经纪代理和房地产管理三个领域。房地产开发经营的重点是投资决策，主要通过征购土地、规划设计和可行性分析，组织项目开发，向社会提供高品质的价格合理的

住房，满足群众居住需要。通常情况下，房地产开发企业不直接参与建筑生产活动，其决策功能和营销、租赁职责通过相应的社会服务体系实现。

房地产经纪代理是为市场交易活动提供服务的中介组织，包括咨询、策划、营销、评估等业务，它以网络化和高素质人才为载体，借助熟练的专业技能和中立地位，为消费者和产权交易各方提供周到高效的服务，对促进房地产流通起着十分重要的作用。在房地产业发展的初始阶段，因为住房需求量大，房地产开发经营是产业活动的重点，随着住房的逐渐饱和及存量交易的扩大，房地产中介将成为主体业务。

房地产管理包括对住宅发展管理、土地批租经营管理、产权产籍管理等行政管理和直接为居住提供服务的经营性管理两部分。物业管理的职责是对出售或出租的房屋提供管理服务，由于不动产的使用寿命长，物业管理不应当仅仅被看作是售后服务，更重要的是通过企业化、社会化的物业管理体系，使房屋保持良好的状态，以利于房地产的保值增值。

（五）面向市场，背靠金融，是持续发展的关键

国内外的经验表明，房地产业的发展与金融业关系十分密切，无论是居民个人购房还是开发商投资建房，都必须借助向银行贷款或发行债券或股票融通筹集资金。可以说，没有发达的金融业，就不可能有兴旺的房地产业。

房地产业与金融业的发展具有互补性，房地产业大量和持续的资金需求，能有效地扩大金融业的放贷业务，促进金融业的发展，而房地产本身的高附加值及其保值增值的特点，又利于使这个产业成为抵押贷款的可信对象。国外金融业参与房地产的途径主要有投资、贷款和抵押三种形式，我国主要是贷款和抵押两种，一般不直接参与投资。

目前，我国房地产业的融资能力虽然较以前有了很大提高，但其融资量远远满足不了房地产发展的需要，1992年全国开发企业的流动资金中，仅有24%来自银行贷款。个人住房抵押贷款发展更是缓慢，利息高，期限短，手续繁琐，且仅限于少数大城市。今后，一方面要积极利用国外境外资金，更重要的是立足于完善国内商业银行的融资功能，降低贷款门槛，拓宽金融品种，为产业发展提供足够的资金支持，这是房地产业持续发展的关键。

（六）以增强企业活力为中心，重建产业微观基础

房地产业是实现国家宏观战略目标的重要部门，需要以强大的产业体系为支撑，大手笔运转，规模化经营。然而我国房地产开发企业大部分由统建办转化而来，存在着浓厚的行政色彩和计划经济烙印，盈利能力低，企业活力差，必须以深化改革为动力，重建产业微观基础。当务之急是加快企业组织体制转变，尽快将政企不分和事业单位企业化经营的单位，改为独立核算自负盈亏的经济实体。为此，必须补充企业资本金，降低企业负债率，凡企业开办初期未拨付资本金或注资不够的国有企业，由主管部门按注册资本的30%限期补足；要允许企业通过发行债券、股票和股份制改造等多种途径融通资金，增强企业实力。再次是按照管住一级市场、规范二级市场、放开三级市场的原则，强化市场管理，建立规范化的市场交易秩序。总之，只有立足于把企业做活、做大、做强，形成坚实的产业基础，行业发展才有后劲。

发展房地产要从
当地实际出发

1992年下半年以来，国家实行宏观调控和"双紧"方针，房地产业首当其冲。从国家全局来说，这种调控是必要的，并取得了积极成效，然而对房地产行业来说，则出现了前所未有的困难，因此大家普遍关心这个行业的前景。究竟怎样看待当前的形势，各方面认识并不一致，我的看法是，低谷即将过去，但困境近期还难以摆脱。所以作出这样的判断，主要理由有三条：

第一，去年召开的中央经济工作会议上，中央领导同志重申了房地产业要发展，但这种发展要同整个国民经济发展速度与改革进程相协调。现在全国空置房屋有3000多万平方米，还有大批在建工程，这两部分估计占压资金1000亿元，许多城市房价大幅度下降，有的只比建安费用多一点，已没有多少利润。全国两万多家开发企业，约有三分之一倒闭，三分之一被套牢，只有三分之一能正常经营，对于一个关系国计民生的一个产业来说，这种状况是极不正常的。房地产业从80年代起步只有十多年的历史，它为解决群众住房和改善城市投资环境所起的作用超过了改革开放前几十年，不能因为出了某些问题就以偏概全。中国房地产企业绝大部分是奉公守法的，他们的钱无

注：本文系1995年7月28日在西北五省区房地产座谈会上的讲话。

论是自有资金或银行信贷都来之不易,如果不加区别的一刀切,既危害企业,也对国家不利。

第二,房地产业长期萧条和萎缩,势必影响国民经济全局。因为我国的经济发展在相当程度上要靠内需资拉动,靠一定的投资规模来维持,如果固定资产投资压缩过多,就会造成冶金、建材、机械制造等关联产业开工不足。事实上,目前这些行业不少企业已很困难,全国企业间的拖欠款已达7000亿元,库存积压物资4000多亿元,大批企业靠贷款发工资。实行宏观调控的初衷是促进国民经济持续健康发展,是为了维护社会稳定,现在工人发不出工资,退休人员报销不了药费,企业的经理、厂长天天为吃饭发愁,这种情况长此以往不利于社会稳定。

第三,群众要求解决住房的呼声很高,现在全国人均住房面积不足8万平方米,尚有4万多困难户和无房户,加上城市人口增加,每年至少应维持2亿平方米以上的建设规模。前两年有些城市旧城改造拆除的房子过多,宏观调控后抽紧银根,无力继续投入,大批拆迁户不能按期还迁,这些问题不解决,也会成为不安定因素。

为什么说困境近期难以摆脱呢?主要是因为抑制通货膨胀的任务也很迫切。去年全国物价上涨21.8%,是历史上涨幅最高的一年,年初全国人代会宣布今年物价涨幅要控制在15%以下,但治理通胀不是一朝一夕的事,需要时间。现在是企业困难,国家也困难,要从全局理解这个问题。

房地产业是一个高回报与高风险并存的行业,其成效好坏和效益高低关键在于决策。从西北地区房地产发展的情况看,多数企业决策没有出现大的失误,但要防止照抄照搬沿海的做法和盲目攀比,坚持从本地实际出发。我认为西北地区房地产有三个特点:

第一,经济起步比沿海晚半拍,就总体而言,西部还处在工业化、城市化的初期,乡镇企业规模小,还没有大规模向城市转移,这个历史背景决定了房地产业的发展不能要求过高过快。房地产既有带动性，又有依附性，它的带动性表现在对生产资料性产品的吸纳，它的依附性取决于一个地区的产业支撑，没有相当规模的产业基础和城镇人口为依托，房地产就发展不起来。

第二，由于自然及历史的原因，西北地区城市居民收入没有沿海地区提高得快，城市流动人口也没有沿海地区多，在这种情况下，商品房开发应坚持服务本地和旧城改造为主，不宜把城区摊子铺得过大，以节约基础设施投入。

第三，交通和水是制约西北地区发展的主要因素，商品房开发必须实行"两靠一小"战略，"两靠"就是靠路、靠水，"一小"就是多发展小城市，不能过分追求集聚效应。总之，房地产发展必须从实际出发，适应和服从地区发展战略及总体规划。

根据以上看法我建议：第一、多建中低档房屋，少建高档房屋。但建中低档房不是降低标准，更不能粗制滥造，房子的使用寿命少则几十年，多则上百年，必须放眼未来，为今后改造留下余地。第二、多建低层，少建高层。现在国产的高层设备如电梯、防火设备、装饰材料等，都没有完全过关，房屋管理工作也跟不上。沿海一些城市的经验证明，高层楼房造价高，售价还卖不过多层，从美观的角度讲，用多层建筑协调城市风格，也比高层容易。第三、商住并举，建管并举。这里讲商住并举，是指多建一些商业营业用房，着眼发展经济，招揽人气，并不是说面积各占一半，房地产是一个广义的范畴，不应局限于住宅，具体建多少根据市场需要安排。

关于开发企业经营管理，有些问题也应强调一下。一是企业的利润不宜过高，国外房地产业税后净利润达到6%~8%就是一流企业，一般的利润率也就是3%~5%。依我看，目前起步时期住宅每平方米赚100至200元就可以了，不能把个别单位在特定条件下获得的高利润率作为追求目标。二是目前开发公司过多，应关停并转一批，保留那些实力强、水平高、效益好的企业。至于用什么办法去实现可以研究，原则上尽量利用市场机制，但也不排除必要的行政手段。三是坚持综合开发，发挥整体优势。"统一规划、合理布局、综合开发、配套建设"的方针实践证明是正确的，这一条要坚持。所谓发挥整体优势，是讲企业要善于利用各种有利条件形成优势互补，现在有的企业手上有好项目没有资金，有的有资金但没有好项目，如果组织起来联手开发，共同发展，就可取得较好的效益。

最后讲一下人才培训问题。优先帮助西北地区培训高级经营管理人才，是中国房协帮助西北地区房地产业加快发展的一项措施，也是这次座谈会的一项议题。为了给房地产业培训高级经理人才，中国房协和同济大学共同组建了"房地产高级研修中心"。中心设在上海，中国房协负责筹集资金，同济大学组织教授和专家给学员讲课，培训对象是房地产企业的经理和主要业务骨干，每期一个月左右，可同时招两个班，每班35人，我们还打算把学习成绩优秀的学员送到国外去实习或培训，力争经过几年的努力，为行业造就一大批既有实践经验又有理论修养的骨干队伍，这对行业将是最重要的基本建设。现在中央和理论界正在研究促进东西部同步发展的问题，中国房协有责任帮助西北地区房地产业加快发展，怎么帮助？我认为最主要的是提供智力支持。因此，研修中心确定首先为西北地区培训业务骨干，第一期将在十月开学，现在开始报名，希望西北地区房地产企业踊跃参加，也欢迎地方房协和房管局的同志参加。

论房地产业的基础性先导性作用

我国房地产业经过两年多的宏观调控，初步扭转了无序发展和急剧下降的局面，呈现出持续稳定发展的势头，市场购销两旺，开发商信心增强。回顾这两年走过的历程，经验教训很多，其中主要的有两条：一是实行市场经济不能放弃宏观调控，必须综合运用各种调节手段，保持大局稳定；二是加强宏观调控不是全面紧缩，必须扶持和鼓励重点产业发展，促进经济增长。今天主要讲后一个问题，发挥房地产业的基础性先导性作用，为改善居住条件和国民经济增长服务。

有一段时期，人们对房地产消极面看得较多，对它在经济发展和社会生活中的积极作用认识不足，实际上，我国近几年经济的增长，很大程度上得益于建筑业和房地产业的支撑。投资、消费、出口，是一个国家经济增长的三大动力，住宅建设具有扩大投资和启动消费双重功能，今天的投资可以直接转化为明天的消费；明天的消费，又能迅速诱发出更大的投资，并以其多角度拉动效应广泛作用于经济和社会发展的诸多方面。但是，房地产业的这种作用必须同建筑业结合并

注：本文系 1996 年 1 月在中国房协举办的企业管理培训班的演讲。

通过其完善的社会服务体系才能充分发挥出来。

为什么要强调房地产业同建筑业结合呢？这个问题要从房地产业的性质、任务和它承担的经济与社会职能说起。

房地产业是从事房屋和土地开发经营、房地产管理和房地产经纪代理的服务性行业，其任务是通过投资活动和经营性服务运作体系，开发经营住宅及其他各类房屋，满足社会居住、生产经营和社会发展的需要，是国民经济中一个很重要的部门，它同建筑业一道，都是国民经济的支柱产业。房地产业和建筑业的共同点是，二者在产业基础、发展目标、社会功能等方面都是一致的；它们的区别在于，建筑业是直接从事房屋建筑和土木工程营造的物质生产部门，其生产活动的结果是有形产品即各类建筑物；房地产业是为社会提供居住服务的非物质生产部门，其生产活动过程和结果体现为向消费者和用户提供的服务。按产业从属划分，前者是第二产业，后者是第三产业。建筑业作为物质生产部门，直接吸纳就业人数近3000万人，能"吃掉"大宗建筑材料及设备，可带动一大批关联产业的发展，是现阶段拉动国民经济增长最具优势的部门；房地产业通过投资决策和开发经营，为建筑业发展创造需求，提供商机，减少企业扩张的盲目性。两个产业合理分工又有效结合，可以大大提升房屋开发、经营、交易、管理的水平和效益，增加国民经济总量。当年邓小平同志关于建筑业和住宅问题的谈话，就是把建筑业、房地产业和住房制度改革作为一个整体看待而作出的战略选择，他所指的建筑业是包括住宅生产、流通、消费在内的住宅建筑业，他讲的建造住宅、分配房屋的一系列政策，就是房地产开发经营，虽然当时没有用房地产这个提法，但涵盖了房地产业的主要内容。因此，住宅建设对国民经济的拉动作用，实质上是建筑业、房地产业和住房制度改革三位一体的整体拉动。

房地产业在国民经济中的作用可以列举很多，从这几年的实践看，主要有以下几个方面：

第一，用现代化方式开发住宅，加快了改善居住条件的步伐

衣、食、住、行是人类生存和社会发展的基本消费，安居才能乐业。我们党的宗旨决定了把解决群众住房问题作为自己的社会责任，但过去采取的方针不对头，实行国家包下来和低租金制的办法，使解决住房问题的初衷陷入困境。1979年全国城镇人均住房建筑面积只有7.2平方米，80年代以来，国家增加了住房投入，并开始探索用房地产开发的办法解决住房问题，这才迅速出现转机，从1979年至1994年，全国累计竣工住宅22.75亿平方米，是前三十年的3.5倍，建成5万平方米以上的小区4000多个，在城市人口净增1.4亿的情况下，人均住房面积达到15.6平方米，比1979年提高1倍，住房质量、居住环境明显改善，有63％的居民住上了配套齐全的单元式住宅，而十年前这一比例只有22％。目前全国城乡每年新建住房总量超过10亿平方米，是全世界建房数量最多的国家。

仅仅十多年的时间使群众住房条件获得明显改善，很大程度上得益于房地产综合开发。因为综合开发以形成最终产品为目标，集资源、管理、服务于一体，能有效实现生产要素的最佳组合，具有萌生新生产力的内在机制，是当代国际上通行的住宅供给方式。据国家统计局资料，1991年至1994年房地产开发投资5558亿元，平均每年增长95.4％，目前竣工的住宅中有近40％是用商品房开发方式完成的。这里举几个住房变化较大的城市为例：

北京市从1949年至1978年三十年共新建住宅2738万平方米，平均每年92.6万平方米；改革开放后，从1979至1994年建成住宅8644万平方米，平均每年540万平方米，是前三十年总和的3.2倍，人均住房面积达到17.2平方米。这个时期由房地产企业综合开发完成的各类房屋3470万平方米，建成配套齐全的小区200多个，综合

开发率达到 56.4%。

上海曾是全国住房最拥护、居住条件最差的城市之一,1979 年以前每年建成住宅仅 100 多万平方米,八十年代以来他们积极推行房地产开发,建设速度很快,1994 年竣工面积达到 800 多万平方米,居全国之首,人均住房面积达到 15 平方米。他们提出,再用五年时间使人均住房面积达到 20 平方米,住房成套率达到 70%。

天津市以旧城改造为重点,从 1987 年至 1992 年每年改造危陋房屋 300 多万平方米,竣工 316 万平方米,有 8000 户居民搬入新居,至 1994 年全市累计新建住宅 6476 万平方米,是 1980 年的 3.16 倍。他们决定用五至七年时间把全市 732 万平方米危陋房屋改造完毕,实现人民安居乐业的理想。

广州市从 1983 年起就由政府做出决定,停止给各单位划拨住宅建设用地,无论旧城改造还是新区建设,一律实行综合开发,先后建成 5 万平方米以上住宅小区 104 个,1994 年商品房竣工面积 451 万平方米,存量住宅总数达到 5022 万平方米,比 1978 年增长 3.8 倍,人均住房面积达到 18.6 平方米,住房成套率超过 70%,成为全国大城市中第一个实现住房目标的城市。

住宅建设机制改革不仅推动了生产力的发展,而且促进了社会稳定。过去住房靠分配,隐含着制度缺陷带来的不安定因素,现在住房是商品,人们为买到一套称心如意的住房,必须更加勤奋地工作,更加节俭地生活,更加诚信地交往,把效力社会同自身利益紧密地连接在一起,住房成了社会的稳定器。

第二,根据市场需求进行投资,为经济发展起先导性作用

传统体制下重生产、轻生活,重积累、轻消费,住房建设滞后于经济社会发展;市场经济体制下,生产要素随市场需求流动,房地产业以投资能动性参与资源配置，成为经济增长的先导行业。这里举第三产业发展为例，要发展第三产业，首先必须有商店、旅馆、餐厅、仓库、写字楼、游乐场、储蓄所、集贸市场等设施，但国家又不可能大量投资，只能依靠房地产开发商去建设。据有关部门统计，1992年全国用综合开发方式建成的商贸服务用房561万平方米，仓储用房194万平方米；1993年建成商贸服务用房1206万平方米，仓储用房446万平方米；1994年建成商贸服务用房1340万平方米，仓储用房644万平方米，三年合计4391万平方米，既为繁荣市场、活跃经济提供了物质基础，企业又获得了丰厚的利润。据上海市测算，同五年前相比，许多经营性物业升值1至2倍。1980年全国仅有涉外饭店203座，客房3.1万间，到处应接不暇，国内旅游更是人满为患。80年代中期加快开发旅游设施，到1994年涉外饭店增加到2522座，客房38.6万间，是过去的10倍，同时新建改建了供国内旅游的一批宾馆饭店，1994年接待境外旅游人数4368万人，创汇73亿美元，接待国内旅游人数4.5亿人次，收入950亿元。这个事实说明，房地产只有超前发展，才能成为先导。

最能说明问题的，还是上海浦东的开发。自国务院批准浦东开发后，他们用综合开发的方式投入250亿元改造投资环境，先后建成扬浦、南浦两座跨江大桥，200多公里快速干道，4个万吨级泊位码头，35万门程控电话，以及学校、医院、超级市场、游乐中心、邮电通信以及市政基础设施等。从事上述设施开发的，除政府主管的三大发展公司外，还有来自境内外和中央有关部门的700多家房地产企业，他们以大手笔的开发举措，为浦东创造繁荣。目前这里良好的投资环境吸引着国内外大批厂商前来设厂落户，浦东开发前，外资项目只有37个，1994年上半年增加到3083个，投资额达1252亿美元，其中有世界著名的制造商，也有国外和境外的金融巨头，这里已成为全国最具吸引力的投资热土。

第三，综合开发，配套建设，是城市建设的主力军

纵观现代城市发展的历史，基本上是遵循政府统一规划、社会筹集资金、企业综合开发这样一条路子走过来的。房地产业是现代城市发展的伴生体，具有实现城市整体功能和提升城市建设质量的体制优势及主观条件，是建设现代化城市的主力军。他们除直接参与城市开发建设外，还为城市发展提供一笔可观的资金。据估算，每开发一平方米商品房用于土地开发、市政配套、小区配套和有关的税费，约占开发成本的40%，以此推算，房地产企业每年为城市建设提供的资金至少在400亿元以上。从1980年至1994年全国城市数目由223个增至622个，城市人口增加了1.4亿人，由于实行综合开发的方针，多数城市面貌明显改观，公用设施普遍改善，建设质量不断提高。特别是近些年兴建的一批经济技术开发区，几乎全部是用综合开发方式完成的，人们在实践中形成的"统一规划、合理布局、综合开发、配套建设"这些带有规律性的认识，已成为城市建设和房地产开发的指导方针。

目前我国正处于城市化进程的加速时期，但历史上形成的城乡二元结构体制严重阻碍着城市化进程。我国目前城市化水平不仅远远低于西方发达国家，也低于许多发展中国家。据联合国人居中心资料，1990年非洲地区城市化水平为33.9%，拉美地区为71.5%，大洋洲为70.6%，北美洲为75.2%，欧洲为73.4%，发展中国家平均水平为37.1%。我国城镇化水平1990年为26.4%，1995年上升至29%，仍比发展中国家平均水平低8个百分点。

加快城市化进程的路子怎么走，大家都很关注，认识也各有千秋。有的主张发挥大城市产业基础雄厚、综合辐射力强的优势，重点发展以大城市为中心的城市经济群；另一种看法与此相反，认为我国多数城市原有框架偏小，基础设施落后，制约城市发展的因素较多，

主张现阶段应以大城市为依托,以中小城市为基础,以小城镇为重点,把小城镇建设放在优先的位置,走有我国特色的城镇化道路。我倾向于后者,需要补充的是这样可降低农民离乡进城的成本,符合渐进式发展的规律。

第四,变消费为积累,变资源为资产,为经济发展生财聚财

实物分房体制下,国家用于住宅建设的投资有去无回,成为"剪不断理还乱"的沉重负担。用房地产开发的方式建房卖房,以经营机制转换为杠杆,可以变消费为积累,变资源为资产,实现投入产出的良性循环。正是基于这种情况,邓小平同志一针见血地指出:"过去我们很不重视建筑业,只把它看成是消费领域的问题。建设起来的住宅,当然是为人民生活服务的。但是这种生产消费资料的部门,也是发展生产、增加收入的重要产业部门。要改变一个观念,就是认为建筑业是赔钱的。应该看到,建筑业是可以赚钱的,是可以为国家增加收入、增加积累的一个重要产业部门"。国际房地产业发展的历史和我们自己的实践,完全印证了小平同志这一论断的正确性。

在市场经济发达的国家和地区,房地产提供的各种税收和土地批租收入,一般占政府财政收入的10%至30%,美国课于房地产的税收1971年达到6950亿美元,香港房地产业1981年向当局提供的积累170亿港元,占当年财政收入的40%以上。尽管我国房地产业尚处于起步阶段,同样也正在成为国家财政收入的重要来源。据统计,1992年至1994年我国开发企业实现利税617亿元,平均每年205亿元,土地出让金收入1994年达到242亿元,比1993年增加94%。上海市自1988年批租第一块土地至1995年6月,共批租土地1005幅、9540万平方米,仅外汇收入即达56亿美元,成为地方财政的一项重要财源。

除以上所述外,房地产还是一个国家综合国力的象征。过去受传统体制的影响,只承认土地是一种资源,不把它作为资产,对市政基础设施和房屋建筑不承认其商品属性,价格严重扭曲。在这种体制下,通过房屋和土地投入形成的巨大资产,在国情国力中没有得到客观反映,直接影响了对综合国力的评价。例如,1994年底全国共有城市622个,建制镇1.5万个,工矿区1万个,在这些土地上建有各类房屋近100亿平方米,绝大部分土地经过深层次开发,成为城市运转的庞大载体,按照最保守的估计,其资产总额不少于6万亿元,这部分资产如何按照经营城市的理念加以利用,也是一个值得认真研究的课题。

城市住房制度改革和农村联产承包,是改革开放初期邓小平同志最为关注的两大经济社会改革,而且讲住房制度改革在前(1980年4月2日),讲联产承包在后(1980年5月31日)。这两个谈话有一个共同点,就是他把我们党实现造福人民的根本宗旨,指向通过改革发展生产力这个基点上,着眼于从物质利益上调动人的积极性,着眼于通过上层建筑改革保护人们的合法权益和财产权利,从而在全社会引发了一场最广泛、最深刻的革命。

根据小平同志的构想,八十年代以来我国房地产业进行了一系列改革,其中最根本的改革就是冲破计划经济体制下把住宅作为福利实物分配的做法,全面推进住房商品化、社会化,使之成为促进经济发展和增加收入的重要产业部门,虽然那时没有用"社会主义市场经济"这个提法,但改革的市场取向是十分明确的,其主要内容是:

(1)改革投资体制,变国家单一投资主体为国家、单位、个人三者合理负担,全面推行住房公积金制度,建立住宅建设稳定的资金来源。

(2)改革土地使用制度,由无偿划拨和无限期使用,改为有偿有限期使用,并实行分级审批和总量控制,保护和合理利用土地资源。

（3）改革住房分配体制，由实物分配改为货币分配，增资提租，租售并举，逐步实现住宅投入产出的良性循环。

（4）改革住宅建设方式，由分散投资、封闭建设，改为在统一规划指导下综合开发、配套建设，建立专业化的商品房生产运行体制。

（5）改革流通体制，按照管住一级市场，规范二级市场，放开三级市场的原则，开展公平竞争，强化市场监督，建立规范化的房地产交易秩序。

（6）改革房产管理体制，按照房地合一、政企分开的原则，健全行政管理体制，对事业性的经营维修单位改为企业化、社会化的经济实体，全面推行现代化物业管理。

（7）改革金融体制，以发展住房消费信贷和抵押贷款为中心，多渠道开展金融信贷及保险业务，降低利率，延长贷期，建立政策性和商业性并存的住房信贷体制。

（8）改革投资结构和经营方针，房地产开发要以市场为导向，以普通居民住宅为重点，立足改善多数群众的居住条件，建立适应不同居民需求的住房供应体系。

中国房地产投资环境及展望

在经历了 45 年的建设发展与十多年的改革开放之后,中国已经无可争议地站在了世界经济增长的前列。1979 年至 1993 年,中国国内生产总值年均递增 9.3%,是世界上少数几个保持较高经济增长率的国家之一。1994 年,国内生产总值达到 43800 亿元,比上一年增长 11.8%,预计 1995 年将达到 50000 亿元。有利的国际国内形势为中国经济增长提供了良好机遇,如今中国生产发展,政治稳定,人民生活水平显著提高,改革开放已成为不可逆转的历史潮流。

据权威部门的预测,从现在起到 2010 年一段时间是中国经济发展的黄金时期,增长速度可望继续保持在 8% 左右。全球经济热点的转移,形成了以环太平洋地区为中心的新的经济增长带,中国已成为这个地区最具活力的发展中国家。

市场需求

以经济高速增长为基本特征的中国现代化进程,要求房地产业以较高的速度超前发展。从 1991 年至 1994 年全国用于房地产开发的投资为 5558 亿元,平均每年增长 95.4%,大大高于国民生产总值的增

注:本文系 1995 年 10 月在第二次中韩房地产交流会议上的演讲。这次会议在汉城举行,文中所讲政策环境是指当时的法规政策,后来部分政策有调整。

长速度。但目前我国房地产业占国民生产总值的比例还很小，1993年不到3%，预计2000年将达到5.5%，争取2010年达到10%。其发展潜力主要有以下几个方面：

1. 住宅建设需求巨大

中国是一个12亿人口的大国，城镇人口3.3亿，占28%，解决这部分人的住房问题，是中国政府面临的重大课题之一，也是房地产业发展的重点。80年代全国城镇平均每年建成住宅1.3亿平方米，90年代以来住宅建设步伐进一步加快，1993年建成2.05亿平方米，1994年达到2.4亿平方米。从1979年至1994年累计建成住宅22.75亿平方米，折合4550万套，但随着城市人口的增加，住房紧张的压力并未完全消除。目前，全国城市人均居住面积7.8平方米（按建筑面积计算为15平方米），比改革开放前提高1倍，但尚有420万困难户急需解决住房，有3000万幢危房亟待更新，还有40%的住户需要进一步改善居住条件。仅以上几个方面，今后五年共需建造住宅13.5亿平方米，平均每年不少于2亿平方米，折合400万套。

2. 城市建设任务繁重

随着农村剩余劳动力的转移和城市化进程的加快，新城建设和旧城改造对房地产业提出了更高的要求。我国现有城市622个，预计2010年达到1003个，同时增加5000个小集镇，全国城镇人口比例将由目前的28%上升到40%。与城市化进程相适应，城市土地开发和基础设施建设的任务也日益繁重，城市建设用地将由目前的3.3万平方公里增加到4.2万平方公里，比现有城市面积增加30%，尚需开发城市用地1万平方公里。这项任务在很大程度上要求房地产业按照统一规划、合理布局、综合开发、配套建设的方式去完成。

3. 生产经营用房急剧增加

中国经济的高速发展和社会主义市场经济体制的确立，使各行业、各地区对生产经营用房的需求大量增加。据统计，1992年全国共有各类企业（国有及集体，下同）546万户，1993年增加到673万户，1994年达到795万户，平均每年增加83万户；外商投资企业1992年为8.4万户，1993年增加到16.7万户，1994年达到20.7万户，平均每年增加4.1万户；此外，还有个体工商业者和私营企业2189万户。其经营领域遍布工业、农业、第三产业各个部门和城乡各个角落。他们的生产经营用房数量大，更新周期快，是房地产开发的一个重要内容。预计从现在到2000年需要新建、改建各类生产经营用房20亿平方米，平均每年4亿平方米以上。满足这部分社会需求，除了增加国家投入外，有相当数量需要通过房地产业的超前发展来实现。

总之，我国房地产业作为一个新崛起的行业，方兴未艾，发展潜力很大。经过一段时间的宏观调控，投资规模和投资结构渐趋合理，市场秩序日益规范，有关的法律、法规相继出台，投资环境逐步完善，中国房地产市场正以其广阔前景吸引着有远见的投资者参与竞争。

政策环境

改革开放是中国的基本国策，利用外资加快经济发展是对外开放的重要组成部分。1991年至1994年，我国实际利用外资1129亿美元，预计到1995年底可能超过1500亿美元。1994年国家公布了新的外商投资产业指导目录，投资方向更加明确，投资环境进一步改善，许多国际知名的大公司纷纷看好中国市场，他们在投资农业、制造业、能源、交通、原材料、高新技术产业的同时，对房地产业的投资也有长足发展。据统计，1994年底，全国共有房地产开发企业24369个，其中国外企业1231个，港澳台企业3456个，合计4687个，占19.2%；当年利用外资41.4亿美元，占全国实际利用外资的9.04%，这个事实说明，房地产开发已成为外商投资的一个重要领

域。为便于了解中国的投资环境,现将在中国进行房地产投资有关政策分述如下:

1. 土地使用政策

中国是生产资料公有制为主的国家,土地属于国家所有和集体所有,80年代以来对房地产开发用地实行有偿、有限期使用的政策。1990年国务院颁布了《中华人民共和国城镇国有土地使用权出让和转让暂行条例》,1994年7月全国人大通过了《城市房地产管理法》,标志着我国土地有偿使用制度进一步走向法制轨道。国有土地使用权的出让实行协议、招标、拍卖三种方式,并规定商业、旅游娱乐和豪华住宅用地,有条件的必须采取拍卖、招标的方式。土地使用权出让的最高年限是:居住用地70年,工业用地50年,教育、科技、文化、卫生、体育用地50年;商业、旅游、娱乐用地40年,综合或其他用地50年。为了吸引外资成片开发经营土地,加强公用设施建设,1990年5月19日国务院颁布了《外商投资开发经营成片土地暂行管理办法》,鼓励外商对土地进行综合性的开发建设,然后转让土地使用权或进行房地产经营活动,并允许国营企业以国有土地使用权作为投资或合作条件,与外商联手开发。外商投资进行成片土地开发的项目,由所在市、县人民政府组织编制开发项目建议书,使用耕地1000亩以下、其他土地2000亩以下的成片开发项目,由省、自治区、直辖市人民政府审批;使用耕地超过1000亩、其他土地超过2000亩的项目,由国务院审批。

国有土地使用权的基准地价由三部分组成:即土地出让金、基础设施配套费和土地开发建设费用。由于我国疆域辽阔,地区间自然条件及经济条件差别较大,各地出让价格和土地使用政策不尽一致,在国家法律和宏观政策指导下由当地政府颁布地方法规实施。

(1)北京市规定,普通住宅、工业建设、教育科技、文化卫生、体育用地和市政府批准的其他用地可以通过协议方式出让,其他用途的土地则须采用招标、拍卖的方式出让。1993年，北京市政府为了加强对土地出让、转让市场的管理，发布了出让国有土地使用权基准地价，将全市土地划分为十个地价区类，又根据商业、公寓、住宅、工业不同的用途制定了四种级差价格。一类地区商业用地出让金每平方米400～680美元，十类地区每平方米5～8美元。一类地区住宅用地出让金每平方米380～580美元，十类地区每平方米3～4美元，如果加上基础设施配套费和开发费，每平方米基准地价约为1000美元左右，最低为108美元，差别很大。至于分摊到每平方米建筑物的楼面地价，则取决于项目容积率的高低等多种因素。由于北京独特的区位优势，使其拥有其他城市无法比拟的投资环境，是国内外争相进入的投资热点，房地产业在较长时间内具有良好的前景。

（2）上海市土地使用权的出让主要采取招标和协议两种方式。1987年11月上海市人民政府发布《上海市土地使用权有偿转让办法》后，至1995年6月，全市共批租土地1005幅，出让土地面积9540万平方米。市中心商业用地出让价格平均每平方米2000美元左右，郊区居住用地每平方米80美元左右，工业用地每平方米30美元左右，级差地租差异比较明显。1993年12月上海市人民政府颁发了利用外资开发内销商品住宅暂行规定，鼓励外商在危房、简屋、棚户比较集中的地区开发内销商品住宅，并在地价方面给予优惠。今年8月该市又推出利用外资开发平价房的新政策，实行"中方出地、外方出资、合作开发、政府收购"的办法，在划拨的地块内由外资负责动迁安置和开发建设，建造标准要适应普通居民购买能力，建成的房屋由政府统一收购，并确保外资方有适当的投资回报。上海市住房需求量大，政策灵活，房地产业发展迅速，受到政府高度重视，成为经济增长和改善投资环境的支柱产业。目前上海市外资企业已达1.2万家，外商办事机构3000多家，排名世界500家大型跨国公司中有200多家在上海开设了分支机构，常驻人员超过1万名，去年出入该市的外国客商100多万人次。投资热潮和经济高涨作为一项新的需求，反过来又推动着房地产业的持续发展，预计今后15年内这种兴旺局面将不会改变。

（3）天津市是我国北方经济重镇，交通便捷，资源丰富，工商业发达，是外商投资的热点地区之一。1993年以来，天津市采取了一系列优惠政策，促进利用外资加快房地产业的发展，全年共出让土地980万平方米，其中市区32.48万平方米，比1992年增加1.2倍。市区楼面地价每平方米在1000～2000元（人民币，下同）之间，郊区300～800元，在三大直辖市中地价最低。为扶持房地产业发展，1994年又出台一系列政策措施，包括受让土地可实行分期交付出让金，允许房地产商在一定条件下出售"楼花"，批租土地开发的商品房可向境外销售等，进一步吸引了国内外投资者。天津与北京相距100多公里，有高速公路连接，沿线地域辽阔，可布局住宅区、加工业、旅游景点和批发市场，是中国北方的金三角地带。今年8月新加坡在沿线投资1亿美元，开设28个合资企业，产品利用天津港出口。目前该市正按照建设多功能经济中心和现代化港口城市的目标，加快招商引资步伐，发展前景诱人。

（4）广州市国有土地使用权出让金规定得比较详细，首先制定各类用地的平均标定地价，商业按楼面地价计算，每平方米1800元，住宅每平方米820元，工业用地按占地面积计算，每平方米500元，在此基础上，再按地理位置、交通因素、公建配套、使用功能、楼层高低、繁华程度等制定调节系数，使投资者有据可循。广州市利用毗邻港澳的有利条件，大量吸引外资加快住房建设和城市发展。10年来利用外资总额62.3亿美元，仅1994年就达16.3亿美元，使该市房地产业一直保持了持续、快速、健康发展的态势，每年竣工房屋600多万平方米，房地产已成为经济发展的支柱产业和外商投资的热点。

（5）大连市于1994年将市区基准地价按用途和土地区位分为9级，商业服务业用地基准地价每平方米最高为990元，最低为218元；写字楼用地最高为891元，最低为198元；商品住宅用地最高为819元，最低为164元；高科技项目用地最高为515元，最低为103元，每个级别再根据出让年限和具体位置另加调节系数。为了改善投资环境，大连市政府专门成立了房地产开发管理领导机构，实行一个窗口对外集中审批。1992年以来该市先后与国内外客商签订了数百个开发项目协议，其中外资占半数以上。大连市工业门类齐全，地理区位优越，海陆交通便捷，市场前景广阔。因此，抓住有利时机，于近期内在大连市进行投资开发，有可能获得较高的收益。

（6）武汉市土地使用权的出让方式比较灵活，地价水平也较低，市区商业用地的出让价约为每平方米3000元，由市中心到郊区梯次降低，最低只有几百元。武汉市作为华中地区最大的工商业城市，房地产市场潜力巨大，1992年以来大批境外客商投入巨资参与开发，成为沿长江流域仅次于上海发展最快的城市之一。

以上仅是列举近年房地产业发展较快的少数城市，从全国来说，30个省、自治区、直辖市各有自己的优势，都有发展的机会，特别是辽阔的西部各省，将是"九五"计划期间国家重点支持发展的地区。那里资源丰富，土地出让价格便宜，如能捷足先登进行战略投资，可望获得丰厚的收益。

2. 开发建设政策

中国政府欢迎国外和境外投资者在中国进行房地产投资，投资者需遵守中国的法律和有关政策，主要内容和运作程序有以下几个方面：首先，必须向工商管理部门办理营业申请，取得批准方可开展业务，注册资本金必须全额到位；第二，外商从事房地产开发可以独资经营，也可以与中国企业成立合资企业或合作企业共同开发，合资企业营业年限不受项目开发时间的限制，由双方在章程中确定；第三，开发商必须按规定程序完成各项前期工作方能开发建设,自取得土地之日起,如果两年不开发,政府将无偿收回土地;第四,外商经营的开发项目如中途转让或预售,中国法律不予限制,但必须完成总投资的25％以上;第五,外商在中国从事房地产开发,可享受免征投资方向调节税等优惠待遇,投资方向调节税的税率为5％至30％,中国企业必须交纳,外商可以免交;第六,在中国从事房地产开发,其管理程序、技术规范、质量标准,应符合中国政府颁布的国家标准及地方补充规定,如承建工程属于国际招标项目而另有要求者,则按国际标准执行;第七,外商在中国开发的项目可以销售,也可以自用或出租经营,房屋使用年限原则上与土地使用期年限相等,到期如果需要继续延长使用,必须提前一年申请办理延长手续,续签土地出让合同,补交地价款;第八,政府鼓励外商投资旧城改造和市政基础设施建设,并在土地价格、税收等方面给予优惠。有些城市规定外商投资旧城改造所建房屋如不能按期卖出,由政府按合理价格收购,以保证开发商的利益。

3. 金融信贷

中国是个资金短缺的发展中国家,争取引进更多的外资投资用于住房建设,特别是与其相关的城市公用设施和社会基础设施建设。外商在中国投资房地产,可以使用能在外汇市场调剂兑换的国际通用货币,也可以使用人民币,投资者所获利润在按规定完税后可以自由汇出。

4. 税收政策

中国政府于1994年1月1日颁布了新税制,具体到房地产企业,所涉及的较大税种主要有:营业税、所得税、土地增值税、城市维护建设税等。现分述如下:

(1)营业税。该税种为全国统一税种,凡在中国境内从事房地产开发的企业取得营业收入的必须按月交纳,税率为5％,另有0.5％

左右的专项附加,一并计入税额,在成本中列支。

(2) 企业所得税。国家规定,企业所得税不论国内企业还是外商投资企业或外国企业,自获得利润之日起,统一按33%的税率征收。根据我国现行政策,在经济特区(深圳、珠海、汕头、厦门、海南)投资的外商,企业所得税目前仍按过去的规定交纳,税率为15%。

(3) 土地增值税。该税种是根据1993年12月国务院发布的第138号令于1994年开始执行的,采用四级超率累进税率,最低税率为30%,最高税率为60%。土地增值税是一种调节税种,目的在于抑制炒买炒卖土地和暴利行为。为保护投资者的合理收益,根据条例实施细则规定,计算增值额先扣除地价款、成本、费用和有关的税金。在通常情况下,投资回报率在20%以下的,只缴纳所得税,无需缴纳增值税。为了鼓励建造普通标准住宅,政府实行优惠政策,其回报率不超过44%的免予征收。

(4) 城市维护建设税。目前仍沿用过去的计税依据和税率,以产品税、增值税、营业税之和为纳税基数,实行差别税率,大城市为7%,县城为5%,集镇1%,平均税额在销售收入中所占比重为0.5%左右。

以上介绍的主要是一些全国性的统一税种,除此之外还有一些相关的税种如印花税、房产税、土地使用税等,虽与房地产有关,有的税额很小,有的不向投资者征收,只向产权所有人征收,故不再逐一介绍。

加强合作

中韩两国关系良好,经济互补性强,有广阔的合作前景。自1992年8月24日两国建交以来经贸合作迅速发展,1994年双方贸易额已达117亿美元。中国已成为韩国第三大贸易伙伴,也是韩国对外投资最多的国家,各类投资项目2000多个,金额18亿多美元,估计今年两国贸易额将达到150亿美元。

两国合作的一个显著特点是起点高，领域宽，发展快。早在1993年，韩国大陆综合开发会社与中国黑龙江省农业开发公司签订合同，租赁三江平原400平方公里土地兴办农场，租期为70年，并于去年7月正式开工。现在大陆综合会社要求将租用面积扩大到3300平方公里，如这一合作实现，仅玉米一项就能年产100万吨，相当于韩国玉米进口量的六分之一。还有一些计划中的发展项目，也颇具规模。如著名的三星集团打算投资20亿美元在中国发展半导体及航空工业。LG集团决定在中国兴建第二个家电基地，目前已投资3亿美元建起了彩电厂、录像机厂，不久前又投资9000万美元与天津合资生产空调器和微波炉。现代企业集团将在北京、上海、天津、广州等24个城市兴办汽车修配厂和配件供应中心；大宇集团正在中国筹建18个办事处及生产网络。

房地产领域的投资主要集中在威海、天津、烟台、北京等地，多数是同商业、旅游、餐饮服务业等结合进行的，目前规模不是很大，相信随着今后两国经贸合作的发展，这方面的投资会越来越多。有人可能会问：在中国投资房地产究竟能有多大收益？对这个问题我的看法是，房地产业属于高回报与高风险并存的行业，其投资收益同市场环境有关，但同企业自身素质也有很大的关系。目前中国住房紧缺，如果投资地区和项目决策恰当，是可以获得可观回报的，不然就不会有4000多家企业前来投资。

这里我想举一个大家可能感兴趣的数字，据去年马来西亚财政部评估组公布的一份报告，对各国（地区）房地产投资的回报率作了比较，新加坡为4%，东京、香港为6～6.5%，曼谷、雅加达为8～9%，惠灵顿、墨尔本为10%，北京为18.5%。作为一条信息，我不想对每一个数字进行评判，人们会从这组数字的类比中可以作出自己的选择。当然，到国外进行不动产投资，会遇到许多新的问题甚至麻烦，我们的工作也存在着某些不尽如人意之处，有这样或那样担心是完全可以理解的。但是正如前面所述，中国的政策环境是比较宽松的，政局是稳定的，改革开放的历史潮流是不可逆转的。我们在改革传统体制，建立社会主义市场经济体制过程中，正参照国际惯例构造有利于生产发展和吸引外资的运行机制，这也是大家公认的事实。如果韩国朋友到中国投资，中国房地产业协会愿意为大家提供帮助，包括信息咨询、推荐项目、物色合作伙伴等等。同时借这个机会，我也建议由两国协会组织双方企业家合作开发一些既有较高回报，又有良好社会影响的标志性项目，让我们的友谊之花世代相传，长盛不衰。

城乡一体化是个大战略

从现在起,还有400多天人类就要进入21世纪。21世纪是知识经济为主的时代,建立在现代科技基础上高度发达的社会生产力,将给未来经济和社会生活带来一系列重大变化。按照中国经济发展分"三步走"的战略目标,21世纪初叶又是我国在实现国民生产总值翻两番,人民生活达到小康水平基础上,向基本实现现代化目标进军的时期,经济建设仍是这一时期的主旋律,但产业结构、消费结构和现在有很大不同。

过去为奠立工业化基础和满足"吃穿用"而发展起来的传统产业所占比重相对减少,住房、汽车等高附加值商品在消费支出中的比重增加。初步测算,前10年全国城乡住宅建设总量将达到120亿平方米,其中城镇34亿平方米,农村86亿平方米;2010年后住房紧张状况可能有所缓解,但每年建房数量仍不少于8亿至10亿平方米,房地产业创造的增加值占国民生产总值的比重将超过10%以上。国家通过住宅建设和住宅消费,拉动经济增长的决策,将作为一条重要方针长期实行下去,至少下世纪中叶以前不会改变。因此,对房地产业的未来发展适时进行战略研究和战略部署,就显得格外重要。

从长远看,解决我国十几亿人口的住房问题,特别是城镇住房问

注:本文系1998年10月在《中外房地产导报》的演讲。

题，必须打破城乡二元结构的旧格局，走城乡一体化的路子。1997年底全国总人口为12.36亿，其中城镇人口3.69亿，农村人口8.66亿，每年净增人口1300万人，预计2040年前后全国人口将达到16亿。下世纪又是我国城市化进程最快的时期，城市化水平将达到60%～70%，那时城市人口将达到9.2亿，相当于现有城市人口的2.5倍。国内外经验都证明，过度的人口聚集给城市带来的后患无穷，我们应从国情国力出发寻求一条新的出路。

1. 调整居住布局，发展中小城市。我国现有百万人口以上的大城市普遍面临缺水、交通拥挤、污染严重和基础设施老化等共性问题，改造起来事倍功半，困难极大。今后除少数特定中心城市外，应重点发展现有人口在20～50万人的中小城市，使之成为疏流大城市人口的"减压站"。建议近期选择100个左右条件较好的这类城市，精心规划，加大基础设施投入，改善城市功能，增强吸附能力，力争用10年左右的时间使这些城市基本上完成基础设施扩容任务，具备逐步发展成为百万人口城市的条件。如果这一目标能够实现，共可增容5000万～8000万人。

2. 建设环城社区，促进城郊疏流。今后大城市居住区应由市中心向城郊结合部发展，并按功能合理、方便生活的原则，建设卫星城或居住社区。据广州市城调队一项调查，有64%的人愿买价位适中的城郊结合部住宅，北京、上海也都出现由市区往郊区迁居的现象，而且人数逐年增多。当前关键是推进措施和政策要跟上，首先要完善基础设施配套，做到供水、电力、通信、煤气、道路、商业网点先行，营造良好的居住环境；同时要抓紧制订鼓励政策，对自愿由城市迁往郊区的居民，出售其原有住宅增值收益全部归己，免征增值税及所得税，在郊区购买新房免征契税；政府还要有计划地把一些水平较高的知名医院、知名学校、科研机构和文化设施迁往郊区或在郊区设立分部，使环城社区成为人们向往的高尚住宅区。

3. 加快发展现代化小城镇。1997年底全国农村剩余劳动力1.3亿，今后随着产业分工的细化人数还要增加，但他们中能去大城市的只是少数，多数人将按照离乡不离土的历史进程移居小城镇，成为生活方式城市化的新一代农民。由我国国情决定的这一城市化进程，使小城镇在分流城乡人口方面具有特殊的意义。要以城市带为中心，以大城市的支柱产业和科技教育为依托，以铁路、公路干线和沿江、沿海为条件，建设一大批各具特色的现代化小城镇，在全国形成以中心城市——中等城市——小城镇——新农村为网络的人居格局。目前全国共有建制镇1.8万个，设想从中筛选5000个作为重点，用20年左右的时间分期分批建设，每个城镇规模3万~5万人，共可居住人口1.5亿~2.5亿，约占农村人口的六分之一至四分之一。

调整居住布局是一项促进经济和社会协调发展的战略任务，必须与产业结构调整和生态环境治理结合起来进行，要充分考虑当地自然资源、人力资源、基础设施、文化历史背景等条件，按照比较优势原则选择有广阔市场前景的产业，创造大量就业机会，使广大居民既能安居又能乐业，绝不能搞成没有产业支撑的"空城计"。今后国家和地方投资的新建项目，也要有计划地安排在中小城市。

扩城建镇既是克服社会发展制约因素的需要，也是扩大内需、促进经济增长的强大拉力。如果把产业结构调整、居住区布局和城市基础设施组合为一个产业链，是需要投入几万亿甚至几十万亿元资金才能全面启动的系统工程，其潜在经济效益极大。

总之，21世纪不应再是农村人口大量向城市涌流的时代，也不是中小城市向大城市涌流的时代，而应是大城市和农村向中小城市及小城镇逐步分流的时代。

关于住房分配体制改革的政策建议

(1998年3月6日)

前　言

为落实中央关于发展住宅建设、培育国民经济新增长点的指示精神，1996年10月，国家体改委、建设部、国家计委、国家科委及中国房协等单位商定，以中房集团发展研究所为主，会同有关单位，从宏观上研究深化住房分配体制改革和加快住房商品化的政策措施，并成立了《住宅建设成为国民经济新增长点的研究》课题组（课题已经国家科委批准列入国家重点软科学研究计划）。该课题由洪虎、杨慎、陆学艺、谢家瑾、郑新立、桑荣林任顾问，孟晓苏为组长。1997年7月和1998年1月，课题组先后在北戴河和北京召开了两次研讨会和一次初审会，同时在北京、上海、天津、广东、江苏等地进行实地调查，广泛听取各方面的意见。1998年2月下旬，课题组再次赴江苏扬中市调研论证实施方案，由作者执笔形成现在的文稿，于3月6日送交建设部。

（一）取消实物分房

传统体制下形成的由国家或单位投资建房、购房，对个人实行福利性实物分配的住房制度，是居民缺乏消费动力、影响住房消费成为热点的主要原因，也是制约住宅建设成为国民经济新增长点的体制障碍。这个问题不解决，住宅消费不旺、循环不畅、积压严重、资金不能形成良性循环的状况就不能改变，住宅商品化、市场化的目标也难以实现。我国住房制度改革经过十多年的探索实践，目前面临着实质性突破的关键时期，构建住宅建设和住宅消费新机制已是大势所趋，应不失时机地在全国范围内取消实物分房，将过去计划经济体制下形成的福利性实物分房旧体制，转换成以住宅商品化、市场化为基础的货币工资分配新体制；将过去国民收入中用于建房投资的二次分配，还原到初次分配中去并理入个人工资，增加工资中的住房消费含量，提高个人购房、租房的能力，同时相应改革和完善配套的体制政策，逐步建立起适应社会主义市场经济体制，符合我国国情的住宅生产、供应和流通体制。主要措施是：

(1) 实行"年功补偿、货币分配"

推进住房分配体制改革的主要途径和突破口，是实行"年功补偿、货币分配"。目前全国共有存量住宅近40亿平方米，过去基本上是国家和单位所有单一产权，80年代后经过三次房改，约有三分之一的房屋按房改政策以优惠价格卖给了个人，由此出现了产权形式和产权结构多元化的纷杂局面，甚至同一地区同一单位因参与房改的时间不同，产权形式和住房消费支出也差别很大。对于过去按房改政策买了住宅的职工来说，等于已经实现了从实物分房到货币购房的转化，而对没有购买住房的职工来说，则继续享受着居住福利房的实惠。因此，在全面进行住房体制改革时，必须考虑这一历史情况，尽量设计一个既便于理顺过去，又利于实现新老政策对接的方案。实行"年功补偿、货币分配"可以较好地解决这个问题。

所谓"年功补偿，货币分配"，就是对过去工资中未包括的住房含量，按参加工作年限和规定标准进行补偿，同时将国家用于建房资金理入个人工资，实行住房分配货币化的新办法。

年功补偿由基准补贴和职务补贴两部分组成,基准补贴每人 $2m^2$,凡 1999 年 1 月 1 日前参加工作满一年的正式职工均可享受基准补贴。职务补贴分为三个档次:科级及相当职称人员每人增加 $0.3m^2$,处级及相当职称人员每人增加 $0.5m^2$,局级及相当职称人员每人增加 $1m^2$。各类人员年功补偿标准如下:

人员分类	科办员	科级	处级	局级	包括相当职称人员
补偿面积	$2m^2$	$2.3m^2$	$2.5m^2$	$3m^2$	均为建筑面积

补偿金额按当地普通住宅平均价格计算,计入个人名下,不发本人,专项存储,用于职工购房、建房或租房的资金来源。实行"年功补偿、货币分配"后,单位不再建房、购房和分房,个人住房通过市场购买或租赁解决。与此同时,所有出租公房的租金原则上提高到占家庭收入 15% 的水平,以后逐步向成本租金和商品租金过渡。

年功补偿只发给没有住房的职工和过去房改中没有按优惠政策买房的职工。凡本方案实施前已享受优惠购房政策的职工不再发放年功补偿;已住单位公房未享受优惠购房政策,本人要求购买现有住房的,可按年功补偿办法一次性发给补偿金,也可按当地房改政策购买现有住房;不愿购买现有住房要求继续租住公房的,自发给年功补偿当月起,按成本租金交纳房租,以后房租调升为商品租金时,不再另发补助。实行年功补偿的职工,工龄可以连续计算,但补偿年限最多不超过 15 年。

(2)实施范围及资金来源

实行"年功补偿、货币分配"的时间,建议从 1999 年 1 月 1 日起开始。实施范围暂定为国家机关、全额拨款及差额拨款的事业单位。理入个人工资的住房消费含量定为本人工资的 30%。

资金来源主要是实物分房体制下各级政府用于住宅建设的投资和

住房维修费用及折旧基金。根据国家统计局资料，1991年至1995年全社会用于城镇住宅建设的投资为8706亿元，平均每年1741亿元；1996年国有及集体经济单位用于住宅建设的投资为2145亿元，同年职工总数为1.4亿人，平均每人1532元，加上维修、管理费支出，由国家负担的人均住房补贴为1960元，占职工平均工资（6210元）的31.5%。另据估算，全国已按房改政策优惠价购房的人数约占35%，如果把这部分人扣除，平均每人可有2464元的资金来源，占平均工资的42%。上述测算表明，无需财政另增支出，通过现行财政体制和投资体制的转换，基本上可以解决改革住房分配体制所需的资金支持。但考虑到地区、行业间的不平衡，建议将理入个人工资部分按平均工资的30%掌握较为适当。

实施这项改革的难点在企业，这几年国有企业多数效益不好，历史包袱沉重，下岗人员较多，全靠自身实力进行这项改革可能困难较大。从改革、发展、稳定的大局全面考虑，企业可参照改革方案结合本单位实际情况执行，有条件的可以提前实施，近期条件不具备的可选择适当时机实施，不作统一规定。

实行"年功补偿、货币分配"办法前，有些地区和单位已经取消实物分房的，可按本地规定执行。

（3）建立住房社会保障

在实行"年功补偿、货币分配"的同时，对城市中少数生活困难、住房也困难的"双困户"，应予以特别的重视。这些人多数未享受过福利分房的优惠，又无解决住房问题的能力，近几年国家实施安居工程又没有他们的份，住房条件日益恶化。从实现"居者有其屋"的社会目标出发，建议国家通过财政转移支付，在大中城市建立廉租住宅的供应体制。廉租住宅体制只在4个直辖市、28个省会城市及46个50万人口以上的大中城市实行，供应对象主要是没有稳定经济收入、家庭人均收入低于当地最低贫困线又没有住房的城市居民。

廉租住宅的建设由各地政府负责，其房源可采取两种途径解决：一种是收购空置的安居工程和低标准住宅；一种是根据各地实际情况新建部分廉租住宅。廉租住宅每套建筑面积不超过 $45m^2$，要有厨房、卫生间等基本生活设施，其建造费用比照目前实施的安居工程优惠政策执行，只能降低，不能超过。房租原则上按成本租金计收。廉租住宅由政府委托所在社区或指定的物业管理机构负责管理，物业管理费从收取的租金中支付，专款专用。

对租用廉租住宅的家庭实行申报制度，由住户提出申请，经所在社区或民政部门审核，符合条件方可批准入住。本次房改中因经济条件限制无力租购商品房而自愿租用廉租住宅的职工，经审核符合条件并退出原住公房，可以租用廉租住宅。

鉴于中小城市住房面积一般高于大城市，这些城市原则上不建廉租住宅。对这些城市无生活来源又没有住房的居民，可用发放特困住房补贴的办法解决，补贴标准为：

$$45m^2 \times （平均市场租金-成本租金）$$

建立住宅保障体系后，现在实施的安居工程到 1999 年底相应停止。过去已经竣工但短期内不易出售的空置安居工程，无偿划归各地政府，作为国家对地方建立住宅保障体系的投入。

（二）放开二级市场

我国住宅市场的发育和成熟，大体上要经过三个步骤来实现。第一步，通过房改政策的推动，将住宅由实物分配改为货币分配，实现住房机制的根本转变，使住房消费潜在需求转化为有效需求。第二步，在住宅自有化基础上，通过入市交换，使封闭的住房市场放大激活，产权所有者在交换中进一步实现消费扩张和资产增值，并借助二、三级市场联动，促进空置商品房的消化盘整。第三步，在个人购买力普遍提高的基础上，借助发达的金融信用机制和完善的法律保障,全方位实现住宅商品化、市场化,形成完善的住宅生产、供应和流通体制。

这三步不能截然分开,也不能阶梯式地机械前进,但从我国多数居民购买力不高的实际出发,大体上要经历这样三个阶段。由此可以看出,放开搞活租赁市场,是住房分配货币化改革后进一步实现消费扩张的主要途径,也是促进住房形成消费热点,实现住宅商品化、市场化的必由之路。当前放开市场交易的重点,应以公房上市为主,同时放开租赁市场。主要内容是:

(1) 积极推行差价换房。公房优惠出售后,人们要求改善住房条件的愿望,将通过差价换房成为现实,入市的积极性很高。据上海试点情况,有差价换房愿望的户数约占30％,每户通过差价换房增加面积 $20\sim30m^2$,支出资金 $10\sim15$ 万元,是一个潜力很大的市场,应重点扶持,积极推广。

(2) 职工以成本价购买的公有住房,取得产权证后即可上市交易,增收部分除按规定缴纳交易税费外,余额全部归己。

(3) 职工以标准价购买的公有住房,补足差价并取得房产证,即可上市交易,取消必须住满五年才能上市交易的限制。

(4) 职工以标准价购买的公房,在实行货币化分配时已过渡为成本价的,也可以上市交易。

(5) 对原来居住城区自愿迁居郊区居住的居民,要在交易政策上给予优惠和鼓励,应缴税费减半收取,售房增值收入全部归己,免交所得税。

(6) 为促进住房市场的发展,对房产交易中的应征税费要本着让利减费的原则重新核定。上市交易房产的土地收益金按出售收入的 1% 缴纳;交易服务费按成本价的 0.5% 缴纳,由交易双方分摊。其他税费亦从低掌握。

(7) 放开房屋租赁市场。无论单位或个人,凡在城镇国有土地范围内依法取得所有权的各类房屋,均可向社会公开出租。虽未办理所有权登记,已竣工的空置商品房,可以办理二年以内的短期出租。

(8)允许转租。房屋承租人征得房屋所有权人同意并签订收益分配协议,可以将承租的部分或全部房屋转租他人,但受转租人不得再行转让。对转租活动应予立法保护,不应歧视。

(9)放开租金标准。凡向社会公开出租、转租的房屋,租金均由租赁当事人协商议定,取消指令性租金标准。

目前,我国房屋交易和租赁市场存在问题较多,突出的是限制多,收费高,立法不完善,亟待规范。总的指导思想是,把扶持鼓励放在首位,促进经济发展。

(三)调整信贷政策

资金紧缺一直是困扰住宅开发企业的主要问题,这个问题不仅与企业自有资金不足(仅占15%)有关,同时和现行的收费办法也有很大关系。据北京市及一些省市统计,企业在开工前必须缴纳的税费多达60多种,金额占总投资的40%,因此,如何调整现行政策,为企业创造宽松的外部条件,是一个亟待解决的问题。去年以来,在各方呼吁下,住宅信贷开始松动,特别是中国人民银行宣布今年为住宅建设贷款1000亿元,引起较大反响,但还有一些问题需要解决。

(1)稳定贷款规模。此次中国人民银行发放的1000亿元贷款言明是1998年规模,至于以后年份则没有提及。根据住宅建设周期长、延续性强的特点,应对住宅贷款规模实行稳定政策,至少五年不变。

(2)增加贷款数量。现在1000亿元规模虽比过去有了较大增加,但与实际需要仍有很大差距。据统计,1996年房地产开发共完成投资3246亿元,企业自有资金仅488亿元,占15%,融资及贷款1482亿元,占45%,其余为利用外资及预收定金。前几年的情况同去年差不多,只是预收定金比例略高。1995年以来由于空置商品房逐年增多，表面上供大于求，购房者要求买现房的日多，预收定金相应减少。因此，在建设规模不变的情况下，每年贷款规模不少于1500亿元才能维持正常经营，即在现有基础上再增加500亿元。

（3）简化贷款手续。目前银行实行倾斜政策，以向购房人发放消费信贷为主，但有些条件过于苛刻，手续过于繁琐。建议在全国推广建行信贷办法：只要有本地正式户口，个人确有还款能力，有房产证抵押或单位担保，均可提供70%贷款，年限最长20年。

（4）延长开发贷款年限。目前为开发企业贷款多为一年期的短期信贷，不适应住宅建设周期长的特点，建议增加三年期、五年期中期贷款。对从事房屋开发又兼营物业出租的企业还应延长。

（5）放宽生产信贷。新开工的普通住宅，开发商自有资金达到30%，预售达到50%的，均应提供贷款。为促进空置商品房的销售，对配套设施不完善而影响销售的商品房，应根据需要提供配套设施贷款。

必须同时指出，当前我国住宅市场受购买力水平的制约，存在着潜在需求大而有效需求不足的矛盾，为防止衍生不良债务，在放宽信贷的同时，银行应对企业使用贷款情况严格把关，定期检查，高度重视防范金融风险。

（四）完善产业主体

住宅建设和住宅消费作为房地产业的一个重要组成部分，其行业政策、行业管理、企业素质直接关系着房地产业的成效。根据中央要求和社会呼声，近期应着力解决以下几个方面的问题。

（1）制订规划。围绕发挥住宅建设拉动经济增长这一中心，尽快制定住房建设和住房消费的宏观政策。政策要切实可行，操作性强，成为行业管理和企业遵行的依据。

（2）加强立法。目前我国房地产法规建设落后于实际的状况亟待改变，法规空白亟待填补。当前急需的立法有：1. 住宅法；2. 不动产交易法；3. 不动产评估法；4. 物业管理法；5. 拆迁法。

（3）提高素质。前几年房地产企业发展过快过猛，存在着数量多、素质低、管理乱的情况。1991年底全国开发公司只有4200家，1995年增至33482家，1996年虽减为22278家，但真正有经营活动的不多。全国31个省、市、区中，开发公司在1000家以上的有8个省市，最多的上海市有4214家。企业过多必然引发恶性竞争，粗制滥造，哄抬地价，乱上项目，破坏规划。1996年全国完成的房地产开发投资中，有70%是三级以下企业完成的，其中无等级企业占20%，这是近几年住宅质量低劣、事故迭出的主要原因，必须大力整顿提高，通过资质审查和项目评审，至少压缩50%，在此基础上通过资产重组和强强联合，实行大公司战略，增加有效供给。

（4）增强实力。1984年国家计委、建设部联合下文成立开发公司时，规定企业所需资本金向银行借款解决。因此，我国房地产企业是真正的无本起家，资产负债率多数在70%以上，有的高达90%。过高的负债使企业成本增加，盈利下降，经营状况日下，1996年全国开发企业实现的利税比1995年下降33%，平均利润率只有3.7%，亏损企业占三分之一。建议比照国家对国有企业解困的政策，对经过审核业绩优秀的企业补充30%的资本金，增加企业后劲和造血功能。

（5）强化管理。随着机构改革方案的实施，建设部在住宅管理方面的职责相应扩大，应通过职能调整明确下述各点：

第一，建设部是代表国务院统管全国城乡住宅建设的业务主管部门，有关住宅发展规划、住宅建设政策、住宅消费政策、住宅价格政策、住宅税收政策、住宅信贷政策、住宅经济技术立法、住房公积金管理以及相关的法规政策，均由建设部负责制定或由建设部会同有关部门制定，强化行业管理和宏观调控职能。

第二，为加强规划实施的统一管理，城市规划区内的用地规划及用地管理，由建设部负责。

第三,为加强基础设施建设,国家及地方政府用于城市建设的专项资金,由各级建设主管部门统一管理使用,建设部负责制定全国城市建设资金管理法规并监督使用,对国务院负责。

(五) 相关政策建议

为促进住宅形成消费热点进而成为国民经济增长点,除进行上述改革外,建议从政策及立法方面还要解决以下几个问题:

(1) 通过立法明确自有住宅归个人所有。我国现行政策依照房随地走的原则规定商品住宅使用期为70年,到期由国家无偿收回。这种规定不利于住宅商品化政策的实施,也有悖于我国人民崇尚"安居乐业"的历史传统。住宅是人类赖以生存和维持劳动力再生产的消费资料,公民以其劳动所得购买的住宅应归个人所有,包括国家或单位投资兴建依法分给个人居住的住宅或按房改政策通过货币化改革卖给个人的住宅。产权所有人对自有的住宅有居住、出售、出租、赠与、抵押、典当等自由,并受法律保护。住宅占用土地仍归国家所有,置业人有永久使用权,按年向国家缴纳土地占用税。国家因国防或公益事业需要征用时,居民应及时将土地交付国家使用,国家据实给予补偿。

(2) 理顺住房价格体系。实行住房分配货币化改革,对80%以上的中小城市来说阻力不大,难点在京、沪、穗等少数大城市。以北京为例,三环路附近房价每平方米6000元左右,四环路附近4000元至5000元,近郊县1500至2000元,每套房价30至40万元,多数人无力负担。房价高的主要原因是地价、拆迁费、配套费高,这三部分约占房价的40%以上,再加上各种收费,占到房价的60%以上,这种价格构成和价格水平,与多数群众收入水平相差过大,影响房改政策的落实。因此,对这些城市的房价应通过调整土地供给政策和基础设施供给政策,清理不合理收费规范价格构成,降低到群众可以接受的水平。

（3）改革房屋计量单位。目前住宅建设中使用的计量单位很不规范，计算建房数量和房屋交易用建筑面积，收取租金用使用面积，反映住房水平用居住面积。居住面积是 80 年代第一次房屋普查时提出来的，只计算卧室和起居室面积，其他空间如客厅、厨房、厕所、过道、阳台、储藏室等一律不算，这种计算方法很不科学，特别是 90 年代采用"三大一小"（大客厅、大厨房、大卫生间、小卧室）的设计后，就更显出这种计算方法的不科学性。居住面积与建筑面积之比只有 49%，建房数量与居住水平的提高不成比例，更重要的是这种不科学的计算方法极易导致宏观失控。建议从 1999 年起住房一律以套作为计量单位，每一自然套按实际面积计算，标准套按 $60m^2$ 一套计算（大于标准套的按实际数量折算），计量标准一律采用建筑面积。这是因为，采用建筑面积同商品房计价方法一致，同产权证一致，同农村建房计算方法一致，同国际统计口径一致，比采其他计量单位更科学可行。

构建住房建设和消费的新机制

一周以前,《求是》杂志社的同志邀我作一次报告,介绍一下全国住房建设和住房制度改革的情况。对我来说,这个题目并不生疏,问题是要到《求是》杂志社来讲,就颇费思忖。因为《求是》杂志是党中央的理论刊物,这里人才济济,有很高的理论造诣和察辨水平,到这里来作报告要有点"冒险精神"。所以我向陈荻同志提出,最好不要叫报告会,叫座谈会或研讨会,由我先作中心发言,然后大家有什么问题提出来,共同讨论。陈荻同志表示同意,这样我才答应来讲。

今天发言的题目是:"坚持用邓小平理论指导实践,构建住房建设和消费新机制",共分四个问题来讲。

(一)"4.2谈话"是富民强国的光辉文献

十一届三中全会后,我们党确立了以经济建设为中心,实行改革开放的总方针,全国上下各行各业政治积极性空前高涨,但从哪里起步,当时并不十分明确。1980年4月2日,小平同志在一次高层会议上听取"六五"计划指导思想和发展战略的汇报时,就建筑业和住宅政策问题作了重要讲话。以下是谈话全文。

注:本文系1998年5月19日在《求是》杂志社的演讲。

构建住房建设和消费的新机制

关于建筑业，小平同志说，从多数资本主义国家看，建筑业是国民经济的三大支柱之一，这不是没有道理的。过去我们很不重视建筑业，只把它看成是消费领域的问题。建设起来的住宅，当然是为人民生活服务的。但是这种生产消费资料的部门，也是发展生产、增加收入的重要产业部门。要改变一个观念，就是认为建筑业是赔钱的。应该看到，建筑业是可以赚钱的，是可以为国家增加收入、增加积累的一个重要产业部门。要不然，就不能说明为什么资本主义国家把它当作经济的三大支柱之一。所以在长期规划中，必须把建筑业放在重要地位。与此相联系，建筑业发展起来，就可以解决大量人口的就业问题，就可以多盖房，更好地满足城乡人民的需要。随着建筑业的发展，也就带动了建材工业的发展。

关于住宅问题，小平同志说，要考虑城市建筑住宅、分配房屋的一系列政策。城镇居民个人可以购买房屋，也可以自己盖。不但新房子可以出售，老房子也可以出售。可以一次付款，也可以分期付款，十年、十五年付清。住宅出售以后，房租恐怕要调整。要联系房价调整房租，使人们考虑到买房合算，因此要研究逐步提高房租。房租太低，人们就不买房子了。繁华的市中心和偏僻地方的房子，交通方便地区和不方便地区的房子，城区和郊区的房子，租金应该有所不同。将来房租提高了，对低工资的职工要给予补贴。这些政策要联系起来考虑。建房还可以鼓励公私合营或民建公助，也可以私人自己想办法。农村盖房要有新设计，不要老是小四合院，要发展楼房。平房改楼房，能节约耕地。盖什么样的楼房，要适合不同地区、不同居民的需要。

这个谈话开始只在内部传达，直到 1984 年 5 月 15 日才公开发表。小平同志这里讲的建筑业，主要是指从事居民住房开发建设的住宅建筑业，包括我们现在所说的建筑业和房地产业。谈话全文共 642 个字，言简意赅，从理论和实践结合上阐发了建筑业的产业地位、住宅属性、流通方式、金融信贷、工资制度改革、关联效应以及级差地租理论等一系列根本问题，其认识高度不仅大大超越了人们的传统见解，而且涵盖了国际上房地产业发展的共同经验，是一篇运用马克思再生产理论指导经济建设、富民强国的光辉文献。

这里，首先解释一下什么是支柱产业，然后再讲为什么小平同志把住宅建筑业作为国民经济的支柱产业。

据我的理解，任何国家在其经济起飞的初始阶段和不同的发展时期，总是确定若干对国民经济全局起主导作用的产业部门，从政策上给予鼓励和支持，使其优先发展，以带动全局，这些行业通称支柱产业或主导产业。

一般说来，构成支柱产业必须具备三个条件：**一是产品经久不衰，可以长期、稳定发展；二是产业关联度高，能带动相关产业发展，促进就业和新兴产业群的形式；三是创造的增加值多，能提供较多的利税，为国家聚财。**

从这几方面衡量，以建造住宅为主的建筑业最具有成为支柱产业的首选行业，这是因为：

第一，中国人口多，住房需求量大。住宅作为人类基本生存资料是任何人都不能缺少的，人口越多，对住房的需求量越大。1996年全国人口总数为12.23亿，其中城镇人口3.59亿，农村人口8.64亿，共有3.2亿个家庭，以每户有一套住宅为基数，按静态计算就要3.2亿套，建筑面积至少400亿平方米。如果把人口增长和住房面积扩大等动态因素考虑在内，就是个天文数字。满足如此庞大的住房需要，是一个重大经济和社会课题。

建国后很长一段时间里，因为当时集中财力、物力搞建设，没有更多的钱建住宅，加上受国外体制模式的影响实行实物分配制，多数群众居住水平很低。据统计，1979年全国城镇人均居住面积只有3.6平方米（居住面积专指卧室面积，折合成建筑面积为7.2平方米），属于住房严重短缺的国家。小平同志讲话后加快了住宅建设,从1980年至1997年共建成城镇住宅31亿平方米,折合5166万套,是改革开放前三十年的5.2倍,但仍满足不了需要。目前全国城镇每年新建住宅约400万套,加上农村建房600万套,合计1000万套,是当今世界上建房数量最多的国家,可是用12亿人口一除,人均不足1平方米。按现在的建设规模,要从根本上解决中国住房短缺问题,至少尚需20年的时间,达到发达国家的居住水平,时间就更长。从这个意义上讲,住宅建筑业属于长期稳定发展的行业。

除了数量外,房屋品质也要求不断提高。按照马克思的说法,社会产品分为生存资料、发展资料、享受资料三大类。现在城市每户住房面积60平方米只是维持生存的最低需要,今后随着收入的增加,群众对住房面积和住房质量要求越来越高,这是必然的。当然,我国人多地少,面积过大不现实,但也不可能停留在目前的水平。据上海长宁区试行差价换房的统计,多数家庭要求住房建筑面积在80平方米以上,即三室一厅,如果全国都达到这一标准,仅是补差就得增加12亿平方米。

第二,从带动作用看,建筑业最具备成为支柱产业的条件。建筑工程体量大,耗用原材料多,是消耗钢铁、水泥、玻璃、卫生陶瓷、油漆涂料及化学建材的大户,历史上我国建材工业的发展基本上靠建筑业拉动,今后仍将取决于住房建设的需要。下面是1980年至1996年几种主要建材的增长比较:

材料品种	单位	1980年	1996年	增长数
成品钢材	万吨	2716	9338	2.4倍
水　泥	万吨	7986	49119	5.15倍
平板玻璃	万吨	2466	16069	5.5倍
卫生陶瓷	万吨	292	5492	17.8倍

除上述基本材料外，还有电梯、空调、厨卫设备、家用电器、灯具家具、装饰材料等，这些材料设备也与住房建设直接有关，或者是靠住房建设拉动。

第三，从吸纳就业看，建筑业仅次于农业、工业，居第三位。 1980年建筑业职工人数为983万人，1996年为2992万人，增加2.04倍，绝对数增加2009万人，其中国有企业增加374万，城镇集体企业增加1008万，农村建筑队增加536万。房地产业80年代后才起步，缺乏详尽的统计资料，估算从业人数在300万人以上。

第四，从提供积累看，据国家统计局资料，1996年建筑业创造的增加值为4530亿元，占全国GDP的6.7%，房地产业创造的增加值约占全国GDP的2%，两业合计接近9%。 考虑到建筑业增加值中有一部分来自土木工程，如铁路、公路、水利、矿山等，把这一部分扣除，真正由住宅建设提供的大约在6%左右。

第五，在吸引外资方面，房地产业也是举足轻重的行业之一。 据统计，1995年利用外资60.12亿美元，占全国12.49%，1996年利用外资62.2亿美元，占全国11.34%。

举出上述各点便可看出，小平同志"4.2"谈话的战略远见是何等英明。可以毫不夸张地说，80年代以来支撑我国经济持续发展的因素，在很大程度上靠建筑和房地产业的拉动，我国城乡面貌的变化更是直接得益于住房建设的发展。近几年的实践还证明，一个国家不仅经济攀升时期要靠建筑业创造繁荣，当社会供求平衡，一般工业品基本饱和的情况下，要保持国民经济持续发展的势头，仍需靠住房建设和住房消费拉动，所以有些国家又把建筑业称作经济发展的稳定器。在这方面，90年代中期我国政府决定实行扩大内需为主的方针，并提出要使住宅建设成为国民经济的增长点，便是最好的说明。

(二)构建住宅建设与住宅消费新机制

根据"九五"计划和 2010 年远景目标,1995 年至 2000 年共需新建城镇住宅 2000 万套,平均每年 400 至 450 万套,重点解决低收入者和困难户的住房问题,力争使大多数居民每户有一套经济适用的住房。从 2001 年到 2010 年,再建造 6000 万至 7000 万套,平均每年 600 万至 700 万套,住宅设施和居住环境进一步改善,基本上达到小康水平。

实现上述目标,必须深化改革,构建适应社会主义市场经济体制的住宅建设与消费新机制。基本思路和主要措施如下:

(1) 取消实物分房,实行住房商品化

传统体制下形成的由国家或单位投资建房、购房,对个人实行福利性实物分配的住房制度,是居民缺乏消费动力、阻碍住房消费成为热点的主要原因,也是制约住宅产业成为国民经济增长点的体制障碍。这个问题不解决,住宅消费不旺、循环不畅、资金不能形成良性循环的状况就不能改变,住宅商品化的目标就难以实现。我国住房制度改革经过十多年的探索实践,目前面临着实质性突破的关键时期,构建住宅建设和住宅消费新机制已是大势所趋,应不失时机地在全国范围内停止实物分房,将过去计划经济体制下形成的福利型实物分房旧体制,转换成以住宅商品化、社会化为基础的货币分配新体制;将过去国民收入二次分配用于建房的投资,还原到初次分配中去并理入个人工资,增加工资中的住房消费含量,提高个人购房、建房和租房的能力。同时,相应改革和完善配套的体制政策,逐步建立起适应社会主义市场经济体制,符合我国国情的住宅生产、供应和流通体制。

关于如何实行货币分配的方案,限于时间今天不能展开,其中最主要的有两条:一是合理控制房价,防止人为炒作和无序攀升;二是提高群众收入水平,使大多数居民依靠自己的工资收入能买得起房或

按市场价租得起住房。

(2) 开放二级市场，激活住房消费

我国住宅市场的发育和成熟，大体上要经过三个步骤来实现。第一步，通过住房制度改革，将住宅由实物分配改为货币分配，使住房消费由潜在需求转化为有效需求。第二步，在住宅自有化基础上，通过入市交易，使产权所有者在交换中实现消费扩张和资产增值，进一步提高改善住房条件的能力。第三步，在个人购买力普遍提高的基础上，借助发达的金融信用机制和完备的法律保障，全方位实现住宅商品化，形成完善的住宅生产、供应和流通体制。这三步不能截然分开，也不能阶梯式地机械前进，从我国多数居民购买力不高的现状出发，大体要经历这样三个阶段。由此可以看出，开放搞活二级市场是促进住房形成消费热点的关键环节。当前开放二级市场的重点是：

第一，积极推行差价换房。公房优惠出售后，人们要求改善住房条件的愿望，很大程度上要靠卖旧房、买新房来实现。据上海试点情况，有差价换房愿望的户数约占30%，每户通过差价换房增加住房面积20~30平方米，支出资金10~15万元，这是一个潜力很大的市场，应从政策上给予扶持鼓励。

第二，职工按房改政策成本价购买的公房，取得产权证后即可上市交易，增收部分除按规定缴纳必要的税费外，余额全部归己。按标准价购买的住房，补足差价并取得房产证后，也可上市交易，取消必须住满五年才能出售的限制。

第三，对原来住在城内自愿迁往郊区的居民，在政策上给予优惠和鼓励，应缴税费减半收取，售房增值收入全部归己，免交所得税。

第四，降低交易费用。对房产交易中的应征税费要本着让利减费的原则重新核定。土地收益金按出售收入的1%缴纳；交易服务费按成本价的0.5%缴纳，由交易双方分摊，契税减半。

第五，放开租赁市场。无论单位或个人，凡在城镇国有土地范围内依法取得所有权的各类房屋,均可向社会公开出租,房产税减半征收,其他税费尽量降低。

第六,放开租金标准。凡向社会出租的房屋,租金随行就市,由租赁当事人协商议定,取消指令性租金标准。

(3) 调整信贷政策

资金紧缺一直是困扰职工购房和开发企业建房的主要矛盾。一套商品住宅至少要十万至几十万元,多数人没有这个经济实力,国际上通行的做法是发展住房金融,推行消费信贷,通俗点讲就是借银行的钱,买自己的房,分期分批偿还。过去我们在这方面只是试点,没有全面推行,而且试点办法过于拘谨。去年以来,在各方呼吁下开始松动,特别是不久前人民银行宣布今年增加住宅建设贷款1000亿元,同时修改过去的贷款办法,在社会上引起强烈反响。目前大家期盼的是,稳定贷款规模,提高贷款额度,简化贷款手续,延长贷款年限。我主张,只要个人确有还款能力,有房产证作抵押,均可提供70%贷款,贷款年限也应参照国际惯例延长到20年甚至更长。

与此同时,对开发企业的贷款年限也应适当延长。目前向开发企业贷款多为一年期的短期信贷,不适应住宅建设周期长的特点,应增加三年期、五年期中期贷款,如果从事经营性物业,还应延长。当然,在放宽信贷的同时,要求贷款使用情况严格把关,强化监督,高度重视防范金融风险。

(4) 完善产业主体

这里说的产业主体是指政府行政主管部门、行业管理部门和经营管理单位,即供给主体和管理主体。住宅建设和住宅消费作为宏观结构的一个重要组成部分,其行业政策、行业管理、企业素质直接关系着产业发展的成效。近期应着力解决以下几个方面的问题。

第一,加强立法。目前我国房地产法规建设落后于实际的状况亟待改变,法规空白亟待填补。当前急需的立法有:(1) 住宅法;(2)

不动产交易法；(3)不动产评估法；(4)物业管理法；(5)拆迁法，等。

第二，提高素质。前几年房地产企业发展过快过猛，存在着数量多、素质低、管理乱的情况。1996年全国完成的开发投资中，有70%是三级以下企业完成的，其中无等级企业占20%，这是造成近几年住宅质量低劣、事故迭出的重要原因，必须大力整顿提高。要通过市场竞争、资质审查和项目评审，至少压缩50%，在此基础上通过资产重组和强强联合，实行大公司战略，增加有效供给。

第三，增强实力。我国房地产企业基本上是无本起家，资产负债率多数在70%以上，有的高达90%。过高的负债使企业成本增加，盈利下降，1996年实现利税比1995年下降33%，平均利润率只有3.7%，亏损企业占三分之一。建议比照国家对国有企业解困的政策，对业绩优秀的开发企业补充30%的资本金，以增加企业后劲和造血功能。

第四，实行可持续发展战略。大力发展节水、节能、节地、节材和污染防治技术，保护资源和生态环境，做到经济发展同环境保护协调发展。

(三) 公房出售及相关政策

公房出售是住房制度改革的切入点。我国现有公房按投资来源划分，分为国家直管公房和单位自管公房两大类，除此之外还有一部分混合产权，如国家与单位共同出资合建的房屋，单位与职工个人共同出资合建的房屋等，今天主要讲国家和企事业单位的公房出售政策。

(1) 公房出售的范围。根据国务院［1994］43号文件规定，现有城镇公有住房，除市（县）以上人民政府认为不宜出售的外，均可向城镇职工出售。也就是说，职工现在住用的公房，只要本人自愿购买，均可出售。

(2) 价格。按43号文件规定，公房售价分为二类三种。一类是向高收入职工家庭出售的公房，实行市场价。至于高收入的标准如何界定，没有正式文件依据，一般说法是指收入高于当地职工平均工资5倍的视为高收入，这部分人按市场价购买商品房。

再一类是普通工薪阶层，即中低收入职工家庭，这些人购买现住公房实行成本价。成本价由7项因素组成：①征地和拆迁费；②勘察设计和前期工程费；③建筑安装工程费；④小区配套费；⑤开发企业管理费；⑥贷款利息；⑦税金。北京城区和近郊区1996年新建楼房的成本价为1337元，旧房的成本价按售房当年新房的成本价再打一个成新折扣，折扣率按房龄计算，每年2%，房龄超过30年的按30年计算。

(3) 折扣。考虑到职工收入的现状，出售公房时都打一些折扣。一是成新折扣，体现新老房屋价格有所不同，计算方法是自房屋竣工交付使用时算起，每年折扣率为2%。二是工龄折扣，按夫妇双方工龄之和求出一个系数，买房时统一计算，系数一般为0.7%~0.8%。三是优惠折扣，这是为鼓励早买房的家庭而设计的一项鼓励政策，1994年折扣率为5%，自第二年起逐年减少1个百分点，2000年全部取消。四是一次付款折扣，国务院文件有这方面的原则规定，但没有普遍实行。除此之外，买房时还有一些因地段、楼层、朝向不同而确定的调节系数，这些系数有的为正数，有的为负数，对价格影响不大。

(4) 产权及收益归属。职工以市场价买的住房，产权归个人所有，如果上市出售，增值收入归个人所有。职工以成本价购买的住房，产权归个人所有，如果出售，补交土地出让金及有关税费后，剩余部分归个人所有。

以上是国家关于公房出售的一些规定，为了简明易懂，这里举一个案例供大家参考（略）。

(四）若干理论问题探讨

改革是社会主义生产关系的自我完善，是前无古人的事业，在实践中经常遇到一些同现行法律、法规和政策不尽一致的问题，需要从理论上作出回答。今天举出两例，同大家商讨。

（1）住宅所有制问题。计划经济体制下人们把住宅称做"公房"或"生产性积累"，理由是住宅由国家投资兴建，为国家所有。小平同志"4.2"谈话理论上一个重大突破，是明确了住宅属于个人消费资料，这种消费资料的取得主要是通过个人购买或自建。据此，很多同志主张职工以其劳动所得购买的住宅属于个人私有财产，应受法律保护。但是现在国家没有这方面的法律，相反，现行法律规定商品住宅归个人拥有的时间为 70 年，这里指普通住宅，如果是别墅或高档公寓只有 50 年，倘若这栋房子建在旅游区内，归个人拥有的时间就只有 40 年，原因是受土地使用年限的限制，期限一到则无偿收归国家所有。置业人对此反映强烈，外国投资者对此也表示不能理解，他们认为这不是所有权，而是一种租赁权。因此，有人提出应通过立法明确个人出资购买的住宅归个人所有，置业人经过法定程序取得的宅基地，享有永久使用权。至于土地的所有权，依然归国家所有，个人按年向国家交纳土地占用税，国家因国防或公益事业需要时，有权依法收回，相应对置业人给予补偿。

（2）企业的住宅是不是国有资产。这里指的是国有企业用基本建设投资或福利基金、利润留成等自有资金建造或购买的住宅，也包括自建公助的住宅。一种认为应属国有资产，这主要是财政部门的意见；一种认为不是，这主要是企业和职工的意见。现行政策对此解释也不一致，应从理论上作出回答。

最后说明，今天讲的这些，都是个人意见，不代表任何单位。

中国住房的历史性变化

在党的十一届三中全会召开20周年前夕,应《人民日报》海外版记者李辉的要求,向他介绍了改革开放以来我国城乡居民住房条件发生的变化及未来前景,下面是这次谈话的要点。

李:现在国内外对中国住房制度改革和住房建设都很关注,请你谈谈近年来住房条件发生的变化好吗?

杨:改革开放以来,我国各条战线都发生了举世瞩目的变化,其中最直观的首推城乡面貌及群众住房条件的改善。从新中国成立至1978年,全国城镇共新建住宅5.3亿平方米,平均每年1890万平方米,折合38万套,那时居住条件普遍比较拥挤,缺房户占26.5%。农村每年建房约1亿平方米,居住条件既拥挤又简陋。十一届三中全会以后,特别是邓小平同志发表《关于建筑业和住宅问题的谈话》后,我国住宅建设大大加快,从1979年至1997年末,全国城镇共新建住宅42.3亿平方米,是前三十年的6.9倍,平均每年2.2亿平方米,折合370万套,有60%的居民迁入新居,按建筑面积计算的住

注:本文系1999年9月接受《人民日报》海外版记者李辉专访时的谈话要点。

房水平，平均达到每人 18.4 平方米。同一时期农村建房 117 亿平方米，有 1 亿多户居民迁入新居，人均住房面积 22.5 平方米，基本上达到每人 1 间的水平。不仅住房数量增加，房屋质量也有了很大改善。1985 年以前，全部城镇住宅中设备齐全的成套住宅仅占 24％，有 31％的住宅没有独用厨房，66％没有室内厕所，27％没有室内自来水，现在新建住宅基本上都是设施齐全的成套住房。农村住宅过去多是简陋破旧的低矮平房，现在绝大多数为砖木结构，其中楼房占 30％。目前我国城乡每年新建住宅总量超过 10 亿平方米，折合 1000 万套，是当今世界上建房数量最多的国家。

李：您刚才谈到，全国大规模住宅建设是在邓小平谈话推动下发展起来的，您能介绍一下这方面的情况吗？

杨：党的十一届三中全会确定了以经济建设为中心和实行改革开放的总方针，但从哪里起步当时并不十分清楚，1980 年上半年小平同志先后作了两次重要谈话，一次是 1980 年 4 月 2 日发表了《关于建筑业和住宅问题的谈话》，一次是 5 月 31 日谈农村改革问题，中心是实行包产到户。这是改革开放初期邓小平同志最为关注的两大经济社会改革。

在住房问题的谈话中，小平同志运用马克思主义基本原理并从我国实际出发，阐述了建筑业应成为国民经济的支柱产业和建设住宅、分配房屋等一系列政策，明确指出住宅作为消费资料，个人可以买，也可以自己盖，不但新房子可以出售，老房子也可以出售，要联系房价调整房租，使人感到买房合算，对低工资的职工要给予补贴，制定房价要考虑地段和交通因素，实行级差租金。同时还谈到农村建房问题，指出要多建楼房，不要老是四合院，注意节约土地，等等。这篇言简意赅、放眼高远的谈话，几乎涵盖了当今住宅建设所有的理论和实践问题，不仅是指导我国住宅建设和住房制度改革的行动指南，也是从宏观战略全局提出的振兴国民经济的纲领性文件，是邓小平理论的一个重要组成部分。

李：感谢您向我们详细介绍了小平同志谈话的背景和深远意义，听了很受启发。能否谈谈这些年在住房机制方面发生的重大变化？

杨：从总体上讲，我国房地产业正处于起步阶段，尚未形成稳定性、规范化的体制格局，目前出现的变化还是初步的，其中主要有以下几个方面：

第一，**改实物分房为货币购房**。传统体制下不把住宅作为商品，而是作为非生产性积累，由国家统建统分。八十年代以来，通过不断深化住房制度改革，住宅商品化的观念和体制框架正在形成，许多地区已把住宅消费以工资或补贴形式理入职工工资，住房消费开始成为家庭支出的重要内容。据抽样调查统计，目前城镇中有33%的家庭拥有自己的住房，我国最早进行改革的深圳特区，住房自有率达到82%。不久前召开的全国住房工作会议决定，下半年起在全国范围内停止实物分房，今后职工住房主要通过市场购买或租赁解决，这是迄今为止住房制度改革迈出的最具深远意义的一步。

第二，由单一投资改为多元投资。改革开放前，城镇住宅建设投资基本上都是国家负担，八十年代起通过财税体制改革和住宅商品化试点，实行国家、地方、单位、个人合理负担的体制，建房资金多渠道筹集，职工购房资金由职工工资、住房公积金、个人住房贷款以及地方财政和单位建房资金转化的住房补贴作为主要来源，开始探索出一条在工资收入不高的情况下，逐步实现住房商品化的途径。

第三，建设体制由分散建设改为综合开发。过去住宅建设主要是按行政隶属关系分散投资、分散建设，现在实行以城市或工矿区为单位，统一规划、合理布局、综合开发、配套建设的方针，目前商品房占全部住宅建设的比例已超过40%，沿海地区的天津、上海、深圳、广州、福州、厦门、青岛、大连等城市，综合开发率达到 60%~80%，大大提高了城市功能和土地利用效率。

第四，土地由无偿使用到有偿使用。过去城市建房用地都是行政划拨，缺少经济手段制约，滥占耕地现象十分普遍；改革开放后，除国家特许用地外，商品房开发用地一般都通过协议或招标方式，实行有偿、有限期使用制度，使土地由资源变为资产，居民住房也因此具有保值增值功能。

第五，依靠住房金融激发产业活力。计划经济体制下国家建房资金主要靠财政拨款，建房数量时多时少，很不稳定，住房实物分配体制更使个人住房消费与金融无缘。改革开放后，金融机构涉足房地产领域，通过不断增加信贷投入拉动住房建设和住房消费，仅 1997 年新增贷款即达 1000 亿元，相当于过去的 4 倍。同时，扩大金融服务，规定所有商业银行在所有城市均可发放个人住房贷款，取消对个人住房贷款规模限制，放宽个人住房贷款期限，银行已成为支撑房地产业发展的主要资金来源。

第六，在国家宏观政策调节下，建立多层次城镇住房供应体系。住房是政府关注的重大社会问题，但实物分房体制下，住宅分配存在着平均主义和按职务等级分配的弊端。改革开放后，探索根据家庭收入不同，实行不同的住房供应政策，其核心是在国家宏观政策调节下，中低收入家庭购买价格相宜的普通商品房；贫困家庭租赁由政府或单位提供的廉租住房；高收入家庭购买或租赁高档商品房，让居民根据自身经济条件选择实现居有其屋的途径。

第七，物业管理由行政性、福利型向社会化、企业化、经营型转变。在住房实物分配和低租金、高补贴的体制下，房屋修缮主要靠行政拨款，缺乏必要的资金保障，失修失养状况相当普遍。改革开放后逐步改革传统的住房维修管理体制，建立企业化、经营型的物业管理体制和运行机制，物业公司既负责房屋公共设施的维修保养，还承担绿化、保安、保洁等相关的居住服务，不断改善社区居住质量。

第八，开放交易市场，促进产权流动。 实物分配体制下把住宅视为国有资产，个人不能买卖，产权不能流动。实行住房商品化后，个人购买的房屋可依法进入市场，自主进行交易，使过去僵滞的不动产资源在流动中得到合理配置，个人受益，国家得税。

李： 既然房地产为社会带来那么多效益，自身机制又发生那么大变化，请您谈谈支撑这个行业发展的基础或动力是什么？

杨： 在回答你的问题前，我必须先作一点说明，就是房地产是一个包括开发经营、中介代理、物业管理在内的完整体系，其基本职责是为居民提供住房服务。因为领域太宽，今天只能重点谈一下开发经营方面的。我认为支撑我国房地产业发展的基础和动力，主要有三条：

一是人口多。 1997年全国人口（未含港澳及台湾地区）12.4亿，每年自然增长1200多万，按人均住房面积20平方米计算，即需2.5亿平方米。现在全国每年结婚人数950万对，他们也需要住房，再加上原来的缺房户，总计每年需新建住宅1000万套，约10亿平方米。

二是城市建设任务繁重。 随着农村剩余劳动力的转移和城市化进程的加快，新城建设和旧城改造对房地产业提出了更高的要求。1979年全国共有城市216个，1996年增加到666个，预计2010年达将到1000个左右，同时增加5000个小集镇，全国城镇人口比例将由目前的30%上升到40%以上，仅增量人口即需住房3000万套。与城市化进程相适应，各类公共建筑和基础设施建设也日益繁重，城镇规模将比现在增加30%，这项任务在很大程度上要靠房地产业去完成。

三是生产经营用房增加。 国民经济的持续快速发展和产业结构调整，企业正朝小型化方向发展，各类生产经营用房需求大量增加。1996年全国共有各类工商企业2396万户，外商投资企业29万户，这还不包括几千万个体工商户，其经营领域遍及工业、农业、第三产业各个部门和城乡各个角落。他们的生产经营用房分布广、数量大、更新周期快，是房地产开发的一个重要内容，预计今后10年需新建、改建各类生产经营用房20亿平方米，平均每年2亿平方米以上。

以上几条主要是居住。可以用这样一句话概括：**十二亿人口的住房需求和不断改善居住条件的愿望，是中国房地产业发展的基本动力。**

李：最后一个问题，希望听听您对中国住宅建设及房地产业前景的看法，特别是如何使住宅建设成为新的经济增长点方面，有些什么措施？

杨：从市场前景看，中国房地产业是大有可为的，目前国内市场各类商品都是供大于求，惟有住宅供不应求。前面已经说过，要做到城乡居民每户有一套经济适用的住宅，至少还要十年。十年后数量满足了，质量也要改善，老房子的更新改造又将排上日程。除了开发建设外，物业管理也是一个很大的领域，目前这方面刚刚起步，如果把所有的房子都认真管起来，至少需要200万人，这对安置就业也是一个贡献。此外，还有建材生产、住房金融等一大批关联产业，也可协同发展，围绕住宅这个消费热点做文章大有可为。但住房制度改革和住房建设不是孤立的，社会牵动面广，必须充分考虑群众承受能力，从改革、发展、稳定的大局出发，稳步推进。当务之急是明确目标，加大投入，放开二级市场，加快出售旧公房，为确保国民经济增长8％服务。初步测算，预计全年城镇住房建设投资将超过3000亿元，加上农村建房投资总计在5000亿元左右，房地产业增加值可望比去年提高0.5个百分点。

中国住宅建设有四十年发展空间

（一）我国房地产业发展的两大动力

年初中国房协和房地产业司共同组织过一次产业发展论证会，国务院发展研究中心、社会科学院及业内知名专家到会不少，会开得很热烈，我在发言时提到中国住宅建设至少有四十年的发展空间，引起大家的关注。四十年是指从 80 年代起到下世纪前 20 年，这是对事物发展阶段的一个设定，并不是具体的时刻表。住宅作为基本消费资料具有永恒性，四十年后仍然要发展，只不过没有像现在这样量大和集中。美国、西欧、日本一些发达国家居住水平已经提高，至今住宅建设仍是经济发展的传统拉力。

国外有一种观点，认为人均 GDP 达到 800 美元至 1300 美元是住宅建设上升最快的时期，到 1300 美元之后又逐步下降。这个规律是否适合中国我没有研究，但住房需求随收入和住房满足度的高低而升降是共性的。我国住宅建设发展的基本动力有两个：一是十几亿人的即期需求，二是伴随收入提高而来的不断改善住房条件的愿望。

全国现有人口近 13 亿，每年自然增长 1100 多万人，有 980 万对适龄青年要结婚，农村进城打工的 7400 万，这些都构成庞大的住房

注：本文系 1999 年 12 月 23 日同《中国建设报》记者刘凯谈话提纲。

需求。一个不容回避的基本事实是，改革开放前盖的房子太少，多数家庭住房紧张，这就决定了解决住房问题的紧迫性和长期性。

住宅除了具有生存资料的功能以外，同时又是发展资料和享受资料，从温饱到小康，从小康到富裕，是生产力发展的必然结果。目前城镇每个家庭平均3.12人，按照人均35平方米计算，三口之家居住空间应不少于100平方米，这个标准大体上是发达国家90年代的水平，我们争取再用十年左右的时间（2010年）达到。同时，适应生活水平的提高，住房的质量也会相应改善。但也不要忘记我国人口多，土地资源有限，在相当长的时间里将实行"约束消费"，不可能照搬国外标准把面积建得过大。住房水平提高是一个渐进的过程，一不能脱离国情国力，二不能操之过急。

住宅建设的目标是：到2010年达到户均一套，人均一室，平均每户建筑面积90至120平方米。

（二）拉动经济增长的三个条件

现在经常听到人们议论：国家已把建筑业作为支柱产业，并提出住宅建设是国民经济的增长点，它同发展房地产业是什么关系？

我一直认为，房地产业与建筑业在产业基础和社会功能方面都是一致的。1980年邓小平同志谈到建筑业和住宅问题时，主题是改革住房分配体制，加快住宅建设，实现住房商品化。小平同志这里讲的建筑业是包括住宅生产、流通在内的住宅建筑业，也就是我们现在所说的房地产业。按照国民经济行业分类标准，建筑业是第二产业，房地产业是第三产业。住宅作为一种产品，其投资者是开发商，其生产者是承建商，二者互相依存，互为前提，共同作用于国民经济全局。住宅建设对经济的拉动作用，是指住宅生产、住宅消费和住房制度改革三位一体的整体拉动，单讲房地产而不与建筑业结合，房地产业很难成为支柱产业；单讲建筑业而不与房地产结合，其支柱作用也很难发挥。

任何一个产业要成为支柱产业,必须具备三个条件:

第一,产品经久不衰。 住宅是人类生存和发展的基本要素,人人离不开,经济越发达,社会越进步,对住房的需求越高。

第二,产业关联度高,能吸纳大量就业。 我国建筑业从业人数3000万,仅次于农业、工业居第三位,能拉动50多个行业发展,直接和间接带动就业人数近4000万人,占全国职工人数的四分之一。

第三,能提供大量积累,为国家聚财。 我算过一笔账,1998年建筑业和房地产业创造的增加值接近4000亿元,占国内生产总值的4.9%,加上中介收入及物业管理可能达到7%至8%。

最后强调一点:不是任何行业都能成为支柱产业,也不是一个行业在任何时候都是支柱产业,只有具备上述三个条件才能成为支柱产业。

(三)推进产业发展的对策

(1)建立城市发展基金。 当前困扰开发的瓶颈是城市基础设施资金不足,为保持住宅建设对国民经济持久的拉动态势,建议设立城市发展基金。基金主要用于城市基础设施开发和配套,包括上水、下水、煤气、道路、污水处理等。基金实行证券化、市场运作,对社会公开发行,前提是利息高于银行,高出部分由国家和地方财政补贴。

(2)精干企业,实行大公司战略。 小企业多、运作不规范,是目前制约行业发展的一大问题,这些年有些不懂行的人都搞房地产,公司多如牛毛,这种小而散的组织结构,如果不实现规模经营,就无法从根本上提高住房质量。出路是按照公司化原则进行改组,淘汰不合格的企业,发展大型企业集团。可以考虑组建国家房产经营公司,它的性质是房地产"当铺",属于流通企业,这个公司的任务是将目前各地空置房、积压房低价收购过来,再按市场需要改造成学生公寓、廉租房、营业用房，以租赁的形式向社会供应。组建这样的公司需要上百亿的资本金，一般企业没有这个实力，只能由国家投资，用它来启动沉淀的上千亿资金（这些资金大部分是银行贷款），这样做对国家有利，经营这些资产属于资本运行的范畴，需要精明能干的强手。

(3) 发展高新技术，推进产业现代化。以节水、节能、节地、节材和提高功能质量为核心，改造落后陈旧的技术，加快成果转换，技术开发重心要向企业转移，要重视生态建设，防范和提高抵御自然灾害的能力。

(4) 疏理政策法规。目前这方面存在的问题是一缺、二乱、三滞后，应围绕建立市场体制、启动消费两大目标，进一步完善政策法规，为行业发展提供制度保障。上海在这方面做得领先全国，值得大力推广。

落实谈话精神　推动产业发展

邓小平同志《关于建筑业和住宅问题的谈话》已经发表 20 年了。今年重温《谈话》倍感亲切，仍觉得有很强的针对性和现实指导意义。

20 年前小平同志所作的这篇重要谈话，运用马克思主义再生产理论，全面阐发了建筑业的产业地位、住宅属性、流通方式、价格形成、金融信贷、关联效应等一系列根本问题，是针对传统体制存在的弊端，鲜明地提出用市场经济方式解决我国住房问题和经济发展的新思路。因此，可以这样说，这篇谈话拉开了城市经济体制改革的序幕，是邓小平经济思想的重要组成部分。

回顾 20 年来我国房地产业的发展历程和取得的巨大成就，无不都是贯彻小平同志谈话的结果。现在房地产业已成为国民经济的重要产业部门，产业体系日臻完善，住宅建设和住宅消费成为拉动经济增长和群众关心的热门话题。在这种历史条件下，纪念小平同志谈话发表 20 周年，最重要的任务，就是认真落实谈话精神，从各方面创造条件，促进产业持续、稳定、健康地发展。

注：本文系 2000 年 4 月 2 日在纪念邓小平同志《关于建筑业和住宅问题的谈话》发表 20 周年座谈会上的发言。

第一，确立产业地位

房地产作为基础性、先导性产业，同建筑业一道，都是国民经济的支柱产业。小平同志谈话虽然没有直接提房地产业，但他明确提出住宅是个人最终消费品，并把住宅的生产、流通、消费、分配作为一个整体，进而提出以政策启动消费，以消费拉动经济的完整思想。他这里讲的建筑业，是涵盖了住宅生产、流通、消费在内的住宅建筑业，也就是我们现在所说的房地产业。只有产业地位确定了，相关的体制、政策随之跟进并不断完善配套，产业的持续稳定发展才能获得保证。

支柱产业必须有与之相应的政策支持和体制保障，在这方面应当加强行业主管部门的职责，特别是在立法执法和制定产业发展政策方面的职责。我认为，建设部作为国务院领导下主管全国房地产业的行政主管部门，有关住房制度改革、住宅的发展规划、住宅建设政策、住宅消费政策、住宅价格政策、住房信贷政策、住房税收政策以及公积金管理等，均应由建设部为主制定或由建设部会同有关部门制定，各方通力合作，避免政出多门。

第二，稳定数量，提高质量

经过20年的持续建设，我国住房严重紧缺的状况已有明显改善。目前全国城乡每年新建住宅12亿平方米，其中城镇住宅5亿平方米，接近改革开放前30年的总和，按建筑面积计算的住房水平，人均达到20平方米。另一方面，受购买力水平的制约又有大量房屋空置，占压巨额资金。虽然我们现在的居住水平同发达国家还有不小的差距，而且有一部分居民住房还较困难，但必须考虑市场容量和有效需求。因此，在住房条件已有明显改善、市场供给充裕的地区，应加强宏观调控，适当控制开发规模，尽量避免造成新的积压。

同这个问题有关，要大力提高住房品质，改进规划设计，重视生态环境，提高住宅的功能质量。户型和面积标准要根据多数群众购买力水平和市场需求确定，努力增加有效供给。小平同志说农村建房要注意节约土地，这个原则同样适用于城镇。

要鼓励企业增加盈利，多赚钱。小平同志谈话中特别强调：建筑业是可以赚钱的，是可以为国家增加收入、增加积累的一个重要产业部门。我们在进行产业政策设计时，应认真贯彻小平同志这个思想，鼓励企业增加盈利，因为多赚钱才能多缴税，只有各行各业都多缴税，国家才能富裕。民富国强是小平同志的一贯思想，不要无端指责房地产是暴利行业，应该树立这样一种观点：企业在遵法守纪、合理经营的前提下，赚钱越多，成绩越大，越应受到鼓励。

第三，放大市场、搞活流通

关键是尽快放开搞活二级市场。建国后城镇新建住宅57亿平方米，加上建国前的旧住宅2亿多平方米（一说为5亿平方米），目前存量住房约60亿平方米，其中有40%已通过房改卖给职工，其余大部分也将陆续卖给个人。如何加快这批已售住宅的流通，对消化现有近亿平方米空置房，活跃整个房地产市场，都是一个至关重要的问题。目前这方面存在的主要问题是入市门槛过高，手续过繁，税负过重，抑制了流通。据有的地方反映，旧房上市要过"五关"，也就是需要取得五个部门的签字盖章才行。这五个部门是：产权所在单位、配偶单位、房管部门、土地管理部门（房产证与土地证分管），公积金管理部门，走完这套程序少则要几个月，多则半年、一年，群众反映十分强烈，这些不利于促进生产发展的框框应尽快改革。

房地产业是资金密集型行业，每年用于开发的生产资金达数千亿元，存量房产按低值估算也有6万亿元，如何在这个领域开放证券、保险业务以及建立城市公共发展基金等，也是一个值得认真研究解决的问题。

第四，重视农村建房和农村房地产市场

小平同志谈话既讲城市，也讲农村，重点是城市，因为城市实行的是福利分房体制，资金由国家拨付，所以这几年讲城市住宅较多，这种城乡二元结构的体制、观念，不符合时代需要。今后随着住房制度改革和城市化进程的推进，两者差别将越来越小。从实际情况看，农村建房数量一直多于城市，从八十年代末起已连续十多年每年都在7亿平方米左右，房地产业创造的增加值还包括了农村房屋的折旧。因此，应大力加强对农村建房的管理和政策指导，特别是规划指导，今后随着小城镇战略的实施，这方面的任务越来越重，需要研究和解决的课题越来越多。

总之，小平同志谈话通篇闪烁着思想解放的火花，是指导住房建设和住房制度改革的纲领性文件。今天在实行扩大内需为主的宏观政策背景下，更要深入学习和认真贯彻小平同志的谈话精神，使房地产业在造福人民生活、增加国家积累方面，做出更大的贡献。

创新是产业成熟的必由之路

这次由《中国建设报·房地周刊》组织的研讨活动，从内容到形式都体现了一种新意。相信通过与会者的研讨，一定会促进我国房地产业开发理念和住宅品质的提升，有利于提高行业整体素质。

现在，业内很多人士都把 2000 年视为房地产界的交流年，北方的开发商纷纷去南方考察，西部的开发商主动去东部取经，这说明随着改革的深化和经济体制的转型，企业面临的挑战和压力越来越大，只有不断学习和借鉴，才有可能超越自我；只有不断创新，才能为市场提供精品。这种学习和交流是中国房地产业走向成熟的必由之路，也是产业发展的重要动力。

创新是一个产业由低到高不断升华的过程和可持续发展的重要前提，它包括观念创新、技术创新、产品创新、机制创新、文化创新等等，其中文化创新是最高层次。从全国住宅建设发展的现状看，也确实已经到了亟待创新的十字路口。正是在这种背景下，建设部科技委、中房协开发委和《中国建设报·房地产周刊》等单位继去年主办"新户型时代"设计夺标活动之后，今年又力推"创新风暴"住宅设计和智能社区夺标竞赛，致力于提高住房科技含量，改善住房使用功

注：本文系 2000 年 6 月 6 日在创新论坛开幕式上的讲话。

能，这也是把单项创新与提高内在质量有机会结合起来，探求提高住宅综合质量的有益尝试，完全符合国家政策导向和产业发展要求。通过这一活动可进一步理清思路，最终使开发单位、设计单位和广大消费者都能从中受益。

我们还应看到，创新自身是一项系统工程，有一个逐步完善的过程。最重要的是既不能脱离实际，更不能脱离国情，防止简单化、盲目性和生搬硬套，应该在因地制宜、科学合理的前提下，营造发展的土壤和环境。

大力提高住宅功能质量

不断提高和确保工程质量,是企业的永恒主题。传统的质量概念多指产品的耐久性,即产品的自然寿命,随着科学技术的进步和人们对客观世界认识的深化,质量的内涵及外延都在发生变化,现代质量理念应该是耐久性、功效性和环保性的统一。

我国住宅质量总体上是好的,但也存在某些不尽人意之处,消费者对住房质量和服务的投诉长期居高不下,社会反映强烈。鉴此,建设部、中国消费者协会、经济日报社于2000年6月联合发起了一次开发商及中介机构向社会提供"放心房"、"放心中介"的承诺活动,旨在通过企业的自律行为促进提高住宅质量和服务质量,赢得消费者满意。这是一项很有意义的活动,必将对全面提高我国住宅质量特别是员工素质产生积极影响。在市场经济条件下,职业道德是促进经济健康发展的重要动力,甚至具有其他调节手段不能比拟的功能。因此,承诺者必须不折不扣地实践自己的诺言,否则便是对社会的欺骗,严重者将随着信用的消失而自毁。

历史经验证明,提高工程质量必须贯彻预防为主的方针,做到"未雨绸缪",凡属一切应做而又能做的工作,均应扎扎实实地事先做

注:本文系2000年7月5日在"中国住房发展论坛"的演讲,这次论坛在大连举行。

好，尽量少做"亡羊补牢"的事。基于这一考虑，特将去年以来赴各地考察中看到或听到的一些问题，加以整理归纳，从防范的角度提出来，供大家参考，以期对提高住宅质量有所帮助。

（一）功能质量的概念及内涵

所谓功能质量就是综合运用传统工艺及当代科技成就，通过物质要素、文化要素和生态环境的有效整合，实现内在质量与外在质量的统一，全面贯彻"安全、适用、经济、美观"的方针，为人类生存和发展创造良好的居住空间。

这里需要做两点说明：

一是为什么强调传统工艺的作用？这主要是因为建筑业的生产活动依然大量是手工操作的特点决定的。一个工程质量的好坏，很大程度上取决于生产者的责任心和操作水平，历史上和新中国成立后我国许多名闻中外的建筑精品和优秀民居，无不都是出自能工巧匠的精工细作；同样，大量房倒屋塌的恶性事故，也往往是粗制滥造的后果。对于个性化很强的住宅来说，强调传统工艺就是为了继承产业优良传统，充分发挥人的主导作用。

二是关于"安全、适用、经济、美观"方针问题。这是八十年代大规模住宅建设初期，在总结建国后我国历史经验基础上提出的（五十年代中央即确定住宅建设的方针是经济适用和可能条件下的美观），后经国家科委批准作为国家技术政策发布实施，这个方针的提出和确立，无论实践上和人们的认识上都经历了一个曲折的过程，今天看来仍有很强的针对性和现实指导意义。

（二）提高功能质量的必要性和迫切性

（1）住宅是一种特殊商品，其质量好坏直接关系人民生命安全和财产安全；

（2）住房由实物分配改为货币分配，住房商品化观念渐入人心，人们对住房的选择性大大提高；

（3）经过20年的发展，住宅严重短缺的状况已基本改变，人们对住房的需求正从生存型向舒适型转变，提高住宅品位已成为增加有效供给、启动消费的客观需要；

（4）住宅是各类消费品中耐久性最长、耗用资源最多、同生态环境结合最密切的产品。投入使用后，仍需不间断地供热、制冷、耗电、用水和生产垃圾，其功能好坏对社会可持续发展关系极大。

（三）提高功能质量的重点及途径

(1) 提高规划设计质量

● 规划设计是决定开发项目成败的关键环节，必须反复论证，科学决策，严格把关，力戒失误。重大开发项目不仅要做可行性研究报告，还要作不可行性反论证报告。

● 改进房型设计，做到大小得当、布局合理、方便适用。现在有些卧室过小（不足 $6m^2$），客厅过大（超过 $40\sim60m^2$），均值得商榷。居室净高不宜低于 2.8m（南方不低于 3m），以利自然通风，并为安装集中空调留下必要的空间。厨房和卫生间出入口应分开布置，尽量做到明厨明厕。

● 住房面积要因地因时制宜，近期目标为户均一套，人均一室，力争 2010 年达到人均建筑面积 $35m^2$。主导户型为三室二厅和二室一厅，户均建筑面积 $90\sim120m^2$，适当开发 2+1 或 3+1 组合式户型。制定决策要从满足生存基本需要和我国人多地少的国情出发，兼顾不同消费层次需要，注意经济发展的不平衡性。

● 按照城乡统一规划调整居住布局。尽量少在或不在大城市中心地带建造住宅，要向城郊结合部或周边地区发展。少占耕地，多利用荒地、坡地、丘陵地段和地下空间，相应发展中远程快捷交通。

- 新建住宅每套要从 6 个空间格局（卧室、客厅、餐厅、厨房、卫生间、阳台）增至 8 个空间格局（加电脑房、衣帽间）。卫生间使用面积不小于 $5m^2$，厨房不小于 $8m^2$，必须通风良好。

- 住宅选址要尽量远离污染区，包括污水、有害气体、垃圾、噪声等严重超标的地区。多层楼房栋距不小于 1∶1.5，别墅不小于 1∶2，栋门及楼梯宽度必须符合消防规范和紧急疏散的需要。

- 正确认识高层建筑的利弊，克服攀高比高、唯高为美的倾向。少建高层，多建多层，少建平屋顶，多建坡屋顶，注意保护城市特色和历史文化风貌。

- 城市住宅应以多层低密度为主，切忌片面追求过高的容积率。历史原因造成的我国城市框架偏小、道路狭窄、绿地过少、住房拥挤的状况应尽快改变。目前全国 140 亿亩可利用土地中，居民点及工矿用地仅占 2.5%，在尽量不占或少占耕地的前提下，适当放宽人居用地，也是一种必要的结构调整。

- 住宅区应配置足够的车位，大中城市新建住宅按每户 1 辆配置，高档公寓按 1∶1.5 配置。

- 城市郊区、小城镇及农村，应因地制宜发展生态建筑。

(2) 提高营造质量

- 设计、施工是开发意图的实现者，必须精心施工，确保结构安全。地基基础及主体结构应满足以下基本要求：(A) 静荷载及动荷载符合设计规范要求；(B) 建筑物使用寿命至少在 80 年以上；(C) 符合抗御地震、台风要求。同时要充分考虑地面沉降等不稳定因素对结构的危害。

- 我国属于多地震国家，全国 31 个省、自治区、直辖市发生过 6 级以上地震的有 28 个，占 90%，抗震设防地区占国土面积的 75%，抗震是所有建筑特别是住宅建筑中应予特别关注的问题。楼板应采用整体现浇结构体系，坚决取消混凝土预制楼板。预制楼板的缺点一是抗震性能差,二是楼板之间接缝难以处理,普遍存在渗漏现象,已成为群众反映强烈的质量通病。

● 取消毛坯房,普及全装修。由住户自行装修对建筑物造成的质量安全隐患和污染已成为一大公害,把建造不具备使用功能的毛坯房作为降低房价措施大面积推行,不符合住房商品化政策,不利于质量责任制的建立。满足住户多样化需求应通过市场调查提供多种装修方案,由承建商按客户要求进行菜单式装修,确保质量。

● 屋面及围护结构应推广使用新型保温节能材料,尽量少用黏土砖。降雨量大和地表水位高的地区须有严格的防潮措施,有条件的地方可将首层建成通透式公众活动空间或停车场。

● 全面推行保修业务及住房保险,建立住房维修中心。开发商及承建商在调离、撤销、合并或破产时,须委托具有法律行为能力的单位承担保修责任。

(3) 提高设备质量

● 所有新建项目均应将节水、节能、节地、环保作为技术进步目标列入开发方案,并通过选用优质材料设备促进实现。据权威部门1999年抽检,我国主要建材的合格率仅有64%,装饰材料、防水材料合格率不到60%。必须严把材料设备关,不合格的不准使用。坐便器不许安装6升以上的水箱。

● 窗户应用密封性能良好的铝合金窗或塑钢窗,北方寒冷地区及临街建筑应用双层玻璃或中空玻璃。室内噪声白天应小于50分贝,夜间小于40分贝。

● 供水管道应淘汰镀锌管,采用UPVC、聚乙烯、聚丙烯或交联聚乙烯管材,严格限制使用有污染的化学建材及制品。大型居住区应敷设中水循环系统,节约使用淡水资源。

● 电梯要绝对安全耐用,运行平稳,住宅电梯不得紧邻卧室。高层建筑每栋至少应有两部电梯,并须有一部可以装载担架,候梯厅深度不少于 2 米。电梯应实行强制保修，定期更换零部件，开发商在移交时，应向业主或物业管理单位交付电梯使用寿命说明书。

● 附着式采暖设备（暖气片、热风机）应有自动调温设施，用户可自行调控温度。研制并推广低温电热膜供暖和地板辐射供暖，逐步改革传统取暖方式。年日照时间在 2500 小时以上的地区应普遍安装太阳能热水器。

● 消防设施必须安全、灵敏、耐用，并与计算机联网，随时抽检可靠性，确保在任何情况下都能满足消防需要。电力及通信线路要做到每套住房四线入户（动力线、电话线、电视天线、电脑网线）。动力线负荷二室户不小于 4000 瓦，四室户不小于 8000 瓦，并分别配置 10 安培和 20 安培电表，防止超负荷短路。所有插座均应使用经权威部门认定的三相安全插座，并需严格按规范埋设地线，严禁使用劣质电气产品。

（4）提高环境质量

● 随着全社会环境意识的加强，消费者对住宅环境要求越来越高，所有项目均应把营造宜居环境作为首要条件，改变过去把地段作为惟一卖点的传统观点。

● 新建住宅小区绿化率要达到 35%～40%，旧城改造项目亦应留下足够的绿化空间。绿化要种草、植树并举，以植树为主。

● 居住区内或附近应有满足居民日常生活需要的商业、幼托等服务设施，凡经批准或售楼上承诺建设的公共活动空间及配套项目，开发商不准任意变更，如果住宅交工时没有按期建成的，须于竣工后 6 个月内建成。

● 住区绿地和广场要适当分开，留有足够的休闲活动和健身空间，并设置供老年人和残疾人使用的无障碍通道。

● 严禁把住宅或居住小区建在高压电线廊下，小区变配电装置必须有严格的隔离防护设施。高层建筑及共用天线应有防雷击设施并定期检查其安全性，确保功能有效。

- 居住区内道路严禁汽车与行人交叉,汽车应放置地下车库或专用停车场,不准驶入住区。大型居住区必要时可使用代步电瓶车。
- 社区应有完善的保安系统和医疗救援设施。

(四) 若干理性思考

(1) 提高住宅功能质量是一项功在当前,惠济长远,涉及领域广阔的战略任务,必须业内和业外、政府和企业、部门和地方同心协力,才能实现。政府的职责主要是营造政策环境、法律环境和提供市政基础设施。

(2) 企业是提高住宅功能质量的直接承担者,在市场经济条件下,只有正视不足,博采众长,形成特色,不断创新,才能立于不败之地;只有区位、品质、价格三者有机统一,才能形成真正的卖点。

(3) 建造高品质的房屋,必须有高素质的人才。行业发展要求其从业人员必须具有广阔的知识、长远的眼光、创新的风格和效力社会的职业道德。与此相反,目光短浅,以牺牲质量和环境片面牟利者,必遭淘汰。

(4) 提高住宅功能质量,是住宅建设和住宅消费拉动内需的物质内容。必须根据新情况,适应新要求,对计划经济体制和实物分房条件下形成的某些政策、规定、规范标准,适时进行修改调整,才能与时俱进,满足市场需求。

(5) 房地产业属于竞争性行业,多种经济成分竞相发展,优胜劣汰。发挥国有企业的主导作用,必须解决其资本金不足、技术开发能力薄弱、体制性障碍等问题,并进行规范的公司制改造,增强企业活力,才能成为具有控制力和示范效应的"国家队"。

※　　　　※　　　　※

过去 20 年,我国建筑和房地产业广大职工,为改善群众居住条件和国家经济发展作出了历史性的贡献,产业素质明显进步,产业地位日益提高。1996年以来全国城乡每年新建住宅都在12亿平方米以上,折合1000万套,房地产业及其直接拉动的国内生产总值已接近全国GDP的10%。中央关于扩大内需为主的发展战略,为房地产业发展提供了良好的历史机遇和政策环境,产业前景大有可为。

限于时间,今天的发言只讲了城镇住房问题,没有讲农村,广义的房地产业应该既包括城市,也包括农村,而农村面临的提高住宅功能的任务,更为迫切和繁重,这方面的问题以后专门讨论。

用先进的理念
指导协会工作

最近，中央领导同志提出并在多种场合强调用"三个代表"精神指导各项工作，并把它提到了立党之本，执政之基，力量之源的高度，这是在新的历史条件下，我们党的建设上一个极其重要的指导思想。作为协会工作人员，特别担任协会领导工作的成员，应认真领会并身体力行，用这个精神指导自己的实践。

我国在十一届三中全会以后，发生了历史性巨变，取得了举世瞩目的成就，这是国内外都公认的。但是，在前进中也出现许多新情况，新困难，新问题。其中问题之一就是思想政治工作削弱，并由此引发了不少问题，影响到党的形象，危及社会稳定，这是不能不引起高度重视的。我们取得的每一项成就都是党领导的成果，反过来，工作中的失误、挫折和社会上出现的消极现象，同样也容易被归结到执政党的身上。所以党必须非常严格地要求自己的党员和干部，要高度重视党的建设，通过加强党的建设发展大好形势，扭转和弥补前进中的不足。在去年中纪委召开的一次会上，中央再次提出治国必先治党，治党必须从严。也就是说，通过狠抓党的建设这个关键，提高执政水平，把全国的力量凝聚起来，实现我们的奋斗目标。

注：本文系 2000 年 7 月 7 日在中国房协第四届二次理事会上的讲话。

协会作为社会团体，也是在党的路线方针指导下开展工作的一个重要领域，不管现在的职能作用发挥得怎么样，也不去计较别人对你的评价高低或者作用大小，我们都应从严要求自己，努力把自身工作做好。协会实行的是选举制，由会员代表大会选举全体理事，理事会产生常务理事，并选举会长、副会长和秘书长。总之，凡是通过民主程序选举制产生的机构，都叫信托责任制。也就是说，大家选举我们这些人担任协会领导成员，是出自对我们的信任，相信并依靠这些人能把协会的工作做好。所以更应当以高度的责任心努力按照会员的要求和中央确定的大政方针做好各项工作。结合协会工作的实际，当前及今后一个时期应从以下四个方面去落实。

第一，坚定和强化服务意识，诚心诚意、扎扎实实地去实现"三个服务"。即：为会员单位服务，为政府服务，为行业服务。这"三个服务"是1998年中国工业经济联合会换届改组时经大会讨论确定的，适用于各个协会。

第二，从事协会工作，必须廉洁奉公，光明磊落。我们所有工作中的问题，都要及时向理事会、常务理事会报告。理事会、常务理事会是协会的领导机构，在通常情况下，常务理事会做出的决策就是最后决定，而理事会要做出正确的决策，就必须了解真实情况，秘书处有责任如实地、定期地向全体理事、常务理事通报信息，报告工作，主动取得理事的领导和支持。

第三，中国房协要坚决依靠各地房协开展工作，重大事项要主动征求当地协会意见。中国房协和各地房协之间，不是领导关系，不是上下级关系，但中国房协负有指导各地协会工作的责任、权利和义务。例如，当对外以国家的名义从事外事活动的时候，各地房协可以使用"中国房协"的名称，也可以使用本地房协的名称，这件事我专门去民政部请示过，民政部同意。我讲这个问题的目的，主要是说明中国房协和各地房协之间是兄弟关系，伙伴关系，要合作共事。中国房协及其所属专业委员会开展工作时要主动征求当地房协的意见，这应视为一条原则。根据这一原则，今后协会开展重大活动，应多采取联办的方式，就是"协协联合"（协会和协会联合）或"协专联合"（协会和专业委员会联合）。

中房协各专业委员会开展重大活动必须先做两项工作：一是要报经中房协批准，不经批准，各专业委员会不能以中房协名义对外开展工作；二是专业委员会在各地开展活动时，要首先征求当地房协的意见，取得当地房协的支持，或联合举办。

第四，提高协会活动的质量和水平，让参加者受益。 评价协会工作不能以是否对自身有益为出发点，要考虑会员单位是否受益，协会一切活动的出发点和落脚点都是为了使会员单位和企业受益。根据这一精神，开展协会活动应努力做到"一少、二精、三受益"，提高有效性，增强凝聚力。现在大家都很忙，如果让企业家拿出过多的精力和时间去参加各种活动，容易影响企业自身的运作和发展。

协会是市场经济的产物，在发达国家已有近百年的历史，但在我们国家是新生事物，现在协会工作有很多困难，具体说有两大难点：

第一，没有实质性的主导业务。1999年10月国家经贸委正式发文，明确规定协会有17项职责，今年3月中国工业经济联合会又提出协会的21条职责，但是现在能够落实兑现的连1/5都没有，主要原因是政府职能转变滞后。1997年黄山会议时，我提出"不等不靠、不急不躁、见缝插针、拾遗补阙"，这是没有办法的办法。实际上大家工作没有停顿，而且都很努力，历届协会工作包括肖部长担任会长时期一、二届理事会，都做了大量卓有成效的工作，并得到大家的首肯，目前的状况主要是体制造成的。

第二，经费困难。依照国家规定，协会的经济来源主要靠会费收入，但去年会费收缴率只有38.2%，全部会费收入仅能维持协会正常开支的50%，因此不得不拿出相当多的时间和精力去催交会费和搞创收。这个问题我也专门向民政部负责同志反映过，他们表示理解并答应向有关部门反映，但我们自己对不履行会员义务的单位，也不能一味迁就。本次理事会已作出决议，对于不按期缴纳会费的会员单位，要坚决按照章程规定除名，为了慎重起见，在具体操作时尽量把工作做细，注意把握三条：一是坚决执行理事会决议，并把决议寄送这些单位；二是写信通知对方，并附上章程有关缴纳会费的条款，给对方最后一个机会；三是列出欠交会费清单让对方确认。在这个前提下，如果依然不能按时交纳，再做组织处理，对除名的单位要发布公告向全国通报。

借这机会，我讲一下参加协会活动的纪律问题。现在很多企业家都很忙，每次开会多数都能准时到会，我从内心感谢大家对协会工作的支持。但也有少数的理事甚至个别副会长，长期不参加会议，既不请假，也不委派代表，有负于广大会员的信任。这次没有到会的副会长×××等事先都请了假或委派代表参加会议，惟有天津和重庆两位副会长例外。如果你的工作太忙不参加论坛也行，但无故不参加理事会就没有道理，而且有违章程，因为理事会是决策机构，理事必须参加，否则难以形成合法有效的决议，这是章程规定的原则。如果这些同志确有困难，奉劝他们主动辞职，否则提请理事会免除其副会长职务，下一次理事会解决这个问题。

同志们，我们国家的房地产业从1980年小平同志谈话发表算起，到现在不过二十年，真正大规模地开发建设主要在90年代以后。在这样短的时间内，能取得如此巨大的成就是史无前例的，房地产业已经成为拉动国民经济增长的重要产业部门，其间包含着全体从业人员的艰辛，也凝结着广大协会工作者的心血。让我们同心同德，奋发工作，为改善群众居住条件和国家的繁荣富强，继续做出更大的奉献。

营造绿色住宅　改善人居环境

21世纪是人类从传统工业社会向高新技术为主的新经济社会迈进的时代,是从资源推动型增长方式向可持续发展转化的时代。合理利用资源,重视环境保护,发展绿色产品,是这一时代的主流。我国目前每年城乡住宅建设总量超过13亿平方米,折合1200万套,是当今世界建房数量最多的国家。住宅建设和消费既是提高人民生活水平、全面建设小康社会的重要内容,也是扩大内需、拉动经济增长的一项战略方针。据乐观估计,像这样的建设规模至少还有10到20年的发展空间,至于住宅的更新改造,更是长久不衰的事业。

近几年社会上对绿色住宅概念炒得很热,但究竟什么是绿色住宅,认识也不尽一致。比较流行的看法是:住宅+绿化=绿色住宅。因而导致过度注重户外景观,忽视了居室环境;也有的把绿色住宅扩延到自然生态系统,超越了居住的范畴。因此,对绿色住宅的内涵做出界定,就很有必要。

绿色住宅是以可持续发展战略为指导,在住宅的建设和使用过程中,有效利用自然资源和高新技术成果,使建筑物的资源消耗和对环境的污染降低到最低限度,为人类营造舒适、幽美、洁净的居住空

注:本文系2001年5月24日在第四届中国北京高新技术产业论坛上的演讲。

间。其具体内容包括以下六个方面：

（1）规划设计合理，建筑物与环境协调。房间光照充足，通风良好，厨房、卫生间异味气体能在瞬间散发。

（2）房屋围护结构御寒隔热，门窗密封性能及隔声效果符合规范标准。

（3）供热、制冷及炊烧等，尽量利用清洁能源、自然能或再生能源。全年日照在2500小时以上的地区，普遍安装太阳能设备。

（4）饮用水符合国家标准。排水深度净化，达到可循环利用要求。新建小区须铺设中水系统。

（5）室内装修简洁适用，化学污染低于环保规定指标。

（6）有足够的户外活动空间，小区绿化覆盖率不低于40%，无裸露地面。

营造绿色住宅是一项系统工程，关键在于调动开发商的积极性。因为绿色住宅必须是全装修，再加上设施质量提高和用地扩大，成本势必提高。这就要求政府主管部门制定鼓励发展的优惠政策，减少制度性障碍，同时广泛宣传绿色住宅的好处，取得消费者的认同。

新机遇　新挑战

从今年起，我国将进入全面建设小康社会，加快推进社会主义现代化建设的新阶段，住宅建设作为小康社会的重要内容，承担着提高人民生活和拉动经济增长的双重职能，面临着新的发展机遇和挑战。这些机遇和挑战是：

第一，讲品牌、重环境，质量是发展的关键

经过20年的快速发展，我国住宅严重短缺的时代已经结束，当前房地产业面临两个转变：一是群众对住房的需求从生存型向舒适型转变；二是产业增长方式从数量规模型向质量效益型转变。适应这两个转变，要求住宅建设必须把提高品质、突出特色、节约资源放在更加重要的地位。讲质量不仅是坚固耐用，同时包括功能质量和环境质量；讲节约资源不仅是建设过程中的节约，还包括房屋投入使用后资源的节约，如节水、节电、节能等。对发展是硬道理要全面理解，住宅建设是百年大计，只有把房子盖好才是硬道理。品质不高，没有特色，环境不好，将失去市场，遭到淘汰。

注：本文系2001年8月19日在大连房地产交易展示会上的演讲。

第二，建设规模总量增长，增速减慢

根据国际经验，人均国内生产总值达到 800 美元时，将进入消费升级和城市化进程加快的时期，住房、汽车、教育、旅游逐渐成为这个时期的消费热点。但全面提高居住水平是一个渐进过程，目前我国城镇人均住房建筑面积 20 平方米，距小康标准还有相当差距。作为第一步，按 2010 年达到户均一套，人均一室，平均每户 90 至 120 平方米水平匡算，共需新建住宅 55 亿至 60 亿平方米，其中前五年 25 亿平方米，后五年 30 亿平方米，为过去十年的 1.45 倍。虽然总量增多，但增速减慢，主要原因是住房发展的动力机制发生了变化。过去基本上是政策推动下的跨越式发展，随着住宅商品化的全面推进，今后将转为有效需求拉动下的稳定增长。人口增加、城市化进程加快和不断改善住房条件，是住宅建设发展的动力。在新建住房总量中，小城镇比重增加，大中城市相对减少；在市场流通总量中，存量房屋比重增加，新建房屋相对减少。因此大中城市住宅开发要特别重视总量控制，经常进行市场调研，防止投资盲目性，避免造成新的积压。

第三，市场日趋规范，企业面临优胜劣汰的抉择

目前，整顿和规范市场秩序的工作正在深入展开，这是完善社会主义市场经济体制的客观要求，也是发展大好形势的重要举措。通过整顿，一批无开发实力、经营行为不规范、产品质量低劣的企业，将被淘汰出局。目前全国共有开发企业 2.5 万家，其中一、二级企业不到 20%，80% 以上的企业为三、四级或等外企业，整体素质不高，工程质量没有保证，应按照扶优限劣的原则进行清理，特别是对那些规模小、资质差的项目公司，要从严控制。

近来，金融部门为了防范风险，提高了信贷门槛，贷款条件比过去严格，而房地产开发属于资金密集型企业，多以负债经营为主，负

债率在 70% 以上，如何应对上述调控措施，对企业也是一个挑战。

第四，国际竞争激烈，入世直逼行业管理

我国年内入世已成定局，加入 WTO 后，国外企业多数不会贸然直接投资房地产开发，因为他们对中国法律、政策不熟悉，有一个观察了解的过程，但很可能大量涉足金融、保险和咨询、评估、代理等中介业务，在这些领域我们是弱项，能严格按国际规则运行的企业极少，面临激烈的竞争。为了同国际接轨，许多旧的法律、法规要修改废除，新的法律、法规要建立，观念要更新，人员要培训，这就给行业管理提出了更高的要求。

第五，科技含量提高，产品更新换代加快

过去住宅更新换代，主要是房型和环境，对科技含量重视不够。21 世纪的住宅应该是高新技术支撑下的资源节约型建筑，具有节水、节能、环保和智能化等特征，尤以节水最为迫切。不具备上述功能的，将失去卖点并受到国家发展政策的限制。我曾建议，今后城市规模应根据水资源多少决定，新建小区必须铺设中水系统，年日照 2500 小时以上的地区必须安装太阳能热水器，大力发展绿色住宅，这是可持续发展的要求，也是国际发展大势。精明的开发商应把采用高新技术提上日程，从追求利润、产量转向追求人才，建立人才库和智囊团，组织力量专门研究未来住宅发展方向和高新技术的切入点，这样才能永立不败之地。

客观看待房价上涨问题

最近，关于商品房价格问题各方面反映较多，认识也不尽一致。从政府的初衷来说，防止房价上涨过快，是为了保护群众切身利益，稳定消费心理，避免造成经济泡沫，自然无可厚非。但这类问题应建立在深入调研和经常性分析的基础上，不宜根据一时一地的信息作出总体判断。

（一）房价上涨过快依据不足

现在所说上半年房价升幅过高，均来自国家统计局公布的下列数据：

商品房　　　　　同比增长 11.1%
商品住宅　　　　同比增长 10.6%
办公用房　　　　同比增长 38%
商业营业用房　　同比增长 2.3%

对此需做具体分析：

首先，应扣除物价指数，这是进行价格比较的前提。今年上半年物价指数为1.2%，扣除后各类物业升幅为：

注：本文是2001年8月下旬致建设部领导的一封信附件，当时用的文题是"商品房价格探究"。

商品房（综合价）　　　9.9%
商品住宅　　　　　　　9.4%
办公用房　　　　　　　36.8%
商业营业用房　　　　　1.1%

也就是说，除办公用房外，没有一类物业升幅超过10%，再考虑上半年人均可支配收入增长6.7%，价格波动处于正常区间。至于办公用房上涨38%，其本身属生产经营性设施，同居民消费无关，不应相提并论。

其次，应分析各类物业所占的比重构成。 现在公布的商品房价格，是把住宅、办公楼和商业营业用房等各类物业捆绑在一起的平均价，其计算公式为：

商品房销售额÷同期商品房销售面积。

按照上述公式，只有各类物业所占比重不变时，两个年度才能相比，如果各类物业比重变化，则不能相比。仍以今年上半年升幅最高的办公楼为例，全国31个省市中，上半年升幅超过30%的有12个省市，其中有6个省市超过50%，最高的176%，如果把这些售价上万元的办公楼同售价1千多元的普通住宅加权平均，则人为提升了普通住宅的价格。办公楼的价格政府历来就不管，因为作为宏观调控措施，过去几年一直征收15%～30%的投资方向调节税，没有必要再进行干预。从某种意义上讲，这类物业只要有市场，能卖得出去，放开价格对国家有利，每平方米至少可净得2000～3000元的税收。

第三，统计资料所举五个升幅超过25%的地区，均不足为例。
内蒙古：数据显示上半年升幅为30.8%，但该地区去年房价每平方米只有825元，全国倒数第4名，今年涨价后为1080元，仍比全国平均房价低57%，商品的个别价格向社会平均价格靠拢，是符合市场规律的行为，不会引发全面价格波动。

山西：去年每平方米住宅仅628元，这样的价格在全国绝无仅有，今年涨价后为957元，仅为全国平均房价的50%，只能说去年房价过低，不应说今年上涨过快。

陕西：今年升幅为6.1%，被误列入涨幅25%的地区，应更正。

北京：房价过高由来已久，近两年正采取措施下降，个别项目涨幅达到25%不排除，但平均涨幅达到25%不可能。对此，北京市有关部门正作调查，据说只有一个项目每平方米上涨600元，还未成交。

以上是就数据论数据，实际上目前统计数字问题不少。就全国而言，景气指数用以观察宏观走势是必要的，用以评判某一具体商品的价格就不一定准确，需要具体分析。

（二）地价上涨过快是房价上涨的重要原因

我国商品房价格基本上是政府调控下的市场形成价格，供求关系有一定影响，但不是主要的，决定价格水平的主要因素是成本。今年部分地区房价上涨，很大程度上与地价上升过快有关，举例如下：

（1）杭州：市中心滨江路某地块，今年拍卖最高价为每亩230万元。据当地报纸披露，该地段1997年每亩仅为10万元，1999年上升至30万元，今年初跃升为160万元，7月竞拍价达到230万元，四年上涨22倍。

（2）河南林州（县级市）：1998年每亩10万元，1999年上升为每亩15~20万元，2000年又上升为每亩20~25万元，今年上半年为25~30万元，两年上升3倍，由于地价上涨房价由800元升至1200元。

（3）山西：太原市中心区去年每亩为80~100万元，今年上升为130万元，升幅为30%。

（4）北京：除了出让金未涨外，土地补偿费、拆迁安置费均比过去提高，其中旧城改造地价每平方米达5000—5500元，搬迁安置费每户20—30万元，这些都转入房价，拉动房价上涨。

此外，现在还有一种现象值得注意：在"拉动内需"的口号下，不少地方巧立名目，大兴土木，其中确有为民造福的初衷，但也不乏急功近利的"政绩工程"、"形象工程"。没有钱就卖地，地价越卖越高；如果钱再不够，就靠拖欠工程款搞恶性滚动开发，债台越筑越高。据估算，现在累计拖欠施工单位的工程款已达4000多亿元。

(三) 应客观看待企业盈利

近年来每当房价上涨都把开发商盈利作为一条罪状鞭伐，有欠公允。应该承认，哄抬价格非法牟利者确有人在，但大多数企业税后利润不到5%，近年甚至出现全行业亏损。据国家统计局资料，房地产开发企业自1997年以来就出现全行业整体亏损，其中1997年亏损10.3亿元，1998年亏损10.6亿元，1999年亏损35亿元，按地区计算的亏损面达61%。由于盈利水平低，向国家提供的税收减少，企业技术开发能力也受到限制，入世后我国开发企业遇到的最大挑战是技术落后，这方面的问题也应引起重视。

参阅文件：

北京市房地产开发税费一览

一、两税一费

1. 营业税：

商品房销售收入×5％

（1）对房地产开发公司在销售商品房时代政府部门收取的各种费用应当全部并入房地产开发企业的经营收入中，计征营业税，不得从计税营业额中扣除，如大市政费等（依据北京地方税收业务手册。）

（2）房地产开发公司销售商品房采取预收款方式的，其纳税义务发生时间为收到预收款的当天。

（3）对于房地产企业取得的预收定金，不能征收营业税，当预收定金转作预收款或购房款时，应当按税法规定征收营业税。

2. 城市建设维护税：

营业税额×7％（市区）

营业税额×5％（县镇）

注：本书作者在"客观看待房价上涨过快"一文中，简叙了房价问题的基本观点。此前北京上海及国家审计署等单位均对房价构成作过详尽剖析，现作为参阅资料，一并刊印，以便从历史轨迹中寻求正确的答案。本文原载《北京房地产》1997年第2期，作者：杜玉。

营业税额×1%（其他地区）

3. 教育费附加：

营业税额×3%

以上两税一费合计提取比例为商品房销售收入×5.5%。

二、土地增值税

应纳税额＝增值额×适用税率

增值额＝转让收入－扣除项目金额

1. 转让收入包括货币收入、实物收入和其他收入。

2. 扣除项目包括：

（1）取得土地使用权所支付的金额，指支付的地价款和交纳的有关费用。

（2）房地产开发成本，包括土地征用及拆迁补偿费、前期工程费、建安工程费、基础设施费、配套设施费、开发间接费。

（3）房地产开发费用，包括销售费用、管理费用、财务费用，其中销售费用、管理费用按（1）（2）项金额之和的5%以内计算扣除，财务费用按（1）（2）项金额之和的10%以内计算扣除。

（4）与转让房地产有关的税金，指营业税、城市建设维护税、印花税、教育费附加。

（5）按（1）（2）项金额之和加计20%扣除。

3. 应纳税额的计算，采用四级超率累进税率。

按增值额乘以适用的税率减去扣除项目金额乘以速算扣除系数的简便方法计算，具体公式如下：

（1）增值额未超过扣除项目金额50%

土地增值税税额＝增值额×30%

（2）增值额超过扣除项目金额50%，未超过100%的

土地增值税税额＝增值额×40%－扣除项目金额×5%

（3）增值额超过扣除项目金额100%，未超过200%

土地增值税税额＝增值税×50％－扣除项目金额×15％

（4）增值额超过扣除项目金额200％

土地增值税税额＝增值额×60％－扣除项目金额×35％

公式中的5％、15％、35％为速算扣除系数。

4. 免税条件：

（1）纳税人建造普通标准住宅出售，增值额未超过扣除项目金额20％的。

（2）1994年1月1日以前已签订的房地产转让合同，不论其房地产在何时转让，均免征土地增值税（房地产的转让分为预售销售两种情况。）

（3）1994年1月1日以前已签订房地产开发合同或已立项，并已按规定投入资金进行开发，其在1994年1月1日以后五年内首次转让房地产的，免征土地增值税。签订合同日期以有偿受让土地合同签订日期为准（房地产开发合同一般是指房地产开发项目的招标人在确定中标人之后与中标人就双方的权利与义务签订的经济合同。房地产开发采取招标投标方式的只是一部分，很多房地产项目的开发并不签订开发合同，而仅是在计委等部门立项）。

三、投资方向调节税

应纳税额＝投资额×适用税率

1. 北方节能住宅适用零税率。

注："北方节能住宅"是指北方采暖地区符合建设部、国家计委、国家经委、国家建材局（87）城设字第514号文，即《民用建筑节能设计标准》规定的住宅。

2. 一般民用住宅适用税率为5％。

3. 公费建设超标准独门独院、别墅式住宅等楼堂馆所，适用税率为30％。

4. 其余商品房屋建设一律按15％税率征税。

5. 投资方向调节税按固定资产投资项目的单位工程年度计划投

资额预缴。年度终了后，按年度实际完成投资额结算，多退少补；项目竣工后，按全部实际完成投资额进行清算，多退少补。

6. 中外合资经营企业、中外合作经营企业和外资企业的固定资产投资，不适用投资方向调节税。

7. 纳税人在接到正式年度计划或其他建设文件后的三十日内，到建设项目所在地税务机关办理税务登记及纳税申报手续。纳税人按规定预缴税款后，持纳税凭证到计划部门领取投资许可证。

8. 危房拆除原地重建的投资，可扣除原建筑面积的恢复性投资，仅对其扩大面积部分的投资，按规定适用税率计税。

四、所得税

应纳税额＝应纳税所得额×税率33％

应纳税所得额（毛利）＝收入总额－准予扣除成本项目金额

注：先纳增值税，后交所得税。

五、房产税

1. 房产税由产权所有人交纳。企、事业单位应税房产，不分新旧程度，均按账面房产原值一次减除30％后的余值计算缴纳房产税，税率为1.2％。

2. 企业出租多余闲置房屋应按取得的租金收入依12％的税率征收房产税。

3. 房产税按年征收，分季缴纳。

六、土地使用税

土地使用税是就使用土地的行为征收的税，以纳税人实际占用的土地面积为计税依据，并根据市政建设状况、经济繁荣程度等条件，将本市城镇土地纳税等级划分为六级，各级地税额标准为：

一级土地每平方米年税额10元；

二级土地每平方米年税额8元；

三级土地每平方米年税额6元；

四级土地每平方米年税额4元；

五级土地每平方米年税额1元；

六级土地每平方米年税额0.5元。

土地使用税按年计算，分季缴纳。

七、耕地占用税

耕地占用税是就改变耕地用途的行为征收的税，以纳税人实际占用的耕地面积为计税依据，按照规定税额一次性征收。

近郊每平方米9元，远郊通县、顺义、昌平、大兴、房山、怀柔每平方米8元，平谷、延庆、门头沟、密云每平方米7元。

纳税人必须在获准占地之日起30日内缴纳。

八、印花税

1. 应纳印花税的凭证包括：

(1) 各种合同

(2) 产权转移书据

(3) 营业账簿

(4) 权利、许可证照

2. 纳税人书立、领受以上凭证的，根据应纳税凭证的性质，分别按比例税率或按件定额计算应纳税额。

其中：

(1) 购销合同，按购销金额万分之三贴花。

(2) 建设工程勘察设计合同，按收取费用万分之五贴花。

(3) 建筑安装工程承包合同，按承包金额万分之三贴花。

(4) 借款合同，按借款金额万分之零点五贴花。

(5) 记载资金的账簿，按实收资本与资本公积两项的合计金额的万分之五贴花。启用新账时，资金未增加的，不再按件定额贴花；资金增加的部分，应补贴印花。

(6) 其他账簿按件贴花五元。已按件贴花的订本账，年内用完又启用新账本的，应另行按本贴花，跨年使用的可不再贴花。

（7）权利许可证照按件贴花五元。

九、四源费

城市基础设施"四源"建设费，是指自来水厂、煤气厂、供热厂、污水处理厂建设费。

收费标准：自来水建设费 12 元/平方米，污水处理建设费 10 元/平方米，供热建设费 30 元/平方米，煤气建设费 29 元/平方米，合计 81 元/平方米。

"四源"建设费中，自来水厂、污水处理厂建设费必须征收；其余两项，用一项收一项，不用不收。

十、大市政费

1. 综合开发市政费：

商品房销售收入×15％

注：商品房销售收入中不含代收代缴的投资方向调节税、四源费、用电权费等。

2. 分散建设市政费：

（1）分散建设必须具备以下条件：

A. 符合城市建设规划。

B. 市政配套条件（供水、供电、供热、供气等）能就近解决。

C. 建设用地原则上为本单位原有用地，或旧平房区改造车间厂房拆迁后的空地，或经批准征用的建设用地。

（2）住宅建设项目，按纯住宅建筑面积（不包括人防、附属面积）多层每平方米按 400 元的 15％即 60 元，高层每平方米按 600 元的 15％即 90 元，缴纳分散建设市政费，于开工前一次缴清。

3. 分散建设生活服务设施配套建设费：

（1）分散建设住宅按住宅建筑面积（不包括附属和人防面积）15％的比例，每平方米 1000 元的标准缴纳生活服务设施配套建设费。

(2) 15%的比例含：商业服务网点 5%，中小学托幼用房 7%，居委会、牛奶站、卫生等用房 3%。

(3) 建设单位能提供配置建设、具备开工条件的用地或负责配套项目用地范围内房屋拆迁的，收费标准按纯住宅建筑面积 15%的比例每平方米 500 元计收。

十一、用电权费

电源建设集资的取费标准如下：

1. 用房一次性交纳的，集资标准为每千瓦供电能力 4000 元人民币。

2. 用房分期缴纳的，集资标准为每月实际用电量每千瓦时 0.3 元人民币。

3. 新建住宅新增用电，集资标准为每平方米建筑面积 40 元人民币。

十二、电贴费（以 380/220 千伏电压为准）

1. 地处四环路以内，郊区县的县城规划范围内，规划卫星城镇以及各类开发区内的新装、增容用户均按电缆线路贴费标准向供电局交纳贴费，收取标准为单位 1100 元/kVA×用电量 kVA。

2. 地处北京市四环路以外和县城规划范围以外由北京供电局供电的新装、增容用户，按架空线路贴费标准向供电局交纳贴费，收取标准为单位 550 元/kVA×用电量 kVA。

补充：康居住宅减免税费有关规定

1. 房地产开发建设企业，要将每年竣工住宅面积总量的 30%上交市城市建设综合开发办公室统一调剂使用，其中 20%作为市政重点工程建设拆迁等专项用房，10%作为安居住宅。

2. 房地产开发公司提供的安居住宅，由市及区、县政策承担土地出让金、大市政费、四源费等费用（详见附件）。

3. 对于安居住宅应减免的税费已交纳的，可凭市安居办开具的税费减免证明，由收费单位核定后，予以返还或在其新开工项目中冲抵。

市、区县政府为安居住宅支付的税费表

编号	收费名称	批准单位	文件编号	收费标准
1	四源建设费	市政府 国家计委	京政发[1993]34	一类至十类地区每建筑平方米均为800～460元
2	综合开发市政公用设施建设费	市政府		
3	公园建设费	市政府	京政办发[1986]14	每平方米绿地40元
4	城市建设工程许可证执照费	市政府	京政发[1988]21	建设工程设计概算的1‰～3‰
5	建材发展补充基金	市政府	京政发[1989]61	建安工程造价的2%
6	建设住宅购买用电权费	市政府	京政发[1991]2	每建筑平方米40元
7	新菜田开发基金	市政府	京政发[1986]137	近郊4区每亩3万元，其他区、县1万元
8	城建综合开发管理费	市建委	(87)京建办字207	当年完成投资额的1‰
9	耕地占用税	市政府	京政发[1987]93	近郊区9元/m^2，远郊平原4县和门头沟、房山8元/m^2，其他7元/m^2
10	土地出让金	市政府	京政发[1993]34	一类至十类地区依次递减，每建筑平方米为2700～20元

附件：

安居工程开发建设单位凭市安居办出具的证明，按以下程序具体

办理减免手续；

1. 新菜田基金减免手续，到市政府农林办公室办理；

2. 土地出让金减免手续，到市房屋土地管理局办理；

3. 耕地占用税费减免手续，到市财政局办理；

4. 建材发展补充基金减免手续，由承担安居住宅建设任务的施工单位凭开发建设单位提供的证明，到市城乡建设委员会建材发展基金办公室办理；

5. 城市综合开发管理费减免手续，到市城市建设综合开发办公室办理；

6. 综合开发市政公用设施建设费、四源建设费和建设住宅购买用电权费三项费用的减免，先到市计委统一签署减免意见，然后到各有关部门具体办理减免手续；

7. 城市建设工程许可证执照费减免手续，到市规划局办理；

8. 公园建设费减免手续，到市园林局办理。

北京市房地产价格构成

一、当前的房地产价格构成

1. 北京市现行的商品房价格构成

全国各地的商品房价格构成基本上是大同小异，下面以北京市为例作一个介绍。

Ⅰ类　土地开发费

（1）征地补偿费包含：土地补偿费、青苗补偿费、集体财产补偿费、超转人员安置费、农转工人员级差补贴、菜田基金、安置劳动力补偿、平地补助费和私人财产补偿费。

（2）拆迁安置费包含：私房发价（即私房的收购或补偿费）、地上物补偿费、搬家费、拆房费、碴土清理费、临时设施费、周转房费、农户房屋原拆原建费、单位拆迁费、安置用房费。

（3）七通一平费。

（4）勘察设计费。

（5）拆迁征地管理费。

注：本书作者在"客观看待房价上涨过快"一文中，简叙了房价问题的基本观点。此前，北京、上海及国家审计署等单位均对房价构成作过详尽的剖析，现作为参阅资料一并刊印，以便从历史轨迹中寻求正确的答案。本文原载《北京房地产》1997年第2期，作者：张晓岚。

(6) 土地出让金。

Ⅱ类　房屋开发费

(1) 房屋建安工程：按现行预算价格约 700~1200 元/m²

(2) 附属工程：煤气调压站 3m²/千人

锅炉房	100~130m²/千人
变电站	5~10m²/千人
开闭所	6m²/千人
路灯配电室	2m²/千人
高压水泵房	6m²/千人
电话交接间	12m²/千人

(3) 室外工程：开发区红线内外的上水、雨污水、电力、电信、热力、煤气、天然气、围墙、人防出入口等工程。

Ⅲ类　各种配套及税费

(1) 公共建筑配套工程、开发区内配套建设的各种公共福利设施。按市政府现行规定，下列设施均可计入开发区成本：

幼儿园	152m²/千人
文化活动站	25m²/千人
中、小学	730m²/千人
卫生站	17m²/千人
门诊部	56m²/千人
粮店	70m²/千人
副食店	180m²/千人
蔬菜店	70m²/千人
书店	20m²/千人
小饭铺	60m²/千人
浴池	26m²/千人
街道办公室	20m²/千人

居委会	17m²/千人
派出所	20m²/千人
粮油办公室	2m²/千人
工商税务所	3m²/千人
房管所	40m²/千人
市政管理用房	16m²/千人

以上各项均按京政发〔1985〕149号文的规定。

(2) 环卫绿化工程：绿化费按开发区总建筑面积每平方米8元计算交纳。开发区内绿地按实际工程造价计算。公厕每千人6m²计算。

(3) 四源费：自来水 12元/每建筑平方米

污水　10元/每建筑平方米

煤气或天然气　29元/每建筑平方米

热力　30元/每建筑平方米

(4) 大市政费：按购房款×15％计算交纳

(5) 两税一费：两税即营业税和城市建设维护税，一费即教育费附加。

(6) 限制黏土砖使用保证金，每平方米9元，竣工后，若内外墙均未使用黏土砖可退回90％。

(7) 管理费：一般按合同中规定的（土地开发费＋房屋开发费＋公建配套工程）乘以一个百分数计算收取。

2. 西安市现行商品房的价格构成

全国各大城市建设开发公司的商品房价格一般由各城市市政府确定，取费标准也不完全一致。作为比较，在这里介绍一下西安市的部分取费标准。

Ⅰ类　土地开发费

除拆迁安置费外，还须交纳下列费用：

(1) 征地费　　10000元/亩

国有土地调拨费

(2) 征地手续费　　1000元/每次

(3) 土地使用费　　1.5～5元/m²

一类地区 5 元

二类地区 4 元

三灯地区 2～3 元

城外 1.5～2 元

(4) 土地使用税　　同土地使用费

(5) 城市开发费　　30000元/亩

(6) 菜田开发费　　10000元/亩

(7) 耕地占用费　　10000元/亩

(8) 征地办证费　　1元/m²

(9) 设计费　　2.1～2.4元/m²

(10) 地质勘探费　　0.75元/m²

(11) 规划费　　1000元/公顷

(12) 规划管理费　　设计建筑面积×2.3×3%

(13) 占道费　　0.5元/m²

(14) 三通一平费

其中：施工用水用电工程费 0.6元/m²

(15) 路面开挖费　　沥青路面 74元/m²

砖路面　60元/m²

(16) 房产过户费　　售价×2.6%

(17) 旧房评估费

(18) 房产税　　房屋原值×70%×1.2%

Ⅱ类　房屋开发费

(1) 建安工程费

(2) 附属工程费

(3) 室外工程费

其中：室外雨水管道费　　500元/m²

Ⅲ类　各种配套及收费

(1) 公共建筑配套工程

其中：商业网点　　17.5元/m²

(2) 绿化费　　3～5元/m²

(3) 市政配套费　　市内　　90元/m²

一环内　　70元/m²

三环外　　50元/m²

(4) 市政污水管道费　　500元/m²

(5) 电力增容费　　180元/kVA

(6) 自来水增容费　　300元/吨

(7) 各种管理费及税费

工程质量监督费　　建安造价×1‰～2.5‰

营业税　　销售额×3%

建筑税　　建安造价×10%

购销贴花费　　销售3‰

勘察5‰

建安3‰

城市维护费　　营业税×7%

教育附加费　　营业税×7%

国家基本建设债券　　15元/m²

能源交通建设基金　　税后利×15%

预算调节基金　　税后利×15%

合同公证费和鉴证费

主管上级管理费　　销售额×2%

从上面的收费情况，可以看出西安市的收费与北京基本相同，只是市政配套、公共配套建筑工程费的收费项目少一些，四源费可以不交，收费标准略有不同。这里列出西安市商品房的价格构成，只是与北京市做一些比较，由此可以看出全国各大城市商品房价格构成的大致情况。

二、对现行房地产价格构成的一点看法

综上所述，北京市的商品房价格基本上由三类16种费用构成，各地情况也大致相同，这个价格构成是社会主义计划经济的反映，是在住房由单位作为一种福利无偿分配给职工的情况下形成的，商品房没有真正成为商品。为了使商品房的开发适应社会主义市场经济，则必须解决好以下几方面的问题：

（一）土地价格的意义和构成必须明确。

（二）所有经营性配套设施，如商店、饭店、粮店、理发店等的建设费用均不应计入商品房成本，而应计入经营成本中。

（三）四源费和市政配套附属工程应通过理顺水、电、气、热力等取费解决，这样做也有利于水、电、气能源的节约。

（四）所有政府派出机构，如街道办事处、派出所、税务所等的建设费用也不应计入商品房成本中，而应由政府从税收中拨款建设。

（五）福利性设施，如公厕等应计入社会福利基金。

北京市商品住宅价格分析

改革开放的十几年间,北京住宅建设发展非常迅速。仅"八五"期间就建成住宅3349万平方米,平均每年竣工面积高达669.8万平方米,1995年普通住宅竣工面积则高达762万平方米。随着近年大量住宅的建成,人民群众的居住条件也有了很大的提高。但是,在我们取得喜人成绩的同时,商品住宅市场却出现了旺市不旺销的现象。商品住宅大量滞销空置,截止到1995年底,北京滞销住宅面积高达93万平方米,而与此同时,北京却仍有几万多户人均居住面积不足4平方米的住房困难户。一方面是许多群众居住条件仍未改善,另一方面是住宅大量空置,积压了大量建设资金,严重阻碍了住宅市场的健康发展。造成这种局面的原因是多方面的,既有客观上受宏观调控、紧缩银根、抑制通胀的影响,也有开发商主观选址不当,配套不全,档次定位不准,促销不力等原因。其中商品住宅价格过高,与群众消费水平严重背离则是最主要的原因。本文主要目的是通过对北京商品住宅价格组成及其比例进行分析,从而与读者探讨房价过高的

注:本书作者在"客观看待房价上涨过快"一文中,简叙了房价问题的基本观点。此前,北京、上海及国家审计署等单位均对房价构成作过详尽的剖析,现作为参阅资料一并刊印,以便从历史轨迹中寻求正确的答案。本文原载《北京房地产》1997年第2期,作者:李鹏。

主要原因。我们以北京某新建住宅小区为例：

该小区总占地 38.27 公顷，其中可规划面积 28 公顷，市政代征用地 10.27 公顷。小区总建筑面积 335000 平方米，包括住宅 305000 平方米，占总建筑面积的 91.0%；小区配套设施建筑面积 20000 平方米，占总建筑面积的 6.0%，其中可销售商服用房面积 8000 平方米；公建 10000 平方米，占总建筑面积的 3.0%，其中可销售住宅面积 10000 平方米。该小区投资情况如下：

1. 土地出让金　　13400 万元　　（13.54%）

本小区处于 6 类地区，楼面价为 400 元/m^2，共计 400 元/m^2 × 335000m^2＝13400 万元

2. 征地拆迁费用　　19135 万元　　（19.33%）

小区原有房间 3751 间，人口 1473 人，征地拆迁费共计 19135 万元，其中市政代征用地费用 5135 万元（5.19%）

3. 前期工程费　　1056 万元　　（1.07%）

4. 建安工程费　　41780 万元　　（42.21%）

(1) 主体工程费（含议价材差价）33700 万元（34.04%）

住宅：1000 元/m^2 × 305000m^2＝305000 万元

配套：1000 元/m^2 × 20000m^2＝2000 万元

公建：1200 元/m^2 × 10000m^2＝1200 万元

(2) 市政工程费（附属工程）　　　　4900 万元（4.95%）

(3) 室外工程费　　　　　　　　　　2444 万元（2.47%）

(4) 其他工程费　　　　　　　　　　736 万元（0.74%）

5. 税费　　　　　　　　　　　　　10648 万元（10.76%）

(1) 电权费　　　　　　　　　　　　1340 万元（1.35%）

40 元/m^2 × 335000m^2＝1340 万元

(2) 环卫绿化费　　　　　　　　　　302 万元（0.31%）

绿化费：8 元/m^2 × 335000m^2＝268 万元

环卫费：1 元/m² × 335000m² = 34 万元

(3) 黏土砖限制使用费　　293 万元　　(0.30%)

9 元/m² × 325000m² = 293 万元

(4) 防洪费　　560 万元　　(0.57%)

20 元/m² × 280000m² = 560 万元

(5) 开发公司管理费　　1170 万元　　(1.18%)

(6) 营业税城建税及教育费附加 6983 万元 (7.05%)

假设住宅和公建售价为 4000 元/m²，配套售价为 1200 元/m²，总售价为

住宅：4000 元/m² × 305000m² = 122000 万元

配套：1200 元/m² × 8000m² = 960 万元

公建：4000 元/m² × 10000m² = 4000 万元

总计 126960 万元

5.5% × 126960 = 6983 万元

总成本　　86019 万元

6. 贷款利息　　12969 万元 (13.10%)

2000 万预付款、前期土地开发费和 100% 建安工程费贷款，贷款期为两年，利息总额 12969 万元。

总投资　　98988 万元

企业毛利润 126960 − 98988 = 27972 万元 (28.26%)

有关以上各种费用占总投资的比重，已经计算出来并标注在上例各费用的旁边。当然，仅仅通过某一特定小区的投资分析，不可能全面准确地反映整个住宅市场的价格组成。本人仅以这个小区投资为例，使读者较为直观地了解住宅价格中主要的组成部分，对房屋价格组成有个初步认识。现在对商品住宅价格构成普遍认为：（新建小区）

土地费用和拆迁安置费用　　　　　　　　30%～35%

建安成本　　　　　　　　　　　　　　　30%～35%

市政公用设施	15%~20%
相关税费	10%~15%
房地产企业利润	5%~10%

对于现行商品房价格,我们不妨从它的几个重要组成部分入手来分析房屋价格居高不下的原因。

1. 地价

本文上例按一般城市用地采用毛地价。毛地价由出让金、大市政费和四源费三部分组成,出让金是土地使用者为取得土地使用权而向国家支付的费用。土地出让金根据出让土地等级不同,从一类土地到十类土地,出让金从2700~20元/m^2不等。大市政费和四源费是北京市为筹集城市基础设施和有关配套设施建设资金,对规划市区内建设项目收取的建设金。四源费按自来水、污水、煤气、供热每建筑平方米分别收费12元、10元、29元、30元;大市政费按销售收入的15%收取。以上例计算,毛地价为13400万元,占总投资的13.54%。

四源费是用来兴建自来水、污水、煤气、供热这四项服务设施的,但这是不符合市场规范的。现在北京自来水、煤气、电力等能源的价格远远低于其成本价,市政府每年要补贴大量的资金来维持其生产,这些能源部门现在自身根本没有扩大再生产的能力。随着北京市城市建设的飞速发展,对能源的需求量也越来越大,市政府也因此担负着越来越重的财政负担。为了筹集建设资金,市政府才设立了四源费(以及电权和电贴费等)。四源费的设立并不能解决根本问题,只是把能源的问题转嫁给了房地产,加重了开发企业的负担,抬高了房价。因此,为了理顺市场价格,减轻开发企业负担,降低住宅价格,促进住宅产业的发展,四源费(以及电权费、电贴费等税费)应予以取消。

在地价中,大市政费所占比重相当大,仔细分析,就会发现其收费也具有不合理性。首先,城市基础设施在责任上应由市政府负责筹资修建,服务于全体市民,市政府本应在市财政中自行解决。现在却对建设项目中征收大市政费，相当于要求一小部分购房者出钱分担这种全民使用的设施，显然不合理。其次，上交大市政费以后，不但小区内的市政工程须要开发企业负责，而且从小区到市政主干线的市政工程也要计入开发成本，这笔费用最终仍将转嫁到消费者头上。另外，大市政费存在重复征税的问题。北京市关于市政设施、基础设施的收费有大市政费、四源费、小区基础建设配套费、公共配套设施费和基础设施费。这些收费基本是针对同一名义设立的。这样多次收费不但增加开发企业的负担，而且加大了开发企业的办事难度。因此我认为应最终取消大市政费。市政建设资金应通过更广泛的专项税收来解决。

2. 征地、拆迁和安置费用

从征地方面看，开发企业在申请一宗建设用地时，都要代征一定数量的市政设施用地，代征用地的面积大小不等，最多时可达建设用地的160%。这些代征用地的征地补偿费、拆迁安置费等费用都要记入开发成本，加大了企业负担。本文上例中，市政代征土地面积占总征地面积的26.83%，代征土地费用为5135万元，占总投资的5.19%。均摊到房价中达每平方米208元。

近年来，拆迁安置费用在总投资中的比例越来越高，并且已成为开发企业一个沉重的负担。其中主要原因是北京市拆迁安置标准较高。《北京市实施〈城市房屋拆迁管理条例〉细则》第二十七条规定："拆除住宅房屋，对被拆迁人按原居住面积安置。……安置用房的居住面积按正式住房的居室面积计算；以楼房安置的，楼房门厅和起居室面积超过8平方米的，其面积的二分之一计入安置的居住面积。"由于拆迁房屋多以平房和简易楼为主，其使用面积和居住面积几乎相同，而现行住宅设计要求三大一小（大门厅、大厨房、大卫生间、小居室），追求日常生活中拥有更多的活动空间。因此户均安置用房面积增加了很多。以二居室为例，根据北京市《"九五"住宅建设标准》，二居室建筑面积为 $60\sim 65m^2$，而且起居厅$≮14m^2$，厨房$≮5m^2$，卫生间$≮3.5m^2$，储藏室间$≮2m^2$。若以此安置平房或简易楼拆迁居民，则至少多安置 $17.5m^2$ 建筑面积，因而开发企业多付出许多安置用房，大大增加了建造成本。因此，北京市应该改变这种以居住面积为标准进行补偿安置的方法，而采用以使用面积作为拆迁补偿的标准。当然考虑到以使用面积作为拆迁补偿标准可能导致使用面积不变，居住面积过小的情况，可以规定以使用面积为安置标准的同时，安置居住面积不小于原居住面积 2/3 和 8 平方米/人。

3. 建安成本

近十几年，我国的住宅建设和房地产业发展虽然较快，但是住宅的生产、房地产的开发经营仍处在粗放型的阶段，与发达国家相比存在着很大差距。我国的住宅建设工业化程度低，住宅建设的工业化、标准化、体系尚未形成，住宅建设周期长，劳动生产率只及发达国家的二分之一到三分之一；有源消耗、原材料消耗、土地资源消耗远高于发达国家。要最终解决这个问题就必须依赖于提高住宅建设和房地产管理的质量和效益。同样，要降低建安成本就必须降低能源消耗，节省原材料，大幅度提高劳动生产率。

前几年，建材价格增大幅度上涨，加之人工费的上涨，使得建安成本也随之猛增。但是近几年国家实行宏观调控，银根适度从紧的政策，有效控制了建材价格的上涨。同时现阶段住宅建设技术相对比较成熟，建安成本也相对较为稳定，因此开发企业降低建安成本就更须要从以下几方面入手：首先，是应用新产品、新技术、新材料、新设备，提高劳动生产率；其次，认真监督施工质量，减少施工中的浪费；第三，要认真实行公开招标，严禁在招标中的各种回扣，严禁层层转包工程，坐收渔利；第四，认真核算预算造价，防止预算过高。

4. 服务设施的配套建设

开发企业建设普通商品住宅，要按住宅建筑面积比例提供配套服务设施。这些配套服务设施中绝大多数属于无偿提供。根据《北京市住宅配套商业服务业用房管理办法》规定，粮油、副食、便民商店用房虽然可以按建安成本出售，但是这些用房的地价及其他相关税费，仍由开发企业负担。对于这个问题，如果是公益性、非赢利性的公共服务设施，市政府应该在财政上给予开发企业适当的补贴；如果是经营性、赢利性的公共服务设施，应该坚持"谁投资，谁所有，谁受益"的原则，由相应的经营部门以商品房价格购买或租赁。

5. 开发税费及摊派

现在各种税费及摊派也是开发企业一个很重的负担，开发企业还要拿出30%的住房用于安居工程。另外，主要有以下几个方面不合理摊派：一是要房子，首先是市、区、县政府要求开发企业每年上交一定数量的办公、职工用房；其次是各主管部门以及街道办事处、派出所利用手中的职权向企业要房子。二是要资金，市、区、县搞大型建设项目，通常向所属开发企业要资金。三是拉赞助。其四是乱收费。开发企业不但要向各行业主管部门交纳自来水、污水、煤气、热力等各种管线建设费，而且经常要交纳一笔报装费和咨询费。行政主管部门实际通过收取报装费和咨询费达到变相收取行政性收费的目的。开发企业拆除旧的公厕、垃圾站，重建更好的公厕、垃圾站，行业主管部门仍要求高额补偿。另外对于开发过程中的几种税费，也有可质疑的地方。开发企业向规划部门领取建设工程规划许可证，要按住宅建设工程设计概算总金额1‰交纳执照费（投资额在1000万元以上）；向房地局办理土地使用权出让手续，签订土地使用权出让合同之前，每平方米用地要交纳20元防洪建设费；规划内的小区公园，除每平方米8元的绿化建设费外，还要交纳每平方米绿地40元的公园建设费；还要按建安造价的2%交纳建材发展基金。几种税费中，执照费收费过高，建筑业是一种规模大，投资高的行业，虽然只有1‰的比例，但是其数额却较大。住宅建设主要面向本市群众，让少部分购房者承担防洪费，其他人不承担，显然不合理。小区内公园本应交给开发企业建造，却又额外收取公园建设费。建材科研本应由各建材企业联合科研单位开发，其科研成果取得专利，通过专利转让收入及新材料经营收益进行再研究。因此应当减免这些费用，降低住宅成本。

6. 开发企业利润

目前，我国开发企业回报率普遍高于30%，有些项目甚至更高。房地产是一种高投资、高风险、高利润的行业。由于投资额巨大，运作时间长，行业风险也比较大。因此，开发企业把追求高利润作为一种风险补偿行为。但是这种行为对房价居高不下也起到了推波助澜的作用。解决的办法是：正确引导市政，改善经济环境，规划市场秩序，提供正确的需求预报，执行合理的收费，提高办事效率，促进存量资产流动。倘若这些条件存在，投资企业必然愿意把利润降到一个合理的水平上。另外，针对某些仍然谋求高利润，抱坐等侥幸心理的开发企业，国家则应采取措施控制开发企业追求高利润的行为。例如象征收土地闲置费那样，在当前一段时间内征收房屋闲置费（因为房屋闲置同时也是对土地的一种浪费）。以此来督促开发企业降低房价，推动住宅市场发展。

7. 房地产交易税费

北京市现行房地产交易税费有：

（1）营业税：开发企业按销售收入5%缴纳；

（2）城市建设维护税和教育费附加：两项合计按营业税10%缴纳；

（3）投资方向调节税：住宅的投资方向调节税由购房者按销售收入5%缴纳（购买节能型住宅免交）；

（4）契税：购买人按成交金额6%缴纳；

（5）印花税：销售时按0.3‰，转移产权时按0.5‰缴纳；

(6) 手续费：双方各按成交价的 1% 缴纳；

(7) 土地增值税：开发企业按增值额的 30%～60% 累进缴纳；

(8) 企业所得税：企业按应税额的 33% 缴纳；

(9) 房屋所有权登记费：购房者办理房屋所有权证书时支付的费用。

在这些税费当中，有几种税费不尽合理。首先是投资方向调节税。住宅建设是国家大力支持的行业，政府一直鼓励个人购房，在当前个人购买力不强的情况下，再对住宅交易征收 5% 的投资方向调节税，增加了购房者的负担，似乎与设立此税种的初衷有些不符；其次是契税和房屋买卖手续费，现在个人住房消费水平本来就不高，仍对交易过程中征收较高税率，显然对推动住宅市场发展不利。最近，上海市政府对于购房时的契税给予 3% 的政府补贴，从而减轻购房者负担，刺激社会需求，推动住宅市场发展，值得其他地方学习。

通过以上各方面分析，我们可以看出，造成房价高的原因是多方面的。因此，要降低房价必须从住宅价格组成的各个因素入手，合理核定地价，降低建造成本，实行新的拆迁安置标准，调整部分税收，清理各种不合理摊派和税费，减轻消费者负担。

最近国家计委和财政部联合下发了《关于取消部分建设项目收费进一步加强建设项目收费管理的通知》，要求严格控制行政事业性收费项目的制定和收费标准，并取消了 48 种建设项目收费。另外《通知》中还指出住宅小区的市政设施配套建设，原则上由政府解决，经营性配套设施费用，要按照"谁投资，谁所有，谁受益"的原则解决。由此可以看出国家对整顿不合理摊派和税费，除低商品房价格的决心。

关于对上海市房地产开发企业乱收费情况的调查报告

1993年10月9日,中共中央办公厅、国务院办公厅联合发出《关于转发财政部〈关于治理乱收费的规定〉的通知》(中办发(1993)18号)。同日,上海市人民政府发出《关于公布一批被取消的不合理收费项目等问题的通知》(沪府发(1993)33号)。同年10月13日,市政府又发出《关于再公布一批应予取消的不合理收费项目等问题的通知》(沪府发(1993)37号)。自此以后,乱收费和不合理收费现象有了改观。但是,各方面对房地产企业的不合理收费和乱收费现象,未得到有效整治,反而越演越烈。鉴于此,国家计委于1995年5月发出了《关于禁止向房地产开发企业乱收费抑制商品房价格不合理上涨的通知》(计价格(1995)506号)。

这几年本市房地产业在市委、市政府指导下,取得了很大的成绩。1992~1994年,仅住宅竣工面积就达到了2200万平方米,为改

注:本书作者在"客观看待房价上涨过快"一文中,简叙了房价问题的基本观点。此前,北京、上海及国家审计署等单位均对房价构成作过详尽的剖析,现作为参阅资料,一并刊印,以便从历史的轨迹中寻求正确的答案。本文原载《上海房地产市场报告》1995年第1期,作者:上海社科院房地产业研究中心,执笔人:张泓铭 姚宏来。

善居民居住条件、推动城市建设出了力；1994年本市房地产开发企业上缴税费达14.76亿元，在本市财政收入中占有了实质性的份额。目前向房地产企业乱收费的问题，极大地困扰了房地产业，阻碍了房地产业进一步健康发展。

为了维护中央和市府的权威；为了房地产业健康发展，我中心从今年6月份开始，在上海建设委员会和有关局的支持下，进行了一系列的调研工作，其中：召开了三次座谈会（每次约十几家房地产企业和市有关部门领导参加）；向房地产企业发出近200份调查表，反馈几十份次；上门访问座谈十余户次；在本报告的初稿形成之后，于8月15日召开了汇报研讨会，市有关部门领导和本中心全体理事近百人参加听取汇报提出修改意见。根据上述工作，撰写了本报告。

第一部分　上海房地产开发企业面临的乱收费问题相当严重

目前，上海市物价局、财政局核准的税、费项目不足一百项，且大部分比较公允、合理。然而，据不完全统计，某些部门和机构，一些垄断性部门和企业，甚至某些街道、派出所等自行推出的各种行政性收费、经营性收费、摊派和变相收费项目多达115项（部分属待研究）。如按房地产经营周期分，涉及开发前期的有60项；涉及建设施工期的有47项；涉及房产销售期的有8项。据估计，各种乱收费绝对额大约每平方米建筑面积为200~500元之间，约占普通商品房成本10%~15%，情况相当严重。主要表现在以下4个方面：

一、管理部门乱收费

房地产开发企业从立项到竣工销售，要申请各种许可证件，要盖上百只图章。某些管理部门利用职权，设卡收费、超标准收费或变相收费，约有40多项。

（1）硬性收费

如在申请《商品房预售许可证》时，一些区自行规定按每平方米收取0.30元的费用。有些区还在颁发预售许可证时,加收每平方米1元左右的所谓测量费。众所周知,预售时一般按建筑施工图纸面积计算。办理产证时按法定测量面积计算,上述收费没有理由。又如动拆迁管理部门,近年来随意提高动拆迁管理费。还有一些管理部门也新设或随意提高各种管理费。这些新设收费项目或提高收费标准,绝大多数没有经过物价、财政部门审批。

再如,某些区的环卫部门按每平方米收了2元环卫费,还增设各种垃圾通道基金或环卫基金,每幢楼征收几万到几十万元不等。杨浦区每幢楼征收35万元。有些区的环卫部门将人员开支、费用摊到收费项目上,以至一只公厕要收几十万元,一只垃圾箱要收几万至十几万。同时,居民或单位购房后还要通过物业管理部门交各种环卫、垃圾费。

(2) 变相收费(转弯收费)

有些管理部门明知某些收费不合理,就明示或暗示向其下属的三产企业或关系企业办理所谓的可行性研究、咨询、设计审核、评估、保险等各种手续、交纳相应费用;或到其指定的企业去购有关材料、设备;或由其指定的关联企业负责施工、安装等等。这种情况带有相当普遍性,几乎涉及计划、规划、房管、市政、环保、环卫、人防、消防等许多部门。从某种意义上说,这种变相收费要比管理部门直接乱收费危害更大。

二、名目繁多的保证金和押金

一些管理部门、垄断性经营企业擅自规定收取各种押金、保证金,约有10多项。如绿化保证金、档案保证金、卫生保证金、环保三同时押金(或环保押金)、建筑执照押金(或质量保证金)、污水入网费押金、用水保证金、水表保证金、电费保证金、电表保证金(或用户保证金)等。各种押金、保证金占用资金,一般约占商品房开发所需资金10%~15%左右。同时,在归还保证金、押金时,应有的利息均未归还。

三、垄断性企业乱收费

房地产开发企业交纳了 95 元/m² 的大市政和公建配套费后，不要和电、水、煤、政四大公司打交道，交纳深不可测的费用，约有 30 多项。

（1）电力部门

据反映供电力部门是无标准收费或变相收费较为突出的部门。如建造 3.5 万 V 区域性变电站，在用户交纳了大市政配套费以后，应由电力部门负责建造，不应再收费用。但现在包括场地的动拆迁费，甚至部门或全部的设备费和安装费等等不要摊到房地产企业身上，而且连成本费用清单都没有。Ⅲ型变电站，原来造价只有 100 万～200 万元，有的供电部门硬性规定，由他们指定设计和建设安装，所需费用增加到 350 万～500 万元。Ⅲ型变电站正常可供 6 万～8 万 m² 建筑面积用电，现在往往只允许供 2 万 m² 左右，这一项就使房地产企业的成本猛增。多余的容量被供电部门再向其他房地产开发企业收费。此外，还有其他名目众多的收费，如排线费、接口费、变电站搬迁安装费、供配电贴费等等，随意性很大。同时，还存在上述提到的变相收费情况。

（2）自来水、煤气、市政工务部门

这三大公司的收费名目也很多，如自来水公司的水管集资费、排管费、上水临监费、上水增容费、泵房费、接口费等等；煤气公司排管费、室内配套费、接口费等等。

市政工务公司负责的城市道路，不仅道路的动拆迁由房地产企业承担，建设费用也要摊到房地产企业身上。污水排管、泵站建设都要摊到房地产企业身上，且收费无标准，随意性大。某个几万平方米的小区，除了交纳水、电、煤、电话管线的费用外，仅被煤气公司另外收取的各项费用每平方米就达 45 元左右。甚至某房地产企业在几十万平方米小区自费建设污水泵站,接管时工务部门提出要收2300万元接管费。四大公司的基层单位也不时向房地产企业索取赶工费、饭费,甚至未开工就要付赶工费。有的付了赶工费,也不按时完工。

上述四大公司还不同程度地存在以联建为名,向房地产开发企业提出无价要房或远低于成本价要房的现象。

四、行政性摊派

约有10多项,如闵行区政府以发展教育、环卫为名,今年发文向房地产开发企业征收每平方米25～40元的教育环卫贴费,另外还有征收1‰平价房。某些区也以不同形式要房地产开发企业交纳教师优惠住宅费等。

国务院已重申:商业网点建设应遵循谁投资、谁经营、谁受益的原则,禁止向房地产开发企业征收商业网点建设费和商业网点面积。但本市各区财贸部门仍在征收。财贸部门征收之后,也是搞经营性租赁或直接经营,变成房地产开发企业投资,财贸部门经营受益。

某些区自己修建道路,进行市政、公建配套,同样向房地产企业摊派。而牵头单位不提供收费依据,随意订立收费标准;甚至各种配套扫尾工作还要房地产开发企业承担。

除了上述明显的乱收费问题之外,还有一些经批准的收费项目,已不适应现实,或被不合理地提高标准,或有待研究,约有10多项,如:

1. 人防费。原规定人防费每平方米收20元。目前每年竣工各类房屋达1千万m^2以上,每年收缴的人防费达几亿人民币。但人们看到的人防建设很少,原人防设施又有许多被用作经营。

2. 新型墙体材料费。原规定按7‰征收新型墙体材料基金。目前建设成本不断提高,建筑面积大幅度增长,新型墙体材料基金费用急剧扩大,房地产企业负担过重。事实上,各企业都通过市场购买材料或购买专利,没有必要征收该项费用。

3. 公房残值补偿。1992 年前规定公房残值补偿为每平方米 200～400 元，现在，旧里弄提高到每平方米 600～1000 元，有的区新里弄以上房屋提高到每平方米 3000～4000 元。目前正在进行住房制度改革，公房逐渐出售给居住居民。中心城区的新公房（包括高层住宅），居民购买公房时实际支付每平方米 300～400 元。相比之下，旧里弄或新里弄房屋的残值比出售公房还贵是不合理的。房地产开发企业提供给动迁居民的新公房，是按先分配再遵照公房出售条件出售给居民的，而不是按市场价出售给动迁居民的。那么将各种旧里弄、新里弄房屋的残值提到如此高的价格，是对房地产开发企业的重复收费和不公平。

4. 关于市府发文向房地产开发企业按商品房销售面积征收 20% 平价房的问题，房地产企业反响较为强烈。如收购价格处理不当的话，似有摊派之嫌。

第二部分　乱收费引起的严重后果

一、加重房地产企业负担，使商品房价格居高不下

乱收费名目繁多，数额很大，将房地产开发成本不合理地推高 10%～15% 左右，房地产企业为了获得合理的投资利益，只有转嫁，致使房价居高不下，最终受害的是用户。房价居高不下，是导致销售困难的主要原因之一。截至 1994 年底，本市有 150 万 m^2 以上住宅闲置，另一方面还有几万户人均 $4m^2$ 以下的困难户等待解困，还有更多的居民无力改善居住环境，这与房价过高是直接相关的。如不采取有力措施，切实解决乱收费问题和降低房价，本市新建闲置的各类房屋及半拉子工程将大幅上升，不仅造成巨额资金的积压浪费，并将严重影响本市房地产业的发展和住房制度改革的推进。

二、开发商负担过重，恶性循环，殃及质量

乱收费使房地产开发企业不堪负担，为了降低成本，某些中、小

房地产开发商偏离正确的经营策略，或向施工单位压低造价，或选择一些要价低、资质差的施工单位。不少施工单位偷工减料，通过某种手段蒙混过了质量验收关，但使用不久，各种质量问题层出不穷。一些自行配套的工、乡、镇和地方有关单位，由于承受不了乱收费，或降低配套标准，或减少配套项目，留下难以处理的综合性后遗症。这些质量上的问题，将要我们付出经济上的代价、安全上的代价，甚至政治上的代价。

三、败坏上海名声，损害投资环境

由于各种乱收费名目繁多，深不可测，防不胜防。投资者无法预测房地产开发成本，无法评估经济效益，无法把握投资前景。这令海内外投资者，尤其是中小投资者望而却步，知难而退。外商反映，他们并不看重表面的优惠政策，而是看重各项政策及收费的公平、合理和透明。已进入本市投资的内资、外资房地产开发商反映，投入房地产，犹如进入沼泽地，进亦难，退亦难。进，收费无底黑洞；退，无法解套。上述问题在浦东也相当程度地存在。在一次有11户参加的三资房地产座谈会上，有2户明确表示，他们已将部分资金调往江苏、福建等地，甚至撤至海外。许多内资房地产也忧心忡忡。我们真担心，经过10多年的苦心经营，上海的良好名声及投资环境将受到损害。

四、助长不正之风，滋生腐败现象

由于乱收费无统一标准，弹性极大，高低幅度可达几倍甚至十几倍。某些收费单位或经办人员的办法是狮子大开口，继之"好言相劝"，略作暗示。然后，坐等房地产企业去"公关"，"公关"好的要价可以大大降低，甚至可以不收费；不去"公关"或"公关"不到位，即还以颜色。对于房地产企业来说，开发投资小到几百万，大到千万上亿，时间拖不起，不得不低头。可以说，大部分房地产企业，都有类似的遭遇。

问题再往深里想,"公关"也好,被硬斩也好,这些财富的相当一部分难免流向小团体和个人。由此,也为腐败行为开启了方便之门。

第三部分　乱收费有着深刻复杂的原因

乱收费是一种深刻复杂的社会经济现象,对此,我们不能简单地责怪哪一个部门、哪一个人,总体上看,是在计划经济向社会主义市场经济转轨和经济快速成长过程中,各项工作跟不上,具体而言有以下四个原因。

首先,近几年上海城市建设和房地产开发高速发展,引起了房地产开发各项配套条件的供求严重失调,为乱收费提供了可能性。据上海市城建综合开发办公室1994年上半年的测算,本市已审批的13万亩住宅用地,须进行市政配套的容量应为:自来水118万 t/d;煤气516万 m^3/d;电话139万门,供电297万 kW。如仅满足供水和煤气的容量,就需要建造6家月浦水厂,8家吴淞煤气厂。在近几年,这是不可能的。在房地产开发配套供给条件严重不足的情况下,按照竞争原理,需方会提高出价,供方会提高要价。这种出价和要价在未得到社会规范和制约以前,使乱收费有了可能。

其次,由于市政配套供给的垄断性经营,进一步使乱收费成为可能。目前我国对垄断性经营部门及企业还没有完善的约束机制,它们乘本行业供需矛盾紧张,利用其垄断地位,向房地产公司漫天要价、硬性要价。掌握行政权力的某些管理部门,如要实施乱收费,实际上也处于垄断的有利地位。房地产公司对垄断部门没有任何选择,对一切要价只能逆来顺受、低头就范。

再次,社会对房地产企业盈利机会的误解,使房地产企业成为乱收费的主要受害者。前几年,社会上普遍流行一种"开房地产公司就赚大钱"的肤浅观念,人们误以为向他们多收点钱没关系。社会的普遍误解，推动了对他们的普遍抬价。这是对房地产企业乱收费的一个重要思想根源。其起因可能是1992年房价、地价飞涨，有人获得了暴利。不能否认有获暴利的房地产公司。但这不是大多数，更不是永远。从长远看，大多数房地产企业是在投资大、周期长、风险大的条件下，才能获得大体上的平均资金利润。当然，有的公司可能获得超额利润，但赔本的也不少。

第四，管理体制薄弱，管理制度滞后，使乱收费失去制约，得以最终实现。前面三个原因，仅仅给使乱收费提供了可能、提供了乱收费的指向——房地产公司。如果政府的管理有效，加以制约，乱收费不一定成为现实。但在社会主义市场经济转轨初期，又遇到了房地产的高速发展，这是政府以前所没有遇到的，因此，管理体制不足，有关收费的各种规章制度的建设滞后：有的过时，不适应新情况；有的还没有建立，无章可循；有的应严令禁止，也无从依据。总之，缺乏健全制约机制，各种乱收费最终成为可能。

此外，有些地区和部门，对加快经济建设不实事求是、不量力而行，或对本地区本部门面临的困难不采取正当的途径来解决，而滥用行政手段通过乱收费来解决建设资金或行政经费的不足，也是一个原因。

（执笔人：张泓铭　姚宏来）

1992年上海市物价局、市财政局颁发了第188号和第189号关于重新核定上海市土地房产管理局系统行政事业性收费项目和标准的通知，并于1992年7月1日起执行。两个通知中规定的项目和标准以及上海房产管理局系统新增收费项目刊如表1～表3所示。

上海市土地管理局系统行政事业性收费重新核定项目　　　　表1

序号	收费项目	收费部门	计量单位	收费标准（元）	收费对象
1	耕地占用税	市、区、县土地局	平方米	2～10	单位、个人
2	土地垦复基金	市、区、县土地局	亩	5000	单位、个人
3	菜地建设基金	市、区、县土地局	亩	12000～20000	单位
4	中外合资企业土地使用费	市、区、县土地局	平方米	0.50～130	单位
5	粮油差价补偿费	市、区、县土地局	亩	1800～2500	单位
6	城市个人使用国有土地租	区、县土地局	平方米	0.015～0.06	单位
7	临时使用带征地统筹费	区、县土地局	平方米	0.20～5.20	单位
8	土地使用权出让金	市土地局	平方米	根据地块具体情况	单位、个人
9	土地使用金1000平方米以下（含1000平方米）	市土地局	地块	1000/年	单位、个人
	土地使用金超过1000平方米以上地块		平方米	1/年	
10	征地包干费	市、区、县征地事务部（所）	件		单位

续表

序号	收费项目	收费部门	计量单位	收费标准（元）	收费对象
11	拨地钉桩费	市土地局资料中心区、县土地局	件	560	单位、个人
12	土地使用证工本费	市、区、县土地局	证	5~20	单位、个人
13	地形图复制费 1:500~2000 1:5000~10000	市、区、县土地局	幅	10 6.40	单位、个人
14	资料复印费 A_3 A_4	市、区、县土地局	张	0.60 0.30	单位、个人
15	界桩成本费	市、区、县土地局	根	10	单位
16	房地产登记费	市房地产登记处	件、张页	0.50~500	单位、个人
17	农村宅基地使用费	村民委员会	平方米	0.10~0.3	个人
18	个体工商户临时用地费	区、县土地分所	平方米	2~10	个人
19	非城镇地区国有土地统筹费	区、县土地局	平方米	0.25~1	单位

表 2

上海市房产管理局系统行政事业性收费重新核定项目

序号	收费项目	收费部门	计量单位	收费标准	收费对象
1	工程设计费	设计所、科研所		《工程设计收费标准》	建设单位
2	工程勘察费	设计所、科研所		《工程勘察收费标准》	建设单位
3	房屋修理勘察设计费	区县房管机关		旧式里弄以下房屋 0.54 元/m² 公房 0.30 元/m² 其他类 0.42 元/m²	委托单位
4	租金测估费	区县房管机关及房产交易所	月租的	月租的 10% 不足 5 元收 5 元	委托人及租赁双方中要求者
5	房屋估价费	区县房管机关及房产交易所	估值的	估值的 1% 不足 10 元收 10 元	委托人
6	医疗收费	市房职工医院		按市卫生局制定市物价局批准标准	就诊者
7	各类办班收费	市区各干校、中专技校及机关		按市物价局批准的最新收费标准	就学者

续表

序号	收费项目	收费部门	计量单位	收费标准	收费对象
8	契税，其中：买契税	代财政征收	买价的	买价的 6% 成交价 6% 侨外汇成交价的 3% 侨外汇成交价的 3% 私房产权交换估值差价 6% 人民币商品房成交价 6% 新公房成交价 6%	买受人、外国企业、外国人 三资企业 华侨、港澳台胞受让人 买受人 年收入在一万元以上的城镇住户 承典人 受赠人
	典契税 赠与契税		典价的 现值价的	典价的 3% 现值价 6%	
9	私房买卖超标准费	区县房产交易所		单位 超标 200%以上部分 20% 个人 超标 200%以上部分 5%	卖方
10	委托购售租房屋代办费，其中： 委托购买房屋代办费 委托承租房屋代办费 接受委托代售商品房代办费	区县房产机关交易所	成交价 承租期间租金总额 房价的	成交价 3%，不足 50 元收 50 元 承租期租金总额 3%，不足 25 元收 25 元 按房价 0.5%	委托人

续表

序号	收费项目	收费部门	计量单位	收费标准	收费对象
11	房产转移登记及交易手续费，其中：交易手续费继承、分析、分割、赠与、合并调产费	区县房产机关交易所	成交价的 房价的	成交双方各1% 房价的1%	买卖双方 承受人
12	权证费，其中：房屋所有权证 房屋共有权证 房屋他项权证	区县房产机关	件 件 件	5元 4元 4元	房屋所有权者 房屋共有权者 房屋他项权者
13	空房看管费	区县房产机关	房租额的	房租额的30%	住房建设单位
14	质量监督费	质量监督站	工作量	工作量的1.5‰	建设单位
15	居住用房改非居住用房使用房使用申请手续费（含营业用房使用申请手续费）	区县房产机关	调整后的月租	月租金10%，其中企事业单位不足10元收10元，个体户不足5元收5元	非居住用房使用者

续表

序号	收费项目	收费部门 收费单位	计量单位	收费标准	收费对象
16	定额管理费	各修建单位	工作量	工作量的0.5‰	建设单位
17	房屋交换手续费 其中： 房屋交换成交手续费 房屋交换扩大居住面积 房屋交换改善居住设备 房屋交换手续费 跨省市交换住房	区县房产机关及市区县交易所交换中心	每户居住面积 套 户 户 户	1元 50~100元/m² 每增加1套100元 30元 30元	交换住房成交居民 居民 居民 居民 居民
18	房屋竣工验收费，其中： 住宅竣工验收 商品住宅竣工验收	区县房产机关	建筑面积 建筑面积	0.10元/m² 0.01元/m²	建设单位 建设单位
19	广告地位租赁费	区县房产机关	广告业务收入	广告业务收入的10%	广告公司
20	代理经租管理费	区县房产机关	房租	多层房租15% 高层房租59%	房屋所有者

续表

序号	收费项目	收费部门		计量单位	收费标准	收费对象
21	钉门牌费	区县房产机关		块或每字	0.30元	个人或单位
22	住房交换登记费	市交换中心		户	0.20元	居民
23	换房市场费 其中： 换房市场入场券 换房摊位费	市交换中心、市区交易所		张 每摊	0.20元 20～50元	居民 设摊单位
24	利用档案收费 其中： 复印费(啫复)(复缩) 档案保护费 证明费 地图资料费 缩微、复制、冲片 咨询费	市区县档案馆(室)		张 张 卷或每页 张 幅 张或卷 饮	0.7～9元 0.3～16元 0.05～13元 2元 3～10元 0.20～18元 2元	要求者 要求者 要求者 要求者 要求者 要求者 要求者
25	计算机调房	市交换中心 市区交易所		户	2元	委托者

续表

序号	收费项目	收费部门	计量单位	收费标准	收费对象
26	城镇房屋纠纷仲裁收费	市区县房纠纷仲裁办	纠纷金额	仲裁标准规定	要求仲裁者
27	会计事务所收费	光华会计师事务所	项目	会计事务规定	要求服务者
28	时间差房屋使用费	市房管局及市建委	m²	2.50~3.50元	租用者
29	沿街房改变用途手续费	市区县房管机关	原租金	原租金10%	申请者
30	绿化建设配套费	市区县房管机关	m²	2.5~3.5元	建设单位
31	临时绿地占用费	市区县房管机关	m²	20~40元	临时占用者
32	大楼管理费	市区县房管机关	房	3~6元	大楼居民
33	商品住宅测绘费	市区县房管机关	套	5元	建设单位
34	电梯检测费	市局电梯测试所	台	检测收费规定	被检测单位
35	房产登记费,其中: 发证费 勘丈费	市区县房管机关	建筑面积	0.25元 0.05元	房屋所有权者
36	他项权利登记费	市区县房管机关	房价的	房价的1‰	权利人

续表

序号	收费项目	收费部门	计量单位	收费标准	收费对象
37	工本费，其中：	区县房产机关及市区县交易所、交换中心			
	《租用公房凭证》		张	0.50元	租房者
	房屋试看单		张	0.10元	要求者
	产权转移申请表		张	0.10元	要求者
	产权转移情况表		张	0.05元	要求者
	房屋交换合同		份	0.25元	要求者
	申请分户、更户表		份	0.06元	要求者
	动迁户公假证明单		本	2.80元	拆迁单位
	私房租用合同		张	0.30元	要求者
	出售房屋登记表		份	0.10元	要求者
	购买房屋登记表		份	0.10元	要求者
	分房"四联单"		本	3.50元	分管单位
	买卖契纸		份	0.50元	买卖双方
38	危房检查鉴定费	区县房产机关	建筑面积	0.20元/m²	委托人
39	私有居住房屋租赁合同审核手续费	区县房产机关交易所	租金的	10%，不足3元的收3元	承租人
40	房屋动态变更注记	区县房产机关	建筑面积	0.10元/m²	委托人
41	住房有偿委托交换服务费	市区房屋交换中心		登记费3~5元 成交劳务费100~200元	委托人

表 3 上海市房产管理局系统新增收费项目一览表

序号	收费项目	收费部门	计量单位	收费标准	收费对象	收费对象（文件）
1	共用天线维修保养费	市区县房管机关	户	1.70元/月	直管公房住户	1992年8月1日起 沪价涉(1992)208号
2	城市建设综合开发 公司资质审查费	市房管机关	户、次 户、年	资质审查评定费500元 资质年鉴复评费200元	开发公司	1992年9月2日起 沪价涉(92)347号
3	私房租赁管理费工本费 《私房出租许可证》 《房屋租赁合同》	市区县房管机关	使用面积 份 份	0.20元/m²/月 3.00元 0.50元	外来流动人口租用私房户	1992年10月5日起 沪价涉(1992)369号文
4	自管房及物业 公司资质审查费	市房管机关	户、次 户、次 户、次	注册资格审查费600元 年鉴复审费250元 变更登记费100元	系统单位自管房经营 机构及物业管理企业	1992年12月29日起 沪价涉(1992)421号文

180

世纪初年的住宅建设和人居发展战略

应会议组织者的邀请,今天就世纪初年(2001~2010)中国住宅建设和人居发展战略作一个发言,供大家参考。

(一)城乡人居现状

20世纪80年代以来,中国住宅建设以跨越式速度发展,取得了巨大成绩。1980~2000年全国城镇新建住宅57亿平方米,农村新建住宅146亿平方米,分别为改革开放前三十年的9.6倍和2.18倍。大规模的住房建设使多数居民住房条件明显改善,2000年城镇人均住房建筑面积达到20.6平方米,农村人均住房面积达到24.8平方米,都比过去提高两倍以上。就总体而言,我国住房严重短缺的时代已基本结束,群众对住房的需求正从生存型向舒适型转变。

目前全国城乡每年新建住宅总量13亿平方米,折合1200万套,投资总额近8000亿元,占全社会固定资产投资的23%,住宅建设已成为扩大内需、拉动经济增长的重要产业。见表1、表2。

注:本文系2001年11月29日在北京大学"第一届中国房地产财富论坛"上的演讲。

1981~2000年全国住宅建设投资

(单位：亿元) 表1

时期	住宅建设投资总额			全社会固定资产投资	住宅建设占固定资产投资比重
	合计	城镇	农村		
"六五"时期	2176.20	1056.89	1119.31	7997.6	27.2%
"七五"时期	5268.30	2424.44	2843.86	20593.5	25.6%
"八五"时期	14403.12	9540.87	4862.25	63808.3	22.6%
"九五"时期	31615.95	21542.55	10073.40	139033.2	22.7%
1981~2000	53463.57	34564.75	18898.82	231432.6	23.1%

全国住宅建设投资占GDP比重

表2

时期	住宅建设投资总额（亿元）	国内生产总值（亿元）	住宅建设投资占GDP比重
"六五"时期	2176.20	32227.00	6.8%
"七五"时期	5268.30	72550.10	7.3%
"八五"时期	14403.12	188127.80	7.7%
"九五"时期	31615.95	392163.50	8.1%
1981~2000	53463.57	685068.40	7.8%

（二）今后十年发展目标

从今年起，我国已进入全面建设小康社会、加快推进社会主义现代化建设的新阶段。建造足够数量而又安全、经济、适用、美观的住宅，不断改善居住条件，是建设小康社会的一项重要内容。根据新世纪国民经济"三步走"的战略构想，从现在到2010年住宅建设的目标是：

（1）城镇：十年新建住房总量55亿至60亿平方米，折合7000万套。其中前五年25亿平方米，平均每年5亿平方米；后五年30亿平方米,平均每年6亿平方米。居住水平达到户均一套,人均一室,每户平均建筑面积90至120平方米,人均住房面积达到35平方米。

(2) 农村:十年新建住房总量60亿~70亿平方米,平均每年6亿至7亿平方米,居住水平达到户均建筑面积130至150平方米,人均住房面积达到40平方米。

(3) 质量:城镇住房成套率达到90%以上,工程质量合格率100%,居住环境显著改善,普及物业管理。农村住房砖木及混合结构占80%以上,东部富裕地区以楼房为主,水、电、路、通讯等基础设施齐全。

从以上发展目标可以看出,今后十年我国住宅建设将处于总量增加但增速减慢、稳定协调发展的阶段。总量增加的因素是人口自然增长和城市化进程加快,增速减慢的原因是受收入水平制约,有效需求不足。

需要指出的是,中国住房市场是一个潜力巨大而又不均衡的市场,不同地区和不同人群之间需求差别较大,住房消费具有很强的地区性和多层次性。因此,进行投资决策应从当时当地实际需要出发,反复论证,防止盲目性。

(三) 发展战略

实现世纪初年住房建设目标,除坚持国家已经出台的各项法规政策外,重点实行五大发展战略。

(1) 精品名牌战略。核心是转变产业增长方式,加快由数量规模型向质量效益型转变,适应居民对住房选择性越来越大,对质量越来越高的要求,把提高质量,创建优质名牌产品,作为新世纪行业发展的首要任务。

市场经济体制下创建精品名牌,不能靠行政命令,也不能搞层层评比,主要靠市场机制自身具有的公平竞争、价格合理和售后服务来体现。一般说来，精品住宅至少应符合下列要求：第一，设计先进，功能合理；第二，施工精细，安全耐用；第三，环境优美，居住方便；第四，具有升值潜力。所有这些，均应以消费者认同为准则。

创建精品名牌不应局限于高档物业，所有住宅包括量大面广的普通住宅，都要做到精心设计，精心施工，保证每个消费者买到的房屋都是优良资产。要综合运用经济、行政、法律手段规范企业行为和市场运行机制，建立与国际市场接轨的质量监督机制、保修保险机制和企业自律机制，从法规、体制、管理等各个环节强化质量措施。对企业资质要实行动态管理，凡连续两年质量合格率达不到100%的，下浮一档资质等级，第三年仍达不到全部合格的，应停业整顿。

精品住宅应具有完整的使用功能。要限期淘汰毛坯房，推行全装修，以加强开发商的质量责任，并减少个人装修带来的次生灾害。大量建造和销售毛坯房，有其历史原因，但现在看来后遗症太多，必须改革。

要依法规范政府行为，所有单位和个人都应支持企业按合理工期组织建设，不能强行搞"献礼工程"、"形象工程"。通过扎实工作，争取创建一批经得起历史考验、具有国际一流水平的精品工程。

(2) 多元化投资战略。 20世纪80年代初期，我国房地产开发以国家投资为主，国有企业为主。随着市场经济体制的建立和投资体制改革，房地产业成为开放度最高、竞争最充分的行业之一。目前国有及集体企业从88%降至49%，股份制企业占23%，私营、个体及外商投资企业占28%。咨询、代理和评估机构90%以上通过改制成为合伙制企业或民营个体企业，初步形成以公有制为主体，多种所有制共同发展的格局，一大批机制灵活、经营有方、创新能力强的民营企业脱颖而出，开始成为市场的主体。这种以国有企业为主导、以民营企业为主体的所有制结构，有利于生产力发展，符合社会主义初级阶段的国情，应消除歧视，一视同仁，大力扶持和鼓励其发展。

今后发挥国有经济的主导作用，应以确保国有资产增值保值为目标，通过资产重组发挥国有经济的控制力来实现。现有的国有企业，除保留少数效益特别好、业绩特别突出的以外，原则上全部退出。

(3) 大公司发展战略。房地产是关系国计民生的基础性、先导性产业，要求大规模经营，大手笔运作。但目前我国开发企业存在着数量多、规模小、总体素质不高的矛盾。2000年全国共有开发企业27303家，从业职工97万人，平均每个公司36人，每年开发房屋面积不到1万平方米。按资质等级划分，一级企业占2%，二级企业占14%，三级以下企业占84%。这种散、乱、小、差的状况，不符合社会化大生产要求和规模效益原则，难以形成同国外大企业竞争的能力，并容易造成质量失控、破坏城市规划和资源浪费等一系列问题。

可行的出路是，通过结构性调整实行大公司战略。在部分建设任务特别大的城市或地区，打破地区和所有制界限，组建少数资产上百亿元、年开发能力过百万平方米的大型企业集团，并以它们为核心，集合部分资信好、有特色的中小企业，形成规模优势互补、竞争有序的新型组织结构。

实行大公司战略，必须解决制约企业发展的资本金不足和土地储备过少两大问题。我国开发企业大部分是白手起家，原始投入少，资金积累慢。1999年每个企业净资产平均1820万元，经营活动主要靠银行贷款和收取预订金运转，资产负债率很高，全国平均资产负债率为76%，有13个省市超过80%，最高的达88.3%。国外房地产业是盈利大户，我国房地产业1997年后连年亏损，其中1997年亏损10.3亿元，1998年亏损10.6亿元，1999年亏损35亿元，31个省、直辖市、自治区中有19个亏损，亏损面达61%。

土地储备是促进企业合理利用资源及规模化运作的必要条件。由于现行法律规定两年未开发的土地无偿收回，企业后备土地资源很少，致使大批企业常年处于边征地、边设计、边开发的"三边"状态。据统计，1999年平均每个企业拥有待开发土地面积只有5200平方米，这也是我国企业不能做大的重要原因之一。

实行大公司战略必然涉及现有企业重组，也应在国家方针政策指导下有序地进行。一是，所有商品房建设用地一律实行公开拍卖，企业竞标购买，取消行政划拨。二是，提高入市门槛，今后原则上不再批准新成立三级以下的开发企业及项目公司。三是，建立市场退出机制，对那些素质低、实力差和经营行为不规范的企业，通过整顿和规范市场经济秩序及时清理出局。四是，提高售房标准，多层楼房没有封顶，高层楼房完成投资额不到三分之二，不准出售。实行这条政策，必须相应增加开发企业贷款。通过上述途径可望改变目前企业数量过多、整体素质不高的状况，有利于大公司战略的实施。

(4) 城乡一体化战略。 推进农村城市化是21世纪我国经济发展的一个根本性问题，也是调整城乡结构的需要。目前全国共有城市数量663个，建制镇20312个，城镇人口4.56亿，按人口计算的城镇化水平为36.1%。预计今后十年将有1.7亿人转为非农业人口，城镇水平达到45%左右。

解决农村人口城市化的出路不能指望都向大城市集中，而要与缓解城市人口密度过大、基础设施负荷过重和治理生态环境结合起来，走城乡一体化的道路。也就是说，在充分发挥大城市作用的同时，重点发展大城市周边的环城社区、卫星城和有特色的小城镇。

工业发达国家人口流动的规律，是先由农村向城市集聚，随着前工业化时代的结束，再由城市向小城镇或农村返流。我国为了提升农村经济水平和产业结构调整的需要，农村人口和城市人口同时向大城市郊区和小城镇流动。这种双向流动是我国经济社会特点所决定的，对加快小城镇建设有利。目前广州、上海、北京等城市郊区人口比例均在40%以上，并有进一步扩大的趋势。

小城镇是振兴我国农村经济的大战略，也是从根本上调节城乡人居布局的一条重要出路。因此，未来大城市周边卫星城和为数众多的小城镇正在成为新一轮房地产开发的热点，精明的开发商应放眼未来，充分利用自身有利条件，到小城镇谋求发展，国家亦应制定鼓励开发商参与小城镇建设的优惠政策。

(5) 可持续发展战略。人类居住和可持续发展，是当今社会发展面临的两大话题。住宅建设耗用资源最多，同生态环境结合最密切，房屋投入使用后，仍需不间断地用水、耗电、供热、制冷、生产垃圾，其功能好坏与社会可持续发展关系极大。但"人类居住"不等同于住房建设，而是包括居住、劳动、教育、休闲、健身和社会交往在内的人类生存和发展的总体环境。这是1992年世界首脑会议通过的《21世纪议程》确定的人类发展新战略。推进这一战略，目的是促进人和自然的协调与和谐，使人们在优美的生态环境中工作和生活，坚持实施可持续发展战略，正确处理经济发展同人口、资源、环境的关系，改善生态环境和美化生活环境，改善公共设施和社会福利设施，努力开创生产发展、生活富裕和生态良好的文明发展道路。这是历史经验的科学总结，也是指导新世纪城乡建设的总方针。

就当前而言，实现文明发展的主要途径，是结合当地实际，大力营造绿色住宅。什么是绿色呢？我认为，绿色住宅是以可持续发展战略为指导，在住宅的建设和使用过程中，有效利用自然资源和高新技术成果，使建筑物的资源消耗及对环境的污染降低到最低限度，为人类创造舒适、幽美、洁净的居住空间。其具体内容包括以下六个方面：

第一，规划设计合理，建筑物与环境协调，房间光照充足，通风良好。

第二，房屋围护结构御寒隔热，门窗密封性能及隔声效果符合规范要求。

第三，供热、制冷及炊烧等，尽量利用清洁能源、自然能源或再生能源，全年日照在 2500 小时以上的地区，普遍安装太阳能设备。

第四，饮用水符合国家标准，供排水系统普遍安装节水器具，排水深度净化，达到二级以上可循环利用标准，10 万平方米以上新建小区须铺设中水系统。

第五，室内装修简洁适用，化学污染低于环保规定指标。

第六，有足够的户外活动空间，小区绿化覆盖率不低于 40%，无裸露地面。

总之，21 世纪住宅建设和人居发展战略涉及的问题很多，领域很宽，希望通过多方探讨，取得共识，推动行业的发展。

中国房地产开发事业的先驱

2001年12月14日,肖桐同志不幸病逝,噩耗传来,不胜悲痛。在这之前我曾多次去医院看望他,觉察到病情急剧恶化,但没有想到走得这么快。

我与肖桐同志六十年代便相识,但真正在一起共事是七十年代末期。1977年夏,他由国务院港口建设办公室调任国家建委施工局局长,我当时是副局长;后来他任国家建工总局局长,我是办公厅副主任。1982年城乡建设环境保护部成立后,他任副部长,我是建筑管理局局长。可以说,有近十年的时间一直在他的直接领导下工作。

肖桐同志是一位品德高尚、业务谙练的领导干部,在他的身上有许多值得学习的优秀品质。限于篇幅,这里侧重介绍他勇于解放思想,开创我国房地产开发事业的若干事迹。

第一个提出住房商品化的人

1980年4月2日,邓小平同志发表了《关于建筑业和住宅问题的谈话》,提出建筑业是国民经济支柱产业和住房制度改革的构想。这个谈话4月5日由当时的国家计委主任姚依林向大家传达,在建筑业引起很大的反响。这时肖桐同志正受命组建国家建筑工程总局,并

注:这是为悼念肖桐同志逝世撰写的一篇文章,原载2001年12月24日《中国房地产报》。

已被任命为党组书记和总局局长，同时兼国家建委副主任。5月5日，他在国家建工总局成立大会的讲话中对小平同志谈话作了深入浅出的发挥，第一次提出把住房商品化作为工作的方针。他说："今后房屋建筑向商品化发展，一般民用建筑，首先是住宅，要积极推行由建筑企业包建，按套计价出售，采取交钥匙的办法。大城市和工业集中的地区可以试办开发公司，从规划设计开始，成套地建房卖房"。他要求大家，搞好住宅商品化试点，并提出京津沪三市和其他有条件的城市都要组织试点，逐步摸索出一套有关土地征用、公用设施配套、投资材料渠道、产品价格、销售办法等具体政策和管理制度。

讲话在报刊发表后，引起社会及新闻单位高度关注，新华社记者徐跃中、《人民日报》记者鲁牧等先后赶来采访并作了连续报道。从小平同志谈话到这次会议只有一个月的时间，肖桐同志便作出如此迅速和准确反映，这同他多年对建筑业发展方向的思考分不开的，也反映了他敢于向旧体制冲击的勇气。

第一个创办开发公司的人

为了落实住宅商品化的任务，1980年下半年起，他多次与中国建设银行领导武博山同志（原财政部副部长兼中国建设银行行长）商谈共同组建房屋开发公司的方案。在这之前，我们曾打算用组建专业住宅公司的办法来加快住宅建设，并开始在北京、上海试点，但因未触动体制，效果不明显。肖桐同志最早觉察到这一点，他认为搞房地产开发必须跳出旧体制的框框，没有懂业务的人不行，没有资金也不行，只有破旧立新把两者优势结合起来，才能萌生新的生产力，他并为自己的这一观点归纳了一个公式：房地产开发＝建筑＋金融。

经过紧张的协商，1980年11月5日双方达成协议，决定由建工总局出人，建设银行出钱，共同组建中国房屋建设开发公司。组建方案明确提出：成立开发公司的目的，是为了推行房屋建设的社会化和商品化，公司的主要任务是用经济办法经营房地产，包括办理购置土地手续，组织小区建设规划和建筑设计，发包建设项目并和施工单位签订合同，进行房屋出售和出租，同时为各类房屋特别是住宅建筑设计的示范提供条件。

这个组建方案及业务方针是经肖桐同志亲自修改审定的，从上述一段文字可以看出，肖桐同志对成立开发企业的设想与半年前相比，又跨越了一大步，他对推进住宅商品化的思路也从原则到具体，既有明确的目标，又有可操作性。即使用今天的眼光看，也清晰可循。组建方案报经国务院批准后，我国第一家房地产开发公司于1981年1月正式成立。

中房公司的成立，为探索用经济办法解决群众住房问题起了一个示范作用，许多省市纷纷结合本地情况组建了自己的开发公司，推动房地产开发事业迅猛发展。目前，我国房地产开发企业已从当时的星星之火，发展到现在的2.7万余家，年竣工商品房2.5亿平方米，建成各类住宅近300万套，投资额5000多亿元，对改善群众住房条件，促进社会稳定和拉动国民经济增长发挥着越来越大的作用。我国房地产业的发展凝聚着肖桐同志的无数心血，可称得上是我国房地产业开发的第一人。

第一个力主政企分开的人

肖桐同志对旧体制下不讲效率、不讲核算、政府任意干预企业的行为深恶痛绝。20世纪70年代，我协助他分管直属企业期间，他多次对我讲：企业的事政府要少管，除选配工程局一级领导班子外，其他的事尽量放手让企业自己去办。八十年代初由他主持与建设银行共同组建的第一家房屋开发公司，在组织体制上也与传统体制有很大不同，明确规定公司是独立经营、自负盈亏的联合经济组织，公司设有董事会，重大问题提交董事会讨论决定，副经理以上人员由董事会任免，公司的资金份额和经营效益分配由董事会确定，一切按章程办事，肖桐同志带头遵守章程，从不以政府名义干预企业工作。

20世纪90年代初，许多开发企业反映商品房价格管理混乱。带着这个问题我去浙江作了比较深入的调查，发现乱收费现象相当严重，个别地方超过100多项，房价的管理体制也五花八门，有的建委管，有的物价局管，有的两家共同管，还有的物价局、建委、建行三家管，使企业无所适从。我把这种现象归纳为"三个不规范"，即企业管理不规范，市场运行机制不规范，政府行为不规范。回京后我带着这个问题向肖桐同志讨教。他听后一针见血地指出："根子是政府行为不规范，中国不解决政企不分问题，企业永无出头之日"。

在我的印象中，只要讨论企业同政府的关系，他总是站在企业一方，为企业说话。他经常说，现行体制下企业是弱势群体，要有人替企业说公道话，要多几个鲁智深和包青天。从这些朴素的谈话中，可以看出肖桐同志的心是紧紧和群众贴在一起的。他这种为官不擅权的美德也被传为佳话。

肖桐同志留给我们的精神财富是多方面的，绝非一篇短文所能囊括。今年九月，部分好友为祝福他八十寿辰聚会时，我曾在一本纪念册上写了"德高望重，业界师表"八个字以示敬意，这绝不是俯拾之作，而是他那崇高品格的真实写照。现在肖桐同志永远地离开了我们，但他那优秀品德将永存人间，将永远激励着真诚献身开发事业的人们。

"人均居住面积"算法不科学

(一) 迎接入世需先改游戏规则

加入世贸组织面临的挑战和机遇是多方面的,当务之急是尽快修订与国际惯例相悖的法律法规和基础信息,先接轨,后赶超。

十五年来我们一直使用"人均居住面积"来反映群众住房水平,但这一指标很不科学,因为它把居住面积限定为仅指卧室和起居室面积,因而人均居住面积也就成了人均卧室面积。现在大家都说2000年底我国城镇住房人均居住面积10.3平方米,实际上它比真正的住房面积少算了一半。

(二) 按卧室面积统计事出有因

改革开放前正式文件中没有"人均居住面积"一词,因为那个时代反映建设成就和人民生活只讲吃穿用,从不把居住水平作为一个观察指标。

正式见诸文件是1978年10月19日国家建委向国务院的一次报告,这个报告说当时全国"平均每人居住面积仅为3.6平方米"。

注:本文系2001年12月1日同《中国建设报》记者王红月、孙艳梅谈话要点。

我是在一次偶然的机会发现这一计算方法的缺陷的，此前也用过居住面积的概念，后来查明，广泛使用"人均居住面积"一词，是1985年第一次全国城镇房屋普查之后，那次普查时由建设部和国家统计局共同设计了"人均居住面积"这一指标。"人均居住面积"用作表示居住水平本身并没有错，问题在于赋予它的内涵不正确却被当作正确的概念广泛应用。

过去统计住房水平只计算卧室面积有其历史背景，主要是建国初期所建住房大多没有客厅和餐厅，进门就是卧室，有的厨房、卫生间也是公用的。但20世纪80年代以后就不同了，新建的住宅几乎家家有独用厨房、卫生间、自来水，而且很多是"三大一小"，即大客厅、大厨房、大卫生间、小卧室。这时如果只计算卧室面积，客厅、餐厅、厨房、卫生间、阳台、过道都不算，显然不符合实际。

现在这个问题总算解决，1999年国家计委在拟订"十·五"计划纲要时正式将"人均居住面积"改为"人均建筑面积"并得到中央认可，才没把这一错误概念带入21世纪。遗憾的是老的计算方法仍大量见诸于官方文件和媒体信息，原因就是至今没有哪个部门郑重地做出纠正和说明。

（三）错误统计造成的后果

首先是不利于国际比较。国际上对住房多是以套作基本计量单位，如每百人或每千人拥有多少套住宅，或每套住宅有多少建筑面积，没有听说使用卧室面积反映居住水平的。我们用变了形的统计方法进行国际比较，实际上是用最小的计量单位同最大的计量单位对比，别人听不懂，自己也难圆其说。

其次是不能反映客观实际。按建设部提供的统计资料，用老办法计算的居住面积只相当于建筑面积的49%。也就是说，原本建成1万平方米的住宅，经过"人均"折算无形中少了一半。进而言之，反映建成住房数量用全部建筑面积，反映居住水平只用卧室面积，不具可比性。

第三是误导开发。由于统计数据显示人均居住面积少得可怜，很容易使行业主管部门和开发商不约而同地认为，我国住宅需求空间巨大，造成你追我赶地搞开发，容易导致宏观失控。目前全国商品房空置面积超过1亿平方米，是否同这种不科学的计算方法有关，很值得深思。

（四）重视基础信息建设

社会主义市场经济不能没有宏观调控，而基础信息是实现调控的重要依据，其中包括统计信息、价格信息、市场信息、法律信息、政策信息等等，这些基础信息必须准确、及时、全面。

我国长期实行计划经济，原有的国民经济核算体系同市场经济国家有很大不同，与之相应的指标体系及核算方法也有很大差别，按照新的核算体系改革和完善现有的基础信息，已迫在眉睫，但改变游戏规则不容易，要以转变观念为前提，还要有与时俱进的品格。

最后，我还得特别申明："居住面积"或"人均居住面积"作为衡量居住水平的业务术语本身并没错，问题出在把"居住面积"限定为专指卧室面积就不准确了。

开发节水型建筑

日益恶化的生态环境向世人昭示：人类社会在经历了被动适应自然、盲目利用自然的时代后，开始进入自觉保护自然的时代。保护生态环境，就是保护人类自己。作为新世纪的开发商，应跳出传统产业部门单一物质产品开发的局限性，树立经济、社会、环境协调发展的战略经济新观念。

生态环境是一个大系统，包括土地、水、空气、阳光、植被以及与之有关的生物链。生态环境恶化制约经济、社会发展，也危及人类的未来，其中尤以水资源短缺最受关注。在地球全部水资源中，海洋咸水占97.5%，淡水仅占2.5%，而且绝大部分冻封在南极和格陵兰冰盖中，可供人类需用的只有0.03%。随着现代工业的发展和人口的增加，人类对水的需求与日俱增，据联合国资料，水的需求量从1975年的3万亿立方米增至2000年的7万亿立方米，预计到2030年将供不应求，到那时水将成为全球争夺的战略资源。

我国地表水资源总量居世界第6位，但人均水资源只有2200立方米，约为全世界平均水平的四分之一，居第110位，且污染严重。在全国有监测的1200多条河流中，有850条受到不同程度的污染，长江、黄河、辽河、海河、珠江、淮河、松花江七大水系，不适合作

注：本文原载于2002年6月6日《中国建设报》。

饮用水的河段占40%，其中以黄河污染最为严重，全流域达到一、二级水质标准的河段仅占8.2%。全国660个城市中有420个供水不足，100多个城市严重缺水，每年缺水量400亿立方米，农村有8000万人饮水困难或饮用水不合格。到2030年全国人口达到16亿时，人均水资源将降至1700立方米以下，成为世界上严重缺水的国家之一。

水资源短缺导致生态退化、水土流失、土地沙漠化等一系列严重后果，而人们出于无知，肆意浪费、污染和破坏性地开采水资源，又加剧了水资源的紧张，并引发地面沉降等一系列次生灾害。因此，珍惜水资源，节约水资源，合理利用水资源，已成为生态环境建设中第一位的问题。

过去水资源的耗用大户，一是农业灌溉，二是城市用水。城市用水中80%是工业用水，20%是生活用水。随着产业结构的调整和城市化进程的加快，工业用水下降，生活用水比重上升，在居住消费中如何节约用水，日益引起人们的关注。

水资源短缺和节约用水是个全局性的问题，解决这个问题要以政府为主，全民参与。从主管部门和开发商来说，应从以下几个方面采取应对措施。

第一，实行总量控制。建设项目开发前，先进行生态环境和水资源评价，确保项目建成后及使用期内，水资源供给有可靠保障，不具备这一条件的，不予立项。水资源的保障期应不少于50年或与建筑物同寿命。

第二，坚持节流为主。新建工程普遍安装和使用节水器具，包括节水龙头、节水灶具、节水马桶、节水浴具等，这方面的潜力很大。据去年《文汇报》一则消息，上海住宅90%仍使用9升水箱，而日本及西欧从20世纪60年代就大量使用6升水箱，全市每年洗车用水1000万吨，相当于两个昆明湖。

政府要对安装和使用节水器具立法，实行强制措施，对现有不符合节水要求的设备，应限期更换。

第三，推行分质供水。 现在的饮用水和冲洗用水混合使用，人们为了保证饮水质量大量购买纯净水，而生产 1 吨纯净水要多用近两倍自来水，另一方面，冲厕、灌溉等又大量使用自来水。可行的办法是，以住宅小区为单位集中安装纯净水设备，再分户供应，逐步取代现在的桶装水。这样做带来的问题是，一次性投资略有增加，但可节约购买纯净水费用，对节约水资源有利。要积极研发中水系统，新建大型住区或不能与城市污水处理联通的建设项目，应铺设中水管道及污水处理设施，做到卫生间冲洗、花木浇灌、观赏性水景、洗车、冲洗房屋和道路等，普遍使用中水。

第四，科学绿化。 小区绿化要草树并重，以树为主。种树可以涵养水分，调节空气，阻挡风沙，其浇灌用水仅为草地十分之一，要选栽耐干旱、根茎深、成活率高的树种。

第五，开发雨水收集和回用系统。 特别是年降雨量在 1200 毫米以上的多雨地区和年降雨量 300 毫米以下的干旱地区，要先行一步。

第六，改进控制机制。 以户为单位安装用水警示系统，当用水量达到额定用水标准时，警示器自动报警，随时提示住户节水。与此同时，强化经济调节手段，根据各地不同自然状况，制定生活用水标准，定额内用水为平价，超定额用水至少为平价的五倍，对节约用水者重奖，在全社会形成节水风气。

第七，开发新水源。 积极开发利用海水资源，是从根本上解决水资源短缺的重要出路。向海洋要水主要有两个途径，一是海水直接利用，二是海水淡化，现在全球已有 120 个国家和地区从事海水开发利用，建有海水淡化厂 1.3 万座，我国天津、青岛、大连也已进行开发，目前主要问题是成本高，产业化水平低，预期通过技术进步可降至与远距离调水相近的价格，前景十分广阔。同这个问题有关，必须尽快采取措施，坚决制止向海洋排放或倾泻有害物质，治理海洋污染。如果这一问题得不到重视和解决，将付出巨大成本甚至危及人类生存。

第八，调整人居布局。水是人类生存和繁衍的基本条件，从长远观点考虑，今后新建城镇应实行"临水而居"的方针，把水资源摆在首位，改变过去单一靠交通沿线布点的老格局。道理很简单，经济资源靠人可以再造，而自然资源很难再生，有些稀缺资源甚至永远不能再生。

总之，节水是实施可持续发展的当务之急，是当代技术开发的重中之重，一切有识之士当竭力而为之。

开发商要树立五大意识

经过 20 年的快速发展,我国住房严重短缺的时代已经过去,房地产业正在进入一个新的历史发展阶段,这个新阶段的特征,一是群众对住房的需求从生存型转向舒适型转变;二是产业增长方式从速度规模型向质量效益型转变。适应这一形势,开发商要想在竞争中取胜并永立潮头,必须坚持市场定位,树立五大意识。

市场定位是市场主体必须遵循的原则,包括产品定位、方案选择、规划设计、营销方式等,都要在深入进行市场调查和科学论证的基础上决策,坚持理性开发,切忌主观臆断和跟风炒作,当前要特别注意防止头脑过热和不顾自身条件的"四面出击"。

五大意识是指当代开发商应具备的素质,这是听了两天大会发言后,归纳企业家和专家学者的看法初步形成的几个基本观点,提出来供大家参考。

(一)人本意识

即以人为本的意识,这是五大意识中最重要的一条,道理讲起来可能无人不知,但真正做到、做好并贯彻始终,却很不容易。人本意识作为行为准则,应贯穿于开发项目的全过程,体现在项目的成果

注:本文系 2001 年 6 月 22 日在《中国住房发展论坛》闭幕式上的讲话摘要。

上，显化在用户的生活中。做到这一点，就要时刻把自己当做房子的最终用户，不断进行换位思考，发现问题立即解决，出现不足立即弥补，倾尽全力把项目做好。安全是人本意识的基本要求，必须把确保消费者人身安全放在高于一切的突出位置，从主体结构到抗震、防火直至每个细节都要严格把关，精益求精，不留隐患。房屋和住区的规划设计，既要考虑多数人的共同需要，又要照顾老年人、残疾人、幼儿等弱势群体的特殊需要，把处处为群众着想凝化为自觉行动。

（二）环境意识

自觉保护环境是人类对违背生态规律后果的反思和对现存生态危机的觉醒。环境意识是社会公共道德的最高境界。开发商要把环境意识体现在住房开发和管理的实践中，使建成的房屋在节水、节能、治污和绿化等方面都有良好效果。当生态环境建设同经济利益发生矛盾时，能自觉服从生态环境效益，决不为了眼前经济利益牺牲环境效益。

（三）文化意识

住宅是供人居住的物质实体，同时又是反映精神文明和社会进步的象征，必须讲求美观效果。举凡住区的整体布局、功能区分、建筑造型、立面装饰、环境绿化等，都应立足创新，精心筹划，刻意营造，使人们在优美的生态环境中工作和生活。要提倡高品位，鼓励个性化，力戒呆板单调和千篇一律。同时注意我国尚处于社会主义初级阶段的现实，讲文化品位也要从国情国力出发，防止脱离实际和铺张浪费。

（四）未来意识

未来意识即可持续发展意识。住宅建设的可持续发展包括两个方面：一是在住宅建设中要有长远观点和发展眼光，做到建成的房子能体现未来发展和时代要求；二是注意节约资源，为子孙后代的生存发展留下空间，没有节水节能措施的房子不建。过去最大的教训，是违背了不动产的本质特征和固有规律，片面强调眼前利益，缺少长远打算，不重视留有余地，结果造成许多难以补救的缺憾，诸如房屋面积过小，层高过低，密度过大，道路过窄，结构过于单薄，设备过于简陋，不留停车场或停车位过少等等。这些从当时看来是节约，实际上是最大的浪费。开发就是创新，创新才能超越。新时代的开发商应有超前意识，放眼未来，长远筹划，尽量少留历史缺憾。

（五）信用意识

信用缺失是当前经济生活中的一个突出问题，不动产具有异质性强、透明度低、交易环节多等特点，是在很大程度上借助社会中介实现的契约贸易，更需高度重视信誉。开发商要牢固树立信诚为本、信用是金的理念，把开发的项目看成是企业形象的化身，把建造的房屋视同刻在石头上的承诺，终身对用户负责，努力塑造诚实守信的好形象。

按 套 卖 房

近几年对商品房的投诉大幅上升,其中以面积纠纷居多。对这个问题主管部门多方致力解决,但收效不大。近来有的开发商为走出困境推出了按使用面积卖房的新招,消息一传出就引发一场争论,有的赞成,有的反对,矛盾依然没有解决。

数年前我曾对这个问题作过一些调查,也征求过部分业界人士的意见,比较一致的看法是,造成这一问题的症结并长期不得解决,既不能抱怨消费者斤斤计较,也不应责怪开发商蓄意坑害用户,而是按平方米计价这一制度缺陷造成的。

房子是供人居住的空间,其使用价值取决于房屋的功能,其价值取决于区位、质量、数量、设施、环境等诸多因素,古今中外,都是以栋、所、套、间为计量计价单位,很少有按平方米计价的。计划经济体制下广泛使用平方米指标,是因为那时住宅不是商品,不参与交换,没有人关心用什么计量单位,当时的平方米指标只是反映建房总量和评价居住水平时使用,具体到每个单位分房时,从来不按平方米分配,原因是平方米不能体现房屋的使用功能和空间特征,在实践中也无法操作。在市场经济体制下,住房是商品,人们不仅要购买住房的使用价值,还要购买住房的价值即产权,只能以套为计价单位。如果按平方米计价,就会招来面积误差、公共部位分摊等一系列节外生枝的纠纷,不但购房者不

注:原载于2002年7月3日《中国建设报》。

易掌握,开发商也很难控制,因为营造误差取决于承包商而不取决于开发商。由此可以断言,只要按平方米计量计价,住房交易中的面积纠纷就不可能从根本上解决。可行的办法是实行按套计价,按套出售。这样做的好处:一是能体现房屋的固有特征;二是操作方便,简明易行;三是符合国际惯例。具体实施时按房屋建筑类型区别对待。

（一）单元式楼房、公寓、联体别墅等,以套为单位,每套住宅的价格根据面积、质量、设施等因素综合确定,面积只计算归个人所有的产权面积,不计入公共分摊面积,也不计算营造过程中的面积误差。产权面积的计算方法是:自分户门起沿外墙计算的建筑面积总和,分户墙的计算方法按国家规定。公共面积的造价允许按合理标准计入每套住宅的总价;公共部位作为共有财产由物业公司负责管理维修。产权所有人只对本人的住宅拥有所有权,对公共部位及公用设施拥有使用权。实行这一改革后,所有房屋买卖均以套为计量单位,停止执行按平方米计价的有关制度和规定。过去建成的存量住宅,也按历史上自然形成的套型为单位,以质论价,按套出售。

（二）别墅和独立宅院按栋计价,每栋住宅的价格为房子价格加庭院价格。

（三）过去建成的平房和非成套住宅,在产权能够分割的前提下,可以按间出售,每间房屋的产权面积参照单元式住宅的计算方法确定,价格随行就市。

（四）由多间房屋及庭院构成的大型宅院,以所或座为计量单位,这类房屋的价格按交易时评估机构的评估价为准。

以上是关于按套卖房的一些初步构想,国外在这方面已有成熟的经验,不妨作些专题考察和专题研讨。实行这项改革的难点在于如何同过去接轨,多年来由于长期按平方米计量计价,已形成大批法规政策、规章制度及信息资料,并为人们所接受,现在要改为按套计价,新老办法如何接轨需要细致研究,并拟订相应的处置办法,做到平稳过渡。

重视房地产业的宏观核算

近些年来，不少报刊文章都把房地产业称为支柱产业，1992年国务院发布的关于发展房地产业的通知中，也指出：随着城镇国有土地有偿使用和住房商品化的推进，房地产业将成为国民经济发展的支柱产业之一。但是，从正式渠道获得的数据，我国房地产业占国内生产总值的比重不到2%，同支柱地位极不相称。其中一个重要原因，是房地产业核算体系不健全，对房地产业增加值核算偏低偏小有关，这个问题直接影响房地产业在国民经济中的地位。鉴此，本文从国民经济核算的角度对房地产业核算现状和存在的问题作一些剖析。

房地产业宏观核算是国民经济核算的一个重要组成部分，其内容包括房地产业核算范围、核算方法及其对国内生产总值的贡献率。我国房地产业是八十年代以后发展起来的新兴行业，原有的核算基础比较薄弱，九十年代初国家进行核算体系改革时，没有将这一行业的核算制度和核算方法包括得很详尽。因此，许多新涉足这一行业的经营者，不十分清楚房地产业宏观核算的原理及方法，经常把房地产投资或销售额与增加值混同，高估了房地产业的GDP贡献率；也有的用房地产开发经营增加值取代全行业增加值，丢舍了房地产管理、经纪代理、房产出租等内容，低估了房地产业的贡献率；更多的是认为房

注：此文系2000年春节期间草成。

地产只包括城市、不包括农村，造成核算口径漏项和国际不可比性，等等。而这些又同人们对房地产业宏观核算的知识欠缺有很大关系，为了说清这个问题，需要从宏观核算的一些基本概念讲起。

（一）两个核算体系

二十世纪九十年代以前，国际上对国民经济核算分为两大体系，一个是西方市场经济国家通用的国民经济账户核算体系（简称SNA），一个是苏联及东欧国家实行的物质产品平衡表体系（简称MPS）。建国后我国按照苏联模式建立起计划经济体制，并相应实行了与之适应的MPS核算体系。这一核算体系的基本特征是以物质产品的生产、分配、流通为主线核算产品再生产过程，其覆盖范围包括农业、工业、建筑业、交通运输业及商业（仓储及簿记）等部门，这套核算体系适应了当时高度集中的计划管理体制和运行机制的需要，对国民经济发展发挥了重要作用。改革开放后，随着经济体制格局的变化，原有核算体系的缺陷逐渐暴露出来，其中最主要的是这一核算体系的范围只计算物质生产部门，把非物质生产部门的服务活动排除在生产领域之外，不能完整地反映全社会的经济活动。鉴于这种情况，我国政府于1993年宣布取消国民收入统计报表制度，正式建立以国内生产总值为主的核算制度。在此之前，联合国统计委员会已将SNA作为全世界统一的国际标准发布施行。

按照SNA体系，我国把国内生产总值核算范围从原来的五大物质生产部门划分为三次产业、四个部门。三次产业是：

第一产业：主要是以自然再生产过程为主的农业，包括林业、牧业、渔业等；

第二产业：包括工业、建筑业、采掘业、制造业、自来水、电力、蒸汽、热水、煤气生产等。

第三产业：除第一产业、第二产业以外的其他各业均为第三产业。

四个部门是：

（1）流通部门：包括交通运输业、邮电通信业、商业饮食业、物资供销业、仓储业等；

（2）为生产和生活服务的部门：包括金融保险业、地质普查业、房地产业、公用事业、居民服务业、旅游业、咨询信息业、技术服务业等；

（3）为提高居民素质服务的部门：包括教育、文化、广播、影视、科学研究、卫生、体育、社会福利事业等；

（4）社会公共服务部门：包括国家机关、政党机构、社会团体、军队、警察等。

下面的表1～表3是1994年国家颁布的国民经济行业分类及房地产业和建筑业的行业范畴：

国民经济行业分类与代码
GB/T 4754—94   表 1

1994—08—13 发布　　　　　　　　　　　　　1995—04—01 实施

门类
A 农、林、牧、渔业
B 采掘业
C 制造业
D 电力、煤气及水的生产和供应业
E 建筑业
F 地质勘查业、水利管理业
G 交通运输、仓储及邮电通信业
H 批发和零售贸易、餐饮业
I 金融、保险业
J 房地产业
K 社会服务业
L 卫生、体育和社会福利业
M 教育、文化艺术及广播电影电视业
N 科学研究和综合技术服务业
O 国家机关、党政机关和社会团体
P 其他行业

国民经济行业分类与代码
GB/T 4754—94

表 2

1994—08—13 发布　　　　　　　　　　1995—04—01 实施

门 类 D	房 地 产 业
房地产开发与经营业	包括各类房地产经营、房地产交易、房地产租赁等活动
房地产管理业	包括对住宅发展管理，土地批租经营管理和其他房屋的管理活动等。也包括兼营房屋零星维修的各类房管所（站）、物业管理单位的活动。不包括房管部门所属独立核算的维修公司（队）的活动，独立的房屋维修公司（队）的活动列入土木工程建筑业中
房地产经纪与代理业	包括房地产经纪与代理中介活动，如房地产交易所、房地产估价所等

国民经济行业分类与代码
GB/T 4754—94　　　　　　　　表 3

1994—08—13 发布	1995—04—01 实施
门　类　E	建　筑　业
建筑业	不包括各部门、各地区设立的行政上、经济上独立核算的筹建机构。各项建设工程的筹建机构,应随所筹建的建设工程的性质划分行业。例如化工工程的筹建机构,应列入化学工业相关的行业
土木工程建筑业 房屋建筑业 矿山建筑业 铁路、公路、隧道、桥梁建筑业 堤坝、电站、码头建筑业 其他土木工程建筑业	包括从事矿山、铁路、公路、隧道、桥梁、堤坝、电站、码头、飞机场、运动场、房屋(如厂房、剧院、旅馆、商店、学校和住宅)等建筑活动。也包括专门从事土木建筑物的修缮和爆破等活动。不包括房管所兼营的房屋零星维修,房管所兼营的房屋零星维修应列入房地产管理业
线路、管理、和设备安装业 线路、管理安装业 设备安装业	包括专门从事电力、通信线路、石油、燃气、给水、排水、供热等管道系统和各类机械设备、装置的安装活动。一个施工单位从事土木工程时,在工程内部敷设电路、管道和安装一些设备的,应列入土木工程建筑业,不列入本类
装修装饰业	包括从事对建筑物的内、外装修和装饰的施工和安装活动,车船、飞机等的装饰、装潢活动也包括在内

从以上产业划分可以看出,房地产业属于为社会提供居住服务的非物质生产部门,其对国民经济的贡献,主要通过高效能的服务活动来实现。

（二）增加值核算

增加值是指生产货物或提供服务的过程中创造的新价值及固定增产折旧，它是以货币形式表现的一个行业经济活动的最终成果。

国内生产总值是指一个国家或地区常住单位在一定时期内生产活动的最终成果。各机构单位增加值之和为行业增加值，各行业增加值之和是一个国家或地区的国内生产总值。国内生产总值的表现形态分为价值形态、收入形态和产品形态三种：价值形态即所有常住单位增加值之和，按计算方法区分时又称生产法；收入形态是指所有常住单位在一定时期内创造并分配给各单位初次分配收入之和，按计算方法区分时又称收入法；产品形态是指最终使用的货物和服务减去进口货物和服务的余额，又称支出法。三种方法都按现行市场价格计算。

有关房地产业增加值的核算范围、计算方法及核算实践，主要有下述各点：

1. 核算范围：按国民经济行业分类，房地产业增加值核算范围包括五个部分：

第一部分是房地产开发与经营业，包括各类房地产经营、房地产交易和房地产租赁等活动。这里需要指出的是，房地产开发经营活动既包括房地产开发企业从事的房屋和土开发经营活动，也包括非房地产开发企业从事的房屋和土地开发经营活动。房地产开发经营的内容主要是项目选址、房屋和土地开发、投资决策、房屋销售、房产租赁等，不包括建筑施工活动，也不计算建筑施工创造的增加值，建筑活动创造的增加值计入建筑业中去。不过，也有的国家和地区是把房地产开发与建筑营造合为一体，称住宅建筑业，其创造的增加值也不再划分房地产业和建筑业，而在国内生产总值中统一反映。

第二部分是房地产经纪与代理业，包括房地产咨询、代理、营销、策划、估价、交易等。在经济发达国家由于新建住宅数量较少，存量住房交易所占比重很大，经纪代理是这些国家房地产业服务活动的主体，这部分经济活动越发达对国民经济的贡献率越高。从事房地产经纪与代理可以是机构单位，也可以是个人，但必须是同主管业务部门脱钩，能独立承担民事责任的经济实体。

第三部分是房地产管理业，包括房地产行政主管部门的住宅发展管理、土地批租管理、产权产藉管理，也包括物业管理公司的经营管理、维修管理和居住服务等，但独立核算的房屋维修公司不包括在内。按照国际统一核算原则，独立核算的经营维修活动应统计在建筑业中。

第四部分是房产出租：包括公房出租、商品房出租及私房出租。

第五部分是自有住宅的虚拟租金。

2. 计算方法： 当用生产法计算时，其计算公式为：

（1）房地产开发经营增加值＝经营收入－土地征用及拆迁补偿费－前期工程费－建筑安装工程费－基础设施建设费－公共配套设施费

（2）房地产经纪代理业增加值＝企业个数×营业收入

（3）房地产管理增加值＝房地产收入＋供暖收入＋生产经营收入＋城市维护费拨款

当用收入法计算时，是以行业为单位从收入分配角度计算房地产业增加值，其计算公式为：

增加值＝劳动者报酬＋生产税净额＋固定资产折旧＋营业盈余

（4）房屋折旧：城乡居民自有住房作为房地产业生产活动的一部分，其总产出应按市场租金价格计算，由于受市场发育程度和资料来源的限制，很难取到市场租金平均价格的资料，只能按房屋原值虚拟折旧计算，折旧率也按统一规定计算，城市为 4%，农村为 2%。

从上述房地产业增加值计算的原则和方法可以看出，增加值核算是一项十分详尽具体的工作，必须在大量占有资料的基础上，才能准确计算。如果基础数据不全、核算口径不统一,将直接影响核算效果的准确性和权威性。

(三) 有待补强的 GDP 贡献率

一个产业在国民经济中的地位,很大程度上取决于这一产业对国内生产总值的贡献率。一般说来,创造的增加值越多,对国民经济贡献越大,产业地位也就越重要。改革开放以来,随着产业结构调整和人民生活水平的提高,房地产业在国民经济和社会发展中的作用,已日益突现。"九五"期间全国用于住宅建设的投资达 31616 亿元,占全社会固定资产的 22.7%,占国内生产总值的 8.1%,已接近发达国家的水平,但是在国内生产总值中这个行业增加值所占的比重却很小。

表 4 是 20 世纪 90 年代年代房地产业增加值占国内生产总值的比重及与国外的对比:

房地产业增加值占全国 GDP 的比重

单位: 亿元　表 4

年度	国内生产总值	房地产业增加值	房地产业占全国 GDP%
1991	21617.8	368.2	1.70
1992	26638.1	521.1	1.96
1993	34634.4	640.7	1.85
1994	46759.4	870.3	1.86
1995	58478.1	1058.6	1.81
1996	67884.6	1149.3	1.69
1997	74462.6	1258.8	1.69
1998	78345.2	1452.6	1.85
1999	82067.5	1528.4	1.86

房地产业的增加值与开发投资、职工人数和实现利税成正比,可是现有统计数据反映的这一情况却不明显,表 5 是 20 世纪 90 年代相关的指标统计。

**房地产开发投资、
职工人数、实现利税及增加值**　　　表 5

年度	房地产开发投资（亿元）	职工人数（万人）	实现利税（万元）	增加值占全国GDP比重（%）
1991	336.2	48	480790	1.70
1992	731.2	54	1049631	1.96
1993	1937.5	66	2525140	1.85
1994	2554.1	74	2625379	1.86
1995	3149.0	80	2337134	1.81
1996	3216.4	84	1107584	1.69
1997	3178.3	87	938681	1.69
1998	3614.2	94	1281569	1.85
1999	4103.2	96	1102685	1.86

再从我国同国外房地产业增加值所占的比重看，现有统计数据显示也偏低，同发展中国家相比，我国比印度低 90%，比泰国低 1 倍，比韩国低 4.5 倍，而我国建房数量比这些国家多得多。表 6 是 20 世纪 90 年代初部分国家房地产业增加值占 GDP 的比重。

**20 世纪 90 年代初期部分国家房地
产业增加值占 GDP 比重**　　　表 6

国别	1990	1991	1992	1993
美国	11.8	11.8	11.9	11.6
加拿大	15.7	16.2	16.3	16.3
德国	7.1	7.0	7.1	7.8
日本	11.0		11.2	11.8
韩国	9.5	10.3	10.7	
泰国	4.4	4.0	3.7	3.7
菲律宾	6.7	6.9	7.5	7.8
印度	3.3	3.2	3.1	
中国	1.8	1.7	1.96	1.85

从以上三张表的对照可以看出，我国对房地产业增加值的核算明显存在着偏低偏小的状况。为了说明这个问题，这里不妨再同香港作一个比较，1996年我国房地产业增加值为1149亿元，占GDP的1.69%，同年香港房地产业增加值为2633亿元，比我国高1.29倍，而香港从业人数仅为我国的十分之一。

那么，我国房地产业增加值偏低偏小的原因何在呢？抛开价格因素不谈，从根本上说，是由于行业起步晚，现行核算体系不健全造成的，具体表现在以下几个方面：

1. 现行房地产业核算的基础资料主要反映房地产开发经营企业，因为这一部分核算资料相对比较健全，其他两业（房地产管理业和经纪与代理业）因为没有完整的统计资料，多数地区进行核算时没有将其包括进去或包括得不全。据上海市调查，这两业创造的增加值约为开发经营业的70%，即1∶0.7。以此推算，仅这一部分全国就少算1.4个百分点。

2. 我国长期实行低租金实物分房制，至今尚有近30%的职工住在原来的公房内，总数约4000万人。现行核算范围只包括了房地产管理部门的公房出租部分，没有包括企业、事业单位向本单位职工提供的住房服务。就是房管部门提供的住房，也多是含有国家补贴的低租金住房，大大低于市场租金水平。据国家统计局城调队1997年典型调查，平均每人全年用于住房的支出为124元，比市场租金低5~8倍，用这种出租公房的实际收入作为总产出，全行业增加值也大大降低。

3. 居民自有住房本应按市场价格核算，由于缺少市场租金收入资料，目前按住房原值2%~4%的虚拟折旧作为总产出，80年代以前的城镇住宅原值每平方米不到500元，仅为现价的四分之一；农村住房按每平方米285元折算，也大大低于现行价格。

4. 按收入法计算增加值时，其增加值等于劳动者报酬加生产税净额加固定资产折旧加营业盈余之和，其每一项构成均需以准确详尽的会计核算资料为依据。以劳动报酬为例，既包括货币收入，也包括实物收入和其他收入；在劳动报酬总额中除支付给劳动者的货币收入外，还包括占工资总额14%的福利费；计算实物收入时，须首先算出实物折款占工资总额的比例，然后乘以全年平均人数才能求得。依我国房地产企业管理水平现状，上述资料多数单位提供得不全，容易导致漏算。

根据以上分析，我认为我国房地产业增加值至少低算3～4个百分点，这是当前房地产业宏观核算需要着力解决的课题。

(四) 完善增加值核算的设想

如前所说，房地产业增加值关系到行业在国民经济中的地位，提高房地产业对GDP的贡献率，从根本上说，主要靠提高经营效益，增加就业容量，理顺产品价格，同时必须解决计算方法上不全不准的问题。具体构想是：

1. 加强核算制度建设。 90年代我国正处于从计划经济体制向市场经济体制转换的过程中，现行房地产核算制度、指标体系和核算方法都很不健全，应结合当前存在的突出问题，深化核算体系改革，建立一套符合国际惯例和我国国情，完整的、统一的、科学的房地产业核算体系和核算制度，全面提高核算质量，为国民经济和行业发展服务。

这套核算体系的建立应体现以下几条原则：

第一，核算范围、核算内容、核算方法要和国际通行惯例接轨，凡是国际核算惯例有明确规定的，均按国际通行办法执行。

第二，国家综合统计与行业专业统计结合，做到业务核算、统计核算、会计核算有序衔接、不重不漏、信息共享、互相补充；

第三，为保证信息资料的公正性，以大城市为单位建立房地产核算中心，其任务是系统研究房地产业宏观核算的理论和方法，并根据授权定期发布本地房地产核算的有关信息。今后随着政府职能的转变和行业协会职责的加强，也可由协会承担行业统计的任务，在国际上许多国家都是这样做的。

第四，制订增加值核算实施细则，建立核算责任制，并以法规形式或发布，作为全行业进行核算的准则和依据。

2. 统一核算范围。 房地产业生产活动成果核算应包括以下八个方面：

（1）房地产开发经营：内容同上。

（2）房地产管理：包括行使政府职能的机构单位从事的土地批租管理、房屋和土地产权产籍管理、土地房屋测绘、房屋鉴定、拆迁管理、房屋交易合同鉴定、交易市场管理等。由于房地产管理部门不直接参加生产活动，其总支出等于经费支出加专项基金加事业支出及固定资产折旧之和。但目前我国房地产行政管理部门不少是行政编制和事业编制合一，混岗人员较多，如何通过经费细分合理计算其总产出，需要认真研究。

（3）物业管理：物业管理公司从事的经营活动不应局限于住宅，还包括办公楼、商场、生产厂房、展览馆、博物馆及公共文体设施等。当前需要研究的一个问题是，我国物业公司活动成果中除包括了部分维修基金外，开发公司的补贴及商贸经营收入也计算在内，这一部分如何准确细分，也值得研究。

（4）经纪代理：包括中介代理、咨询、评估、拍卖、策划等为市场服务的活动。

（5）房屋出租：包括房管系统的公房出租、单位公房出租、商品房出租、私房出租。关键是现行市场价格资料如何取得是难点。

（6）土地整理：包括围海造田、滩土整治、乡镇土地开发，也包括为补偿建设用地而进行的土地复垦活动。这一部分现行统计中没有明确界定，笔者认为应计入土地开发的范畴。

（7）公用设施开发：包括收费停车场、收费桥梁、集贸市场、人造景观开发及管理活动成果。这一部分在现行的房地产核算范围中也不明确，笔者认为应计入房地产开发的范围。

（8）虚拟房租：包括城乡居民自建自用住宅虚拟租金和自购自用商品房虚拟租金。随着住房商品化政策的实施，自有住房比例越来越大，目前主要问题是按市场价格计算的现金水平如何取得需要认真研究。

3. 突出重点，填补空缺。在深化核算体系改革中，要把提高核算资料的全面性、准确性，作为制度建设的重点。首先是在所有基层机构单位都必须建立统计信息制度，消灭核算空白点；其次是实行严格的核算责任制，并尽可能以法规形式固定下来。

4. 制定推算细则。房地产宏观核算包括范围很广，除建立全面的核算制度外，还应借助典型调查和必要的推算，为此应尽快制订房地产增加值推算细则及案例，供各单位参照使用。

5. 加强人才培训。现在我国既熟悉宏观核算又熟悉房地产业务的人才较少，应加强培训和交流，共同提高这方面的知识。

从恩格尔定律到产业形势

最近人们关于未来房地产市场前景的讨论,有两种截然不同的看法:一种认为已经或接近饱和,预示着房地产业的"冬天"即将来临;一种认为市场供需两旺,依然"春意盎然"。这种争论对产业发展来说,是一次千金难买的良机,它逼使人们审视现实,绸缪未来,追求理性思考。由此使我想起一百多年前德国经济学家恩格尔发现的著名定律——"恩格尔曲线",至今依然光辉不减,我们今天讨论的这些热点问题,都能在他那法则中找到答案。

根据恩格尔定律,随着家庭收入的增加,在全部收入中用于食物的开支比例越来越少。以后进一步的研究又证实,住房等基本生活必需品,在家庭收入中所占的比重,先是上升,而后递减,这种现象被称为"反'U'形恩格尔变形曲线",统属于恩格尔法则范畴。我国20世纪80年代特别是90年代以来经济发展和购买力变化的现实,完全印证了恩格尔法则依然没有过时。改革开放前(1978年),城镇居民家庭恩格尔系数为57.6%,农村为67.7%,仅够得上温饱,当时的居住条件可想而知。80年代后,随着经济发展和居民收入的提高,城镇居民家庭恩格尔系数从1985年的53.7%降至2000年的39.2%(2001年又降为37.9%),农村由1985年的57.8%降至

注:本文2001年9月草成。

49.1%（2001年又降为47.8%），都达到了国际上公认的小康型国家之列。

表1是发展中国家消费水平及恩格尔系数的关联统计。

发展中国家消费水平及恩格尔系数　　　　表1

消费水平	恩格尔系数（%）	平均住房支出比
以经济发展阶段划分	食物支出变动百分比 / 总支出变动百分比	住房支出变动百分比 / 总支出变动百分比
温饱型	55～59 50～55	7.6 11.2
小康型	45～50 40～45	12.1 18.9
丰裕型	23～25 20～23	30.0 35.0

再从居民家庭用于居住消费的支出看，根据国家统计局抽样调查，1985年城镇居民家庭用于居住支出占消费性总支出的比重为3.8%，2000年上升为10%（未考虑价格因素）；按绝对数计算1985年每个家庭居住支出为25.44元，2000年为500.49元。农村每个家庭居住支出占消费性支出的比重1985年为12.4%，2000年为15.5%，按绝对数计算1985年居住支出为39.46元，2000年为258.34元。城乡居民消费构成的这些变化，反映了人民生活水平的提高，同时也是近些年居民购房能力不断提高的物质基础。表2～表5是我国历年恩格尔系数及居住支出占消费总支出的变化情况。

城镇恩格尔系数

表 2

年份	城镇居民家庭人均可支配收入(元)		城镇居民家庭恩格尔系数(%)
	绝对数(元)	指数(1978=100)	
1978	343.4	100.0	57.5
1979	387.0	112.7	57.2
1980	477.6	127.0	56.9
1981	491.9	127.6	56.7
1982	526.6	133.9	58.7
1983	564.0	140.6	59.2
1984	651.2	158.1	58.0
1985	739.1	160.4	53.3
1986	899.6	182.5	52.4
1987	1002.2	186.9	53.5
1988	1181.4	182.5	51.4
1989	1375.7	182.8	54.4
1990	1510.2	198.1	54.2
1991	1700.6	212.4	53.8
1992	2026.6	232.9	52.9
1993	2577.4	255.1	50.1
1994	3496.2	276.8	49.9
1995	4283.0	290.3	49.9
1996	4838.9	301.6	48.6
1997	5160.3	311.9	46.4
1998	5425.1	329.9	44.5
1999	5854.0	360.6	41.9
2000	6280.0	383.7	39.2

城镇居民家庭居住支出占消费总支出的比重　　表3
（1985～2000年）　　　　　　　　　　　　　　　单位：元

年份	消费性总支出	居住支出	住房	水电、燃料及其他	居住支出占总支出的比重（%）
1985	673.20	25.44	6.48	18.96	3.8
1986	798.96	29.04	7.20	21.84	3.6
1987	884.40	31.68	7.74	23.94	3.6
1988	1103.98	36.84	7.83	29.01	3.3
1989	1210.95	45.32	8.82	36.50	3.7
1990	1278.89	52.17	9.43	42.74	4.1
1991	1453.81	64.14	10.66	53.48	4.4
1992	1671.73	99.68	35.72	63.96	6.0
1993	2110.81	140.01	52.93	87.08	6.6
1994	2851.34	193.16	79.00	114.16	6.8
1995	3537.57	250.18	103.62	146.56	7.1
1996	3919.47	300.85	124.14	176.71	7.7
1997	4185.64	358.64	148.66	209.98	8.6
1998	4331.61	408.39	172.96	235.42	9.4
1999	4615.91	453.99	195.90	258.09	9.8
2000	4998.00	500.49	201.59	298.89	10.0

注：1. 城市居民家庭消费性总支出指日常生活的全部支出。包括购买商品支出和文化生活、服务等非商品性支出。
　　2. 居住支出包括：房租、水电、煤气及燃料等其他等在内。

农村恩格尔系数

表 4

年　份	农村居民家庭人均纯收入（元）		农村居民家庭恩格尔系数（%）
	绝对数（元）	指数（1978＝100）	
1978	133.6	100.0	67.7
1979	160.2	119.2	64.0
1980	191.3	139.0	61.8
1981	223.4	160.4	59.9
1982	270.1	192.3	60.7
1983	309.8	219.6	59.4
1984	355.3	249.5	59.2
1985	397.6	268.9	57.8
1986	423.8	277.6	56.4
1987	462.6	292.0	55.8
1988	544.9	310.7	54.0
1989	601.5	305.7	54.8
1990	686.3	311.2	58.8
1991	708.6	317.4	57.6
1992	784.0	336.2	57.6
1993	921.6	346.9	58.1
1994	1221.0	364.4	58.9
1995	1577.7	383.7	58.6
1996	1926.1	418.2	56.3
1997	2090.1	437.4	55.1
1998	2162.0	456.2	53.4
1999	2210.3	473.5	52.6
2000	2253.4	483.5	49.1

农村居民家庭居住支出占消费总支出的比重　　表5
（1985～2000年）

年　份	生活消费总支出(元)	居　　住	居住占总支出的比重(%)
1985	317.42	39.46	12.4
1986	356.95	51.23	14.4
1987	398.29	57.76	14.5
1988	476.66	71.10	14.9
1989	535.37	77.05	14.4
1990	584.63	69.30	11.9
1991	619.79	68.90	11.1
1992	659.01	68.15	10.3
1993	769.65	106.79	13.9
1994	1016.81	142.34	14.0
1995	1310.36	182.21	13.9
1996	1572.08	219.06	13.9
1997	1617.15	233.23	14.4
1998	1590.33	239.62	15.1
1999	1577.42	232.69	14.8
2000	1670.13	258.34	15.5

从上述恩格尔曲线同居住支出的关联效应，还可以得出更为宏观的结论，那就是：一个国家的房地产业发展速度同人均国内生产总值成正比，住房消费同恩格尔系数成反比。

现在回过头来谈本文开始提到的问题，究竟在可预见的未来是房地产业的"冬天"还是房地产业的"春天"？我的看法是：发展基本正常，但需谨防过热。

先说发展基本正常的理由：

第一，规模大体适度。 目前全国每年新建城镇住宅5亿多平方米，折合600万套，总量的确很大，但其中由房地产开发公司完成的商品房仅占38%，有25%是基建和更新改造投资建房，有37%是居民个人建房。房地产开发公司供应市场的商品房每年约1.5至1.8亿平方米，折合170万至200万套，对拥有4亿多城镇人口的庞大市场来说，这个供应量短期不致造成全局性的过剩。

第二，需求旺势不减。 历史上因体制性障碍长期被压抑的住房需求，住房制度改革后迅速迸发出来，而国家一系列支持住房制度改革的举措，又使群众购买愿望成为现实。1980年以前个人购买商品房的比例不到40%，90年代末期上升到80%以上，利用银行抵押贷款购房的人数约占三分之二。据权威机构调查，2000年城镇居民户均住房使用面积在40平方米（建筑面积53平方米）以下的占40%，近期有购房意向的占13%，说明房地产市场发展空间仍比较大。目前我国人均住房面积不到发达国家的一半，每人每年净增住房面积只有1平方米，要达到发展中国家中上等居住水平至少还需10至15年的时间。

第三，拉动经济增长的需要。 国家实行扩大内需的方针，需要住房消费稳定发展。目前建筑和房地产业完成的增加值约占国内生产总值的8%~10%，按1∶1.5诱发系数测算，可带动关联产业增长12个百分点，合计占全国GDP的比重约为20%，对国民经济全局具有举足轻重的作用。因此，从大局考虑，对房地产业只能扶持发展，不会坐视其萧条萎缩。

再谈谨防过热的理由：

第一，建设规模已近临界。 改革开放以来，我国逐步加大住房建设力度，1981年至2000年全国用于城乡住宅建设的投资53464亿元，占同期全社会固定资产投资的23.1%，占国内生产总值的7.8%，均达到发达国家投资较高时期的水平。全国城乡每年住宅建设总量已连续6年超过12亿平方米，折合1000多万套，加上相关的商业、医院、学校等配套设施，每年各类房屋建造总量在18亿平方米以上，从我国建设主体特别是企业素质的现状看，这个规模已超过开发、建设、监理及建材供给能力的负荷。近几年房地产市场、建筑市场、建材供应市场秩序混乱，工程质量事故不断，违规违纪案件屡禁不止，都同建设规模过大、队伍素质不高和管理不到位直接有关。

第二，需求总量趋减。 经过20年的快速建设，目前全国城镇人均住房面积已超过20平方米，农村超过24平方米，均比改革开放初期提高两倍以上。就整体而言，我国住房严重短缺的时代已经过去，群众对住房的需求相对缓解。目前局部地区出现的住房需求不旺，价格疲软，正是受收入水平制约边际消费倾向递减的反映，属于从需求高涨期向平稳期过渡的阶段，它符合市场经济周期性波动的一般规律，在这种背景下如果依然扩大投资，极易出现过热。

第三，局部地区已经出现过热的苗头。 如空置房数量已经超过1亿平方米（其中仅北京、广东两地就达5000万平方米），有些城市商品房销售不旺，房价下降，而开发公司数量却有增无减，有的不作市场调查就大面积圈地等等，都是过热的征兆。除此之外，还有一个现象值得注意，就是不少地方政府不顾本地财力物力可能，大搞"形象工程"、"政绩工程"，并用拖欠工程款的办法强令开发公司和建筑公司出钱出力建设，这些都是诱发房地产热的危险所在。

扩城建镇　顺势分流

——关于 21 世纪我国人居发展战略的思考

解决我国十几亿人口的住房问题，特别是城镇住房问题，必须调整居住布局，扩城建镇，顺势分流，走城乡一体化的路子，这是近年我对 21 世纪人居发展的基本思路。

21 世纪是知识经济为主的时代，建立在现代科技基础上高度发达的社会生产力，将给未来经济和社会生活带来一系列重大变化。按照中国经济发展分"三步走"的战略目标，21 世纪初又是我国在实现国民生产总值翻两番、人民生活达到小康水平的基础上，向基本实现现代化努力的阶段。结构、消费结构和现在有很大不同。过去为奠立工业化基础和满足"吃穿用"而发展起来的传统产业所占比重相对减少，住房、汽车等高附加值商品在消费支出中的比重增加。初步匡算，21 世纪前 10 年全国城乡住宅建设总量将达到 120 亿 m^2，其中城镇 34 亿 m^2，农村 86 亿 m^2；2010 年后住房紧张状况可能有所缓解，但每年建房数量仍不少于 8 亿～10 亿 m^2，房地产业创造的增加值占国民生产总值的比重将超过 10% 以上。国家通过住房建设和住房消费扩大内需，拉动经济增长的决策，将作为一条重要方针长期实行下去，至少下世纪中叶以前不会改变。

注：本文是作者向中央有关部门工作建议稿，原载新华社《动态清样》。

据权威资料，1997年底全国总人口为12.36亿，其中城镇人口3.7亿，农村人口8.66亿，每年净增人口近1400万人，预计2040年前后将达到16亿。21世纪初又是我国城市化最快的时期，城市化水平将达到60%～70%，那时城市人口将达到9.2亿，相当于现有城市人口的2.5倍。国内外经验都证明，过度的人口聚集给城市带来后患无穷。从长远看，解决我国十几亿人口的住房问题，特别是城镇住房问题，必须打破城乡二元结构的旧格局，扩城建镇、顺势分流，走城乡一体化的路子。

调整居住布局，发展中小城市

我国现有百万人口以上的大城市普遍面临缺水、交通拥挤、污染严重和基础设施老化等问题，改造起来事倍功半，困难极大。今后除少数特定中心城市外，应重点发展现有人口在20万～30万人的中小城市，使之成为疏流大城市人口的"减压站"。这些城市一般都有较好的地理位置和产业基础，也有相应的文化福利设施和城市管理经验，具备近期内发展成为现代城市的基本条件。建议国家近期选择100个左右条件较好的这类城市，精心规划，加大基础设施投入，改善城市功能，增强吸附能力，力争用10年左右的时间使这些城市完成基础设施扩容任务，基本上具备发展成为百万人口城市的条件，如果这一目标能够实现，共可增容5000万～8000万人。

建设环城社区，促进城郊疏流

今后大城市居住区应由市中心向城郊结合部发展，并按功能合理、方便生活的原则，建设卫星城或居住社区。据广州市城调队一项调查，有64%的人愿意买价位适中的城郊结合部住宅，北京、上海也都出现由市区往郊区迁居的现象，而且人数逐年增多。当前关键是推进措施和政策要跟上，首先要完善基础设施配套，做到供水、电力、通信、煤气、道路、商业网点先行，营造良好的居住环境；同时要抓紧制订鼓励政策，对自愿由城市迁往郊区的居民，出售其原有住宅增值收益全部归己，免征增值税及所得税，在郊区购买新房免征契税；政府还要有计划地把一些水平较高的知名医院、知名学校、科研机构和文化设施迁往郊区或在郊区设立分部，使环城社区成为人们向往的高尚住宅区。

发展现代小城镇，实现乡村城市化

1997年底，全国农村剩余劳动力1.3亿人，今后随着产业分工的细化人数还要增加。但他们中能去大城市的只是少数，多数人将按照离乡不离土的历史进程移居小城镇，成为生活方式城市化的新一代农民。这一城市化进程，使小城镇在分流城乡人口方面具有特殊的意义。要以城市带为中心，以大城市的支柱产业和科技教育为依托，以铁路、公路干线和沿江、沿海为条件，建设一大批布局合理、设施齐全，而又具特色的现代化小城镇，在全国形成以中心城市——中等城市——小城镇——新农村为网络的人居格局。目前全国共有建制镇2万个，设想从中筛选5000个作为重点，用20年左右的时间分期分批建设，每个城镇规模3～5万人，共可居住人口1.5亿～2.5亿，约占农村人口的1/6～1/4。

调整居住布局是一项促进经济和社会协调发展的战略任务，必须与产业结构调整和生态环境治理结合起来，统筹规划，协调进行。要充分考虑当地自然资源、人力资源、基础设施、文化历史背景等条件，按照比较优势原则选择有广阔市场前景的产业，创造大量就业机会，使广大居民既能安居又能乐业。建议国家制定一系列优惠政策，推进扩城建镇方略的实施，新建项目也要有计划地安排在中小城市。

扩城建镇既是克服社会发展制约因素的需要，也是扩大内需、促进经济增长的强大拉力。如果把产业结构调整、居住区布局和城市基础设施组合为一个产业链；需要投入上千亿甚至上万亿元资金才能全面启动的系统工程，其潜在经济效益极大，我国经济也可望由此获得新的、持久的增长动力。

房地产业发展与用地制度改革

房地产和土地的关系十分密切,土地是房屋的载体,二者不可分割。我国人口众多,对粮食的需求甚大,要求我们在进行房地产开发和小城镇建设时,必须注意节约土地,高度重视耕地保护,确保粮食安全。粮食安全是一个国家社会稳定、政治稳定的前提和基础,人多地少的基本国情,决定了我国必须实行最严格的土地管理制度,必须从可持续发展的高度推进经济和社会发展战略。

今天,我就中国的房地产业现状和发展前景以及建设用地制度改革等问题,谈几点看法。

中国住房的现状

现在,全国城乡每年新建房屋数量 13 亿 m^2,折合 1200 万套。其中城市 5.6 亿 m^2,按户均建筑面积 $90m^2$ 计算,折合 600 万套;农村每年新建住房 7 亿多平方米,平均每户 $120m^2$,也折合 600 万套。这样的建房数量和建设格局已持续了 4 年的时间,具有相对的稳定性。

经过近十年的高速发展,居民住房条件有了明显改善,城镇人均住房面积从 1980 年 $7.2m^2$ 提高到 $22.67m^2$,农村达到 $26.5m^2$,城镇

注:原载《今日国土》2005 年 9 期。

住房自有率达到 82%。过去住房设施简陋，没有自来水的占 22%，没有燃气的占 37%，没有独立卫生间的占 60%，现在 90% 以上都是设施齐全的成套住宅，房屋的功能质量和环境质量有了很大改善。

随着建房数量的增加和产业进步，房地产业对国家的贡献也越来越大。过去是国家投资，福利分房，建房数量很少，改革开放前 30 年全国新建住宅只有 7 亿 m^2，平均每年 2334 万 m^2，折合 46 万套，差不多只相当于现在上海市一年的建房数量；改革开放后，从 1980 年开始到现在新建住宅总量 67 亿 m^2，折合 8000 万套，建设速度和建设规模都不可同日而语。目前建房投资中国家投资只占到 6%，90% 以上都是靠企业从银行贷款，用房地产开发的方式完成的，仅此一项就为国家节约投资 10 万亿元，全行业每年上缴各种税费及土地出让金 2000 多亿元，吸纳就业人数 2200 万人，带动一大批关联产业发展，房地产业对 GPD 的直接贡献率和间接贡献率约占 15%，已成为国民经济的重要行业。

关于今后房地产业的发展，不久前我做了个匡算，从现在到 2020 年城镇新建住宅总量大约是 80 亿～100 亿 m^2 左右，加上配套设施、学校、医院、商贸服务建筑，总量约 120 亿 m^2，平均每年 6 亿 m^2 左右。农村建房变数较大，但也不会少于每年 6 亿 m^2，城乡住宅建设总规模每年仍将保持 12 亿～13 亿 m^2 的水平。

可能有人会问：目前城镇人均住房面积已经达到 22.67m^2，82% 的居民都有了住房，今后住房建设还有这么大的发展空间吗？回答是肯定的。第一，国家已经确立了全面建设小康社会的奋斗目标和城市化战略，今后 20 年城市化水平将从现在的 37% 提高到 50% 以上，城镇人口从现在的 4.8 亿人增加到 7 亿人，每年从农村进城的农民约 1000 万人；第二，人口自然增长每年增加 1000 万人；第三，随着生活水平的提高，住房更新速度加快，不少人要求旧房换新房，小房换大房，据北京市典型调查这类户数约占 34%。这三个因素加在一起，就构成今后20年的住房基本需求，决定了中国住房建设发展的格局。这种发展惠及民生，对国家有利。

当然，面对大好形势，必须保持清醒头脑，严防出现过热。因为房地产一旦出现整体过热或泡沫，是很难调整的，不仅会对经济全局造成严重后果，而且将危及亿万群众，日本、东南亚以及我国香港房地产过热的教训要认真吸取。

深化建设用地和小城镇用地制度改革

住宅建设用地从无偿、无限期使用到有偿、有限期使用，是我国经济体制改革的一大创举，应充分肯定，但仍须深化和完善。目前，从事房地产开发必须一次交付70年的土地出让金，占开发成本很大的比重，除了出让金以外，还得交市政配套费和名目繁多的规费，非常复杂。有的同志告诉我，计入房价的收费过去多达100余种，现在降为60种，交那么多的税费不说，把这些程序跑下来至少要一年的时间，还得请客送礼上百次，到处磕头作揖。一个不容忽视的事实是，在这些环节中存在着大量的寻租行为，成为滋生腐败的温床。

随着社会主义市场经济体制的日臻完善，应将现行的一次收取70年土地出让金的制度改为年税制，即房价中只包含补偿农民的征地拆迁费，不再包含城市收取的土地出让金和配套费，改为土地占用人（含单位和自然人）按年向国家交纳土地使用税。土地使用税为中央和地方政府的共享税，其基准税率根据不同地区、不同城市、不同地段制订，并实行差别税率，每5年调整次。实行这一改革的好处：一是有利于理顺房价构成，降低初始房价；二是有利于形成国家稳定的财政收入，强化宏观调控手段；三是有利于抑制突击卖地和"以地生财"，更好地保护和合理利用土地资源；四是房屋所有权和土地使用权融合，有利于增强社会凝聚力和公民主体意识，实现国家长治久安。

小城镇建设用地征地办法也应进行改革。改革的理论依据和政策依据是，我国政府已把城镇化作为社会主义市场经济体制的目标模式确立下来，而城镇化是包括城市和建制镇、集镇以及城市郊区部分农村在内的统一整体。目前城市及小城镇建设用地都是由国家先征用，后出让，收取的土地出让金有的用于城市建设，有的通过财政转移支付用于其他规定的用途（如耕地开发等）。实行这一制度的起因是城市建设资金不足，其体制背景是因为我国土地分为国有土地和集体土地两种所有制，居民分为城市居民和农村居民两大不同的从属。前者是宪法规定，后者是法律和体制派生的政策行为。我认为，在社会主义市场经济已经确立，加快城镇化进程已经成为既定国策，国民经济运行格局全面市场化的条件下，仍然把土地资源分为国家所有和集体所有，把居民分为城市人口和农村人口，把住宅分为城市住宅和农村住宅，客观上起着扩大城乡二元结构的负面作用，不利于城市化政策的推行，对农民脱贫致富也不利。因此，是否可以考虑，今后小城镇建设无论以建制镇为依托，还是以城郊农村为依托，其建设用地均应作为城镇体系的一个组成部分，自然转化为国有土地。由于这种改革涉及宪法和现行法律，在没有获得法定程序认定前，建议作为过渡措施，比照城市建设用地的政策收取土地出让金，或者允许农村集体经济组织以土地入股的方式参与开发建设，并实行收益分成。实行这项改革有两个必要的前提：一是不乱占耕地，确保基本农田和粮食总量不能减少；二是严格管理，没有主管部门正式批准的规划，不能开发建设。

用新观念指导城乡规划

如何评估未来房地产业发展和建设，业内外都很关注。我认为，最重要的是跳出传统思维方式，用新的观念指导城乡建设，为人类生存和发展创造和谐、优美、便捷、舒适的空间。这种新观念和指导思想，在国家近期发布的下列文件中有所体现：

第一，中国21世纪可持续发展行动纲领。这个纲领涵盖了发展目标、发展途径、居住、交通、绿化、能源、环保、资源节约等诸多方面，是指导新世纪实施可持续发展的总目标。

第二，中央、国务院关于国土生态安全体系建设的决策。文件强调大力发展植树造林、营造生态林为重点，建设国家的生态安全体系，其中特别提到绿化要以树为主，以草为辅，使70%的城市建设成森林城市，做到房在树中，人在景中。

第三，保护和合理利用土地资源，加强建设用地管理，坚决制止滥占耕地、违法用地现象。

第四，按照"以人为本"的要求，促进经济社会协调发展，加强公共卫生安全体系建设，提高卫生防范能力和应急措施，提高全民族健康水平。

第五，实施空气质量标准，改善环境质量。由国家环保总局、卫生部、国家质检总局联合发布室内空气质量标准，并从2003年3月1日起正式实施。这个标准要求很高，对各种有害气体和化学污染都做了严格限定。

从这些文件可以看出，国家对住房建设和城市建设要求越来越高，不仅要求居住质量好，还要生态环境好。房屋、道路、绿化、基础设施，不仅要满足当代人的要求，还要满足后人未来发展的需要；建设规划、建设标准既要满足当前要求，还要适应生产不断发展、生活不断提高和社会不断进步的需要，做到放眼未来，留有余地。

过去，我们在极其困难的条件下，为了建立工业化基础，强调节衣缩食，许多建设标准和定额规范都定得偏低偏紧，预留发展余地不够，现在改造起来难度很大，事倍功半，劳民伤财。尽管人们不能改写历史，但谁也不能不承认这种体制性、政策性浪费是最大的浪费。

保加利亚有位著名建筑师讲过一句哲言:"医生的过错会使生命长眠地下;建筑师的平庸却把遗憾永留人间"。在人类已经跨入 21 世纪,不但用双手而且用智慧建设美好未来的时代,尤应记取前车之鉴,坚持走文明发展之路。

《新城市主义的中国之路》序言

目前我国城市总数已超过 670 个,居住在城市的人口 5 亿人。城市是政治、经济、文化中心和对外开放的窗口。但是真正具有特色的城市并不多,众多的城市千城一貌,千房一面,这种现象反映出我国在城市规划和建设中的缺憾。改革开放以来,经济的快速发展带动了城市化进程,2002 年全国城镇化水平达到 39.08%,超过了 20 世纪末期(1998 年)发展中国家 38% 的平均水平,我国已经进入了城市化发展的加速期。

根据国际经验,当一个国家人均 GDP 达到 1000 美元时,这个国家的城市化将进入高速发展期,这样的高速发展期一直要延续到城市化水平达到 70% 左右。从这个意义上讲,我国正处于城市化加速扩张的阶段。城市化水平提高最直观的表现,就是城镇人口增加和城市地域的扩大,这两个方面也给城市建设带来许多新的课题和新的负担。为了解决城市发展中面临的困境,各地在旧城改造和郊区开发建设上做了很多探索和努力,并取得了明显成效。

我国城镇郊区开发虽然起步较晚,但因有毗邻城市的诸多有利条件,这项工作的进程却非常迅速。现在许多省市,特别是北京、上

注:本文系 2003 年 9 月为《新城市主义的中国之路》所作的序言,该书已于同年 12 月出版发行。收入本书时作了个别文字上的校改。

海、广州、南京、重庆、武汉等特大城市，都把加快郊区发展作为一项战略措施。例如，上海目前城镇化水平达到 47%，他们打算通过"一城九镇"建设，争取到 2005 年使城市化水平达到 60% 以上，北京也计划到 2005 年城市化水平超过 45%，其他一些大中城市，也纷纷把小城镇建设纳入城镇体系建设的重点。目前以珠江三角洲和长江三角洲为代表，一个大中小相结合、现代城市和小城镇相结合的新型城镇体系正在形成。这些事实说明，我国的城市化进程，正按照自己的特点进入一个新的发展阶段。

但是，在肯定成就的同时，也必须清醒地看到我们在城市建设方面存在的问题和不足。城市作为经济、文化和社会活动的载体，最基本的职能是提供完善的设施和健康的环境，满足人们生存和发展的需要，让人们在优美的生态环境中工作和生活。可是，现在很多城市在这个最基本的问题上依然存在不少差距，致使这里的居民感到很多不便。因为城市是由人组成的，它应该充分体现以人为本的思想；城市是由建筑物组成的，但它不是单体建筑的堆砌，而应充分体现围合空间的秀美风格和宜居功能。

一个不容忽视的事实是，郊区城市化和旧城改造作为当前城市建设的两大课题，亟须加强引导。因为旧城改造受商业利益的驱使，很容易忽视对城市景观和历史文化遗产的保护，甚至破坏；而城镇郊区开发由于地价相对较低，则容易出现忽视规划和浪费土地资源的现象。这两个方面的弊端一旦得不到及时纠正，城市发展将势必出现无序、失控和效率低下的状态。这些问题我国很多学者已经看到，并提出了不少良策，本书就是针对上述问题，试图用新城市主义思想来回答当前城市建设中的问题。

新城市主义（New Urbanism），原来是指形成于 20 世纪 90 年代西方国家（主要是美国）在规划和建筑上的一种新潮。美国自二战以来，因为政治、经济和国防的需要，曾大力建设高速公路和发展汽车工业，使住宅区的建设远离城市中心区。在这种情况下，郊区化一度成为城市发展的主导趋势，有人称之为"逆城市主义"(De—Urbanism)。这种发展模式带来很多优点，譬如居住空间宽大、环境舒适、安静，同时扩展了原来城市的空间。但是，这种逆城市化趋势在带来舒适生活环境的同时，也带来一系列意想不到的问题：由于居住区离开市区太远，原来完整的城市结构、城市文脉、人际关系、邻里及社区结构被打破，人们的住所远离亲友，离开了熟悉的环境，都市概念和都市感日渐淡化。与此同时，由于人们过分依赖汽车，不仅造成严重的能源浪费，而且破坏环境。

于是，人们又开始怀念城市。这时，"新城市主义"的口号被追求现代生活的人们重新唤起。新城市主义要求提供更加完善的生活品质，营造良好的住区质量，重塑社区环境和邻里关系。它借鉴传统居住区的特点，但又不是简单地复制古典或传统；它刻意在城市中创造健康文明的生活方式，又追求良好的城市功能和生态环境，既追求效率，又讲求安宁；它倡导适度的步行与聚合，又强调社区综合要素的整合。

中国的城市虽然没有走过类似西方国家的"郊迁"往返过程，但是，同样涌动着追求新城市、追求新生活的思潮。理论家们认为，从我国国情和民族习俗出发，注重建筑本体特质的时代正在到来，我们正处于一个城镇化进程加快与"城乡一体化"融合发展的时代。在城市建设与发展过程中，重视人居文化的城市情结，用邻里式的开发模式打造良好的人居环境，使人们在最佳的城市环境中居住和生活，同时享受便捷的交通、繁华的商业、高雅的文化和优美的环境。这种对美好生活的向往，推动人们借鉴先进的城市发展理念，促进我国城镇和新农村建设的健康发展。

本书以北美部分城市为切入点，系统介绍了新城市主义的概念、规划要点、影响与成就，以及所面对的现实困境，同时对成功的案例作了探讨式的分析，目的是使读者对新城市主义有一个比较全面的了解。为了借他山之玉，本书也试图对我国当前城市建设中的问题作了回顾，特别是针对旧城改造和郊区建设中存在的问题作了剖析，指出在实践中应该注意的问题，以期尽量做到少走弯路，这也是本书的写作目的。

大连万达集团作为一个知名房地产开发企业，在其多年的实践中，一直重视把房地产开发与城市建设融为一体，并从人文和生态环境角度关注社会发展和人居条件的改善，其精神是难能可贵的。他们是新城市主义的践行者，他们走过的道路和取得的成功经验对于创建中国特色的城市建设理论，是不可或缺的补充。我们期望有更多的企业参与到这一新理论的探索和实践中来。

总之，本书已经叩开了新城市主义的中国之门，虽然人们现在还不能轻言这本书对全国城市建设有多大的影响，但是它为我国的城市建设开启了一扇新的门窗，我们期盼新城市主义的中国之路越走越宽，祝愿中国的城市建设事业不断创造新的辉煌。

(2003 年 9 月)

《新城市主义的中国之路》(2003 年 12 月出版) 编委会名单

总 策 划：李罗力　综合开发研究院副理事长兼秘书长、教授、博导
　　　　　　王健林　大连万达集团董事长、总裁

名誉主编：杨　慎　中国房地产业协会会长
主　　编：郭万达　大连万达集团副总裁
　　　　　　周良君　大连万达集团副总裁
　　　　　　王本锡　大连万达集团副总裁

用科学发展观指导住房建设

科学发展观是以邓小平理论和"三个代表"重要思想为指导，从新世纪、新阶段全国经济和社会发展全局出发提出的重大战略思想，其基本内涵是：坚持以人为本，以人与自然的和谐为主线，以发展经济为中心，以提高人民群众生活质量为根本出发点，全面推进经济、社会、资源和生态环境的持续、协调发展。这是历史经验的科学总结，也是指导全面建设小康社会和进行现代化建设的根本方针。

2003年，我国人均国内生产总值达到1000美元，表明我国正处于从低收入国家向中等收入国家迈进的新发展阶段。这个发展阶段最明显的标志就是社会消费结构从过去的生存型为主，逐步向发展型、舒适型升级。住房、汽车、电脑等高档消费品快速进入普通家庭，群众用于教育文化和旅游休闲等的投入显著增加，并由此带动整个产业结构的升级和各项关联事业的快速发展。住宅建设是关系群众切身利益和经济社会发展的系统工程，如何做到持续健康发展，至关重要。积多年之经验，我认为当前及今后一个时期应重点解决好以下四个方面的问题：

注：本文是2004年5月在清华大学EMBA进修班上演讲。

第一，规模适度，结构合理，增速平稳

1. 自 20 世纪 80 年代初至 2003 年底，全国新建城乡住宅 246 亿 m^2，折合 2 亿 3 千万套，绝大多数群众住房条件有了明显改善，城乡人均住房面积分别达到 23.7 m^2 和 27.2 m^2，我国住房严重短缺的时代基本结束。在这个大背景下，住房建设要做到持续健康发展，应遵循统筹兼顾，量力而行，规模适度，增速平稳的原则，在提高质量和效益的前提下求发展，避免大起大落，努力做到与国民经济发展相协调，与居民收入增长相适应。

2. 现阶段规模适度的标志是，以全面建设小康社会为目标，实现下列要求：

一是每人每年新增住房面积 1 m^2 左右，人人有适当的住房，逐步实现每户有一套功能合理、舒适实用的住宅；

二是城镇商品房开发投资年均增速 20% 左右，不宜过高或过低；

三是全国城乡每年新建改建住宅总量（含必要的配套设施）占全社会固定资产投资的比重不超过 30%。

为表述方便，以上三条也可简称为"1、2、3 均衡发展参数"。如能大体按上述目标发展，既能在 2020 年实现人均住房面积 35 m^2 的小康居住目标，又可避免出现大起大落。需要说明的是，这些参数都是根据全国情况所作的经验统计，各地情况千差万别，不能生搬硬套，最可靠的发展参数应是本地市场实际需求。

3. 结构合理是指住房建设应以中低收入者需要的社会公众用房为主，在这个前提下，努力满足不同收入群体的住房需求。中等收入者目前约占 20%，随着经济发展和收入的提高，他们将是未来社会的主体。住房建设是百年大计，应放眼长远，不能过分迁就当前收入水平，更不能降低建设标准，否则是社会资源的极大浪费。

对低收入者和弱势群体住房问题应给予特别关注，但这是政府行

为，主要应通过财政转移支付或其他途径解决，走货币化、市场化的道路，不宜提倡由政府直接建房分房。要大力发展租赁业务，实行租售并举的方针，住房自有率过高不利于产权流动，也是资源浪费。

4. 正确看待和把握形势。我国房地产市场总体健康正常，不存在供大于求形成的整体性过热。目前多数居民住房水平和居住质量同全面建设小康社会的要求还相差甚远，同发达国家的差距更大，住房建设仍有广阔的发展空间，但也要防止投资增速过快的势头。2003年全国房地产开发投资额为10154亿元，比上年增长30.5%，高出近几年平均增速9.2个百分点，是上次宏观调控以来增速最快的一年。2004年完成投资额13158亿元，同比增长29.58%，增速仍然过快。尤须指出的是，按照我国目前统计口径，房地产开发投资主要是各地房地产开发企业完成的房屋建筑及基础设施投资，没有包括城镇及工矿区个人建房和基本建设更新改造的投资，也没有包括农村的住房建设，如果加上这一部分，增速会更快。

5. 固定资产投资规模过大是当前经济生活中的主要矛盾，也是国家宏观调控重点解决的突出问题。房地产具有投资和消费双重功能，从宏观层面讲，其最大的作用是拉动内需、促进经济增长，但住房问题的解决取决于居民收入水平的提高，如果投资没有最终消费作支撑，势必造成建设规模无效扩张，拉动生产资料全面紧张，刺激基础产品价格上涨，引发经济泡沫和房屋积压，开明的企业家应有全局观念和责任意识，既要坚持发展，又要保持清醒。

第二，坚持按规划主导开发，充分发挥规划的引领和指导作用

1. 住宅开发建设形成的房地产，带有公共产品属性，它集经济、社会、文化、科技、生态、环保于一体，是一个多目标体系集中度很高的行业，必须坚持经济效益、社会效益、环境效益的统一，既要营

造物质产品，又要提供精神产品；既要满足消费者居住需要，又要适应城市发展的要求；既要服务当代，又要恩泽后人；做到这一点，最重要的是严格按规划进行建设。

　　反思过去最大的教训，就是规划在经济和社会发展中的主导地位没有确立，规划的引领和指导作用没有充分发挥。具体表现在：一是没有规划就盲目开发或有规划却不按规划执行，随意性很大；二是规划自身滞后，观念陈旧，标准偏低，前瞻性不够。这是导致许多城市负荷过重，空间布局不合理，交通道路拥堵，生态环境恶化，资源浪费严重的总根源。北京市的交通拥堵表面上看是管理问题，实质是规划不合理造成的，尽管政府作了很大的努力，但短期内难以根本好转。上海过去因高楼林立闻名全国，现在却成了生态建设的严重障碍，不得已被迫采取限高降高措施，原因也是规划失当所致。规划失误造成的后果带有全局性和不可逆转性，对城市政府来说，编好规划，管好规划，是城市管理的第一要务。

　　2. 规划是经济社会发展的龙头，是指导开发建设的总开关。要做到按规划建设，必须更新规划理念，改进规划方法，提高规划质量。从长远和发展角度看，一个经得起历史检验的住宅开发项目，至少应体现下列各点：

　　（1）一体化战略。跳出二元结构的思维模式，按照城乡协调发展的格局，编制和调整区域规划和城市规划，实行组团式结构布局，重点发展近郊社区和卫星城，拓展城市空间，实现城乡共同繁荣。

　　（2）低密度建筑。摒除片面追求容积率和以高为美、以高为荣的观念，重点发展多层低密度住宅。除城市中心社区外，新建社区总体容积率一般不超过1为宜。现行土地供给政策和城市规划标准应服从这种战略调整的需要。

　　（3）小尺度街坊。住区规模不宜过大，街坊道路不宜过长，加大路网密度，实行人车分流，提高车辆通行能力。

（4）开敞性空间。要树立空间共享共有的观念，严格限制在居住区建造遮挡阳光和通风的高纵建筑，拓展房屋间距，预留足够的停车场地、消防空间和灾害预防用地。

（5）立体式绿化。从本地实际出发，做到水面、草坪、花卉、灌木、乔木合理配置，讲求整体绿化效果，绿化覆盖率不少于40%，人均公共绿地面积不小于10 m²。

（6）亲和式布局。住区规划要方便老人、少儿、残疾人出行和活动，促进人际交往，有利于提高邻里亲和度。

上述几条都是为了践行"以人为本"的指导思想，使各项资源的整合利用为改善人居环境服务，为提高生活质量服务，为实现可持续发展服务。

3. 房屋建筑是百年大计，城市建设是千年大计。科学合理的规划不仅要内容全面、翔实，而且必须放眼未来，留有发展余地。首先，把必须预留的地段和需要保护的建筑，尽量在规划中体现出来，然后再根据现实需要编制近期发展规划，坚持先保护后开发的原则。保护的范围包括：历史文物古迹，标志性建筑，生态建设地域，风景名胜景观；其次，预留发展用地数量应不少于规划用地总量的5%，预留发展用地至少在20年内不动用，只能用作公共绿地，并不得占用基本农田；再次，充分利用地下空间，城市地下空间的利用率应不少于建成区规划面积的20%。

4. 管好规划比编好规划更重要。所有规划一经确定，必须通过立法形式确保严格执行，任何一级政府和领导人都无权改变。要改进规划监督体制，实行规划编制机构与规划监督机制分设，监督机构成员由群众代表、社会公众人物和规划专家组成，重大建设项目选址及规划调整，必须事先公示并进行听证，由监督机构成员三分之二以上投票通过才能生效，否则不准建设。

第三,开发资源节约型建筑,保护生态安全

1. 我国是一个资源相对短缺的国家,土地、森林、水、能源以及各种基础性资源,人均占有率都居世界的倒数几位。房屋建筑是各类消费品中耗用资源最多、同生态环境结合最密切的产品,在建造和使用过程中直接消耗的能源约占全社会总能耗的三分之一,每年消耗各类建材总量近40亿吨,而现有建筑中符合节能要求的不到5%,每年新建房屋中80%以上是高耗能建筑,节约资源和能源的任务十分繁重。

必须改进粗放型经营方式,建立资源节约型发展模式,把节能、节水、节地、节材放在突出的位置。要加快技术经济立法,强化政府干预,把节约资源作为调控住房建设的强制性指标,凡是达不到国家规定"四节"标准的项目,一律不予立项,不准开工建设,不予验收。同时,对现有建筑不符合节能节水标准的,要有计划地进行改造。

开发节能节水建筑必然相应提高建筑成本,但对社会有利,政府应对开发资源节约型建筑的单位给予奖励、补贴或减税退税政策,在全社会形成珍惜资源、保护资源和节约资源的良好环境。

我认为,作为社会政策取向,宁可建造一次性投入较高但耗能低的房屋,也不建造一次性造价低而资源消耗高的房屋,确保每幢房屋都是优良资产。新时期住宅建设的方针应该是:安全、适用、节能、环保、美观。

2. 当前营造资源节约型住宅的重点,主要有以下六个方面:

(1) 太阳能和地热能利用;

(2) 污水处理和中水利用;

(3) 节能保温墙体和节能门窗;

(4) 无污染化学建材;

（5）节水、节能厨卫设施；

（6）修改过时标准，制定新的标准规范。

3. 大力植树造林，建设生态城市。根据国家加强林业建设的要求，今后城市绿化要以林木为主，力争 2010 年全国大部分的城市林木覆盖率达到 30%，人均公共绿地达到 10 m^2，到 21 世纪中叶城市林木覆盖率达到 45%，构建有助于改善生态环境的森林生态网络体系。

第四，清晰产权，使住房真正成为受法律保护的私人财产

1. 我国建设用地从无偿无限期使用到有偿有限期使用，是一个历史性的进步，并由此引发了住宅产权制度的变革。按现行法律规定，住宅建设用地使用期为 70 年，办公楼及商业营业用房为 50 年，旅游设施为 40 年，到期后国家在收回土地的同时连同地上建筑物一并无偿收回。这一规定虽有其历史背景，现在看来，有违宪法关于保护公民合法私有财产不受侵犯的规定，应当进行改革。

改革的基本思路是：以宪法为指导进行制度创新，将现行土地出让制改为年租制。具体地说，就是国家开征土地占用税，将现行一次性缴纳 70 年、50 年、40 年出让金的办法，改为由使用人按年缴纳土地占用税，多占地多交税，少占地少交税，相应取消现行房屋所有权随土地出让年限而定的时限，置业人对购买的住房依法享有永久使用权。土地占用税为中央和地方共享税，实行浮动税率，每 5 年调整一次。实行这一改革的好处是：扩大税基，拓展税源，形成国家稳定的财政收入和调节机制；有利于保护和合理利用土地资源，从制度上杜绝土地交易环节中的腐败行为；有利于清晰产权，增强社会凝聚力和实现国家的长治久安。

2. 与此相适应，农村集体土地制度也应进行改革，关键是严格

区分公益性用地和经营性用地的范围，政府只有为实现公共利益才能强制征用农民集体用地，经营性用地退出政府征用的范围，按市场化运作，并对农民按市场价实行公平补偿。同时要积极探索非农建设用地流转体制，改革目前集体土地不能上市流转的规定，取消农村集体土地不准搞房地产开发的限制。只要符合国家法律和法定流转程序，符合土地利用总体规划和城镇发展规划，农村集体建设用地也可参照城市建设用地的程序和办法进行流转，使土地所有者（农民和农村集体经济组织）成为市场的主体，这是统筹城乡发展、解决"三农"问题的一项重大举措。目前这种向农民低价征地，转手高价卖地而溢价收益又不向农村返还的做法，是对农民的剥夺。

3. 改革城市基础设施建设投资体制，建立城市公用事业发展基金，把城市道路、供水、排水、煤气、热力等公共产品推向市场，广泛利用社会资金实行市场化运作，不能像现在这样将全部建造成本计入房屋造价，而应按固定资产周转的方式把应摊折旧分别计入相关产品成本，再通过这些产品的收费实现投资回收。

上述用地制度和基础设施投资体制改革如能实现，房屋成本至少可比现在降低 20%～30%，这将有利于降低房价，提高广大居民的购房能力；有利于房地产业的市场化、规范化发展；有利于国民经济全局平稳快速发展。

"中凯精神"是诚信的典范

诚信缺失是困扰房地产健康发展的严重障碍，它侵害消费者权益，败坏行业声誉，损毁国家形象，是提升行业素质的"心腹之患"。为了解决这个问题，近几年在国家有关部门、协会和企业的共同努力下，开始出现了一些积极变化，涌现出一批依法经营、讲求诚信的优秀企业，上海中凯集团便是其中突出的一个。

中凯集团是一家拥有14家控股公司的大型房地产企业。多年来，他们遵循"创新为魂、基业长青"的理念，开发的项目不断受到当地政府和消费者的好评，特别是值得称道的是，三年前，他们在杭州中江大厦项目信守承诺、让利客户，在法庭胜诉的情况下，宁肯少赚1000万元，依然不涨价的事迹，受到业界和社会的高度赞誉，被称为"中凯现象"，《人民日报》为此作了长篇报道。得知这一信息后，我和协会办公室主任杨卫江专程去中凯集团进行考察，通过座谈咨询和现场参观，大量第一手资料印证他们不愧为一个讲信誉、重质量的优秀企业，上海有关方面也给予他们很高的评价。更难能可贵的是，他们清楚地认识到：诚信建设是一项庞大的系统工程和长期任务，只靠个别企业单打独斗，虽然能光亮一点，但很难改变全局；只有全行

注：本文是2005年3月9日在"房地产诚信建设基金捐赠仪式"上的讲话。

业共同行动，才能星火燎原，铸成大势。因此，他们主动提出，分别向中国房地产业协会和中国消费者协会各捐赠人民币 300 万元，用于建立房地产行业诚信建设专项基金。这两只基金分属两个单位管理，一只用于弘扬先进典型，进行诚信体系建设；一只用于维护消费者权益，进行法规建设和公司援助，但两者有一个共同的目标，都是为了推进房地产界的诚信建设。中国房协经过常务理事会表决通过，决定接受这一捐赠，定名为"诚信奖励基金"，并将按国家有关规定履行报批程序，然后向社会公布。在这里，我代表中国房地产协会对中凯集团的慷慨义举，表示诚挚地感谢！

当前，举国上下正以满腔热情投入构建和谐社会的伟大工程。践行社会和谐，人人有责，贵在行动。诚信作为源远流长的民族精神和公德意识，是构建和谐社会的重要伦理基础。从"中凯现象"到"中凯精神"，体现了时代的进步和认识的升华，彰显了企业履行社会责任的崇高境界。我们深信，在全行业的共同努力下，"中凯精神"将得到弘扬，房地产界的诚信建设必将取得新的进展！

创新推动新发展

由建设部各有关单位联手支持的优秀住宅推介活动，是一项深受业界欢迎的盛事。这项活动从1999年算起，至今已经是第五届。作为历届活动的参与者和见证人，我深感这项活动的作用日益彰显，其效果也为业界所认同。

第一，参与面广，凝聚力强。通过多年坚持不懈地努力，"创新风暴"已成为展示企业综合实力，把握市场脉络，不断提升竞争力的重要平台。

第二，立足点高，重视细节。通过推介筛选和严格评审，促进企业追求完美，致力提高科技含量和管理素质，朝着良性发展的方向转化。

第三，以人为本，放眼未来。推介活动十分重视住宅功能质量和生态环境的有机结合，把造福群众，实现可持续发展，作为开展活动的出发点和归宿。总之，活动的社会效益越来越受到业界好评，参与面越来越广，影响力越来越大，效果也越来越好。

同时，也应清醒地看到，当前我国经济和社会生活出现了一些新的困难和矛盾，突出的是固定资产规模过大，低水平重复建设严重，能源、淡水、土地、矿产资源不足的矛盾更加尖锐，生态环境形势日

注：本文是作者2004年6月6日在"创新风暴"颁奖大会上的讲话。

益严峻。在这种背景下,转变发展方式,建设资源节约型社会已成为迫在眉睫的重要任务。

建筑房地产是土地资源消耗大户,是能源消耗大户,也是水资源消耗大户。现在全国城乡每年新建住宅 13 亿 m^2,折合 1200 万套,加上商贸旅游和相关的基础设施配套工程,每年耗用各种建材 30 亿~40 亿吨,是各行各业资源消耗最多的行业,建筑能耗占全社会能源消耗的比重达 30% 以上,每年新安装空调机 9000 万台,耗电量相当于三峡发电量的总和,全国因电力不足拉闸限电的省份从去年的 7 个增加到今年的 24 个,水资源形势也十分严峻,饮用水短缺,污水处理率不到 30%,这些问题都成为制约发展的瓶颈。

基于上述严峻事实,必须把节约资源放到国家宏观大局中考量,不能一味追求数量,更不能牺牲环境求发展。因此,要发扬创新优势,推动绿色发展,把节约能源资源和生态环境作为开展评选活动的主要内容,让创新的思维更前卫,创新的步伐更坚实,永远走在时代的最前列。

营造大众住房消费新时代

去年以来，国家出台了一系列文件解决房地产发展中的突出问题。在诸多问题中，引起中央和社会特别关注的，是低收入贫困阶层住房困难没有很好解决。表面现象是房价过高，根本原因是住房社会保障制度没有建立起来，深层次原因是现行住房建设体制、政策存在着制度性的缺陷。由此引发调控政策贯彻不力、调控效果不够显著的局面，这是值得引起高度重视和深入反思的问题。

城市化是一个长期的任务，解决 13 亿人口大国的住房问题是一个历史性的课题。当前，要把贯彻科学发展观和构建和谐社会的指导思想落实到行动上来，必须更加关注大众住房消费问题。这里所说的大众住房，是指低收入群体住房的总称，目标是让这些居民通过自身努力和政策支持都有条件买得起、租得起和消费得起适当的住房；对于极少数确实无力购买或租赁住房的弱势群体，则应通过建立住房社会保障制度解决他们的住房问题，以实现"人人有适当的住房"这一社会目标。根据我国所处的历史发展阶段及人们的收入状况，今后相当长的时期内，对社会公众住房的开发建设应遵循"高品质、低能耗、小户型、简装修"作为方针，努力满足多数群众居住消费的需要。这个基本方针的内涵如下：

注：本文是 2006 年 9 月 15 日合肥"创新居住论坛"上的演讲。

高品质：即所有住房都必须符合国家规定的质量标准和规范，不能粗制滥造，不能因供应对象不同而降低质量等级，由于质量缺陷造成人民生命安全和财产损失的，应依法追究当事人的法律责任。建筑开发商要对销售的房屋终身负责，建立住房保险，用严密的法规和有效的机制保障居住安全。

低能耗：是指贯彻节约能源资源和环境友好型社会的要求，所有建筑物都符合节能、节水、节地、节材的要求，公共建筑达到节能65%的目标，住宅达到节能50%的目标，达不到标准的宁可不开工建设，也不低标准交付使用。除节约传统能源外，还应大力推广可再生能源，如太阳能、地热能、风能、水能等。农村住房是整个节能体系中最薄弱的环节，更应特别重视。

小户型：是指住宅建设要从我国人多地少和收入不均的国情出发，近期以中小户型、中低价位为主，严格控制大户型及高档住宅的比例，做到理性开发，理性消费。

简装修：要树立经济适用和简洁就是美的观念，坚决淘汰毛坯房，推行全装修。实践证明，大量开发销售毛坯房不符合安全、环保和节约资源的方针，遗患无穷。建议以两年为限，在全国停止毛坯房的开发建设和销售。营造和开发单位要大力提高施工技术和装修质量，推广菜单式装修，做到简洁、大方、美观、环保，革除繁琐豪华的装修。

总之，更新发展理念，转变发展方式，促进居住和谐，是全行业面临的一项紧迫任务，我们要共同促其早日实现。

毛坯房应尽快出局

自推行住房商品化改革以来，业内外围绕是否应销售毛坯房，一直争论不休。2000年7月在大连举行的"住房发展论坛"上，我在演讲中专门讲了这个问题，不赞成开发毛坯房。今天甘肃省工商联房地产商会和甘肃电视台联手向毛坯房开刀，是一种理性的抉择。理由如下：

第一，毛坯房是不合时宜的产物

现在市场上销售的毛坯房是住房商品化过程中出现的"异类"，它不是真正意义上的商品房，而是商品房的变种或初级产品。

毛坯房的出现并大量推行有当时的历史背景，它是计划经济体制向市场经济体制转型时期的产物。当时人们普遍缺少住房，但又无力购买，只能靠单位统一分配；然而分配的住房又不适用，只好自己重新装修。开发公司虽然能提供商品房，但功能落后，式样陈旧，不适应消费者的需求。在这种背景下，顺势而生的毛坯房大量充斥市场。

开发商对毛坯房也有两种截然不同的态度：有的赞成，有的反

注：在甘肃省工商联及甘肃电视台联合举办的推广全装修大会上演讲，2007年10月12日。

对。因为毛坯房价格低，买方和卖方很容易一拍即合，毛坯房的逐渐成为主流。随着时代的演进，毛坯房的缺陷日益彰显，人们又怀念全装修住房，导致房地产市场乱象丛生。

第二，毛坯房的四大弊端

毛坯房所以不受欢迎，主要是它存在的四大弊端：

(1) 价值和使用价值脱节。商品房本意是制成品，但毛坯房却将制成品变成了半成品，背离了合住房商品化的原旨。

(2) 由使用者自己进行装修，内行少，外行多，极易造成结构隐患、电气隐患和环境隐患，不符合保护生命安全和财产安全的方针。

(3) 器材损毁浪费严重，成本上升，不符合构建资源节约型社会的原则。

(4) 噪音污染严重，"一家装修，全楼遭殃"，影响邻里和睦，有违构建和谐社会的宗旨。

上述各点归结起来，就是开发毛坯房弊多利小，不符合群众本意，不符合住房商品化的初衷，有违建设小康社会的要求。

第三，出路和对策

(1) 进行制度改革，全国统一行动，限期取消毛坯房，推行全装修。这种更新不是微观层面的修修补补，而是产业体制的战略转变，关键取决于主管部门的决心。

(2) 重视细节管理，切实提高精装修水平。取消毛坯房必须做到精装房品质优良，群众说好，靠优胜劣汰，而不是靠行政命令行事。

(3) 法规政策先行，依法依章推进。要做到企业创样板，商会抓典型，政策当后盾，各个环节协调动作。没有体制政策的合力推进，靠少数人喊口号说空话，毛坯房不会自动退出市场。

中国的改革开放过去是从南向北推进，但改革的最终成败取决于实践效果。这次甘肃在推进全装修方面开了个好头，你们就是改革的先行者，只要大家同心协力，一定能取得成功。

高房价引发的思考

2009年冬，我去上海参加某论坛期间，李骁同志将他的新作《惊天大逆转》一书初稿送我，并嘱代为写序，这件事已过去两个多月，今天才交稿，谨向作者表示歉意。

在和李骁同志攀谈中，得悉他写此书的初衷是为了探求2009年中国房地产市场从年初低迷到年底骤然火爆的原因。李骁同志告诉我：2008年他和他的同事们议论最多的话题是房地产业如何摆脱国际金融危机的困局，防范市场出现"拐点"和房价波动。然而，他万万没有想到的是，不到半年的时间，市场就像打了强心针似的，迅即火爆起来，房价犹如夏天的水果摊一样，一天一个新高。北京、上海、深圳等城市的房价，从年初每平方米几千元攀升至近万元，又从近万元攀升至数万元，高的达十几万元，最火的上海每平方米超过10万元的楼盘竟有13个之多。于是，人们在企盼市场繁荣的同时，又为房价非理性上涨担忧。正是这种叵测不定的矛盾心情和市场态势，才促使他动手写《惊天大逆转》一书。

李骁同志自1992年即从事房地产业，至今已近20年，从业经历涉及房地产的开发、营销、管理、策划等各个环节，几乎见证了中国房地产业市场化发展的整个过程，是中国房地产业历次波动、调整的

注：本文是2010年2月为李骁同志所著《惊天大逆转》一书所写的序言。

经历者，经他操作的项目更是多达一百余个，业务实践为他提供了一个熟知居民住房境况的职业平台。他说，10万元1平方米的房子别说是普通老百姓买不起，就是收入可观的白领阶层也会"谈房色变"。更使他不解的是，这种泡沫铺垫的繁荣究竟能支撑多久？有朝一日泡沫破裂会不会殃及银行或引发通货膨胀？在这一连串反问的背后，隐含着他对市场前景的担忧。

我曾说过，中国住房建设取得的巨大成就是举世公认的，仅仅用了三十年就总体上解决了13亿人口大国的住房问题，这是一个了不起的成就。但房地产市场潜在的问题，也不容忽视。中国房地产市场是一个不规范的市场，政策法规缺失，行政干预过多，诸多深层次矛盾盘根错节。要解决这些现实中的问题，必须解放思想，深化改革，切实克服制约发展的体制性、机制性障碍，包括依法完善土地制度和规范现行财政税收体制。李骁同志敏锐地看到了这些问题，并在他的书中概述了相关见闻。这对一个非专业理论工作者来说，已经是难能可贵的了。

李骁同志在书中关注最多的房价暴涨的原因，这不只是作者个人的思考，也是业界乃至社会众多人士的质疑。我一直认为，高房价只是个表象，其背后是错综复杂的体制政策使然。在这个问题上，目前流传的一些谰言均不可信，诸如：开发商牟取暴利说，地方政府追求政绩说，土地部门袒护地王说，炒房团投机倒把说，等等。这些看法在某一地区、某一时段可能存在，但不是主要原因。依我之见，房价暴涨的直接原因很有可能与放松金融管控、货币投放过多及不规范的财税体制有关。据有关资料显示，2009年全国金融机构发放的个人经营性贷款共2.46万亿元（内含以不同方式进入房市的贷款），而此前2006年~2008年同一口径的贷款分别为6千亿元、1万亿元和7千亿元。也就是说，2009年一年发放的个人经营性贷款，相当于前三年的总和，这还不包括从其他渠道流入房市的热钱及开发商直接从银行获得的贷款，以上总数约计超过 3 万亿元。如此大量的信贷资金短期内一齐涌入房市，房价不疯狂上涨才是怪事！慢说是房地产能自动升值，就是不会说话的石头也能身价百倍。这里说句公道话，金融部门投放货币过多，在当时齐喊"救市"的背景下，也是不得已而为之。总之，具体问题必须具体分析。房地产行业有许多重大理论、体制、政策问题值得深入探讨。

我国的房地产业从改革开放算起，只有 30 年，总体上还处于起步阶段，成就巨大但问题不少。十年前，冯仑同志和我说过，中国的房地产应该多借鉴欧美模式，不要只照抄照搬香港模式，他可能已体察到现行体制的弊端。我认为，体制模式固然重要，更重要的是摒弃浮躁，求真务实，坚持按客观规律办事。唯有如此，我国的房地产业才能真正健康发展。

住房建设发展低碳经济的重点和对策

低碳经济是近年来应对全球气候变化而发展起来的新的经济领域和新的经济形式，其基本内涵是：应用创新技术和创新机制，在全社会形成以高能效、低能耗、低排放为基础的低碳经济发展模式和生活方式，实现经济社会的可持续发展。

低碳经济作为新的经济领域是随着历史的演进而逐步发展起来的。在人类未进入工业化社会以前，自然界基本上没有危及生态安全的碳污染，但自产业革命以来，由于不合理地开发和利用自然资源，尤其是掠夺式的开采石油、煤炭、木材等碳元素构成的自然资源，导致大量排放二氧化碳、甲烷、氧化亚氮等温室气体，造成全球性的环境污染和生态破坏，对人类生存和发展构成了严重威胁。因此，发展低碳经济，实现持续发展，是当今人类社会应尽的共同责任。

发展低碳经济，应对气候变化，是事关人类命运全局的战略决策。要把这些重大决策落到实处，必须既要放眼宏观全局问题的解决，又要立足当前，从身边小事做起。两年前，联合国曾作为一项决

注：本文是2009年10月22日在美中清洁能源论坛的书面演讲，这次论坛在美国加州硅谷举行。原载《国际生态与安全》，2009（12）。

议，要求每人都从身边小事做起，推动节能减排。例如：为了节省燃料，尽量步行上下班，少乘汽车；看电视时尽量把音量放小，以节约用电；洗漱时尽量把水龙头关小，以节约用水；洗衣服时用手把水拧干，以节约用电；电视机和电脑不用时，尽量关闭电源；夏天室内空调温度不低于26℃，等等。这些看来微不足道的小事，主要是彰显一种理念，改变人们的思维方式、行为方式和生活方式，共同携手应对大自然的挑战。

中国是一个拥有13亿人口的发展中国家，资源相对不足，生态环境脆弱，正处于工业化、城市化的过程中，面临着庞大的人口基数和持续增长的多重压力。我们既深知在保护环境方面的历史责任，同时也清醒地认识到，只有保持经济快速增长，早日消除贫困，大力提升人民生活水平，不断增强综合国力，才能实现国家的文明富裕和长治久安，才有条件应对气候变化和各种自然灾害的挑战。也就是说，治理大气污染，既要放眼全人类和子孙后代的大局，又要立足自身可能，保持经济社会的持续健康发展，两者必须兼顾。

中国发展低碳经济的重点和对策

应对全球性气候变化是一项复杂的系统工程，中国必须以科学发展观为指导，坚持节约资源和环境保护的基本国策，努力从以下几个方面推进：

一是强化节能减排，控制温室气体排放。要大力推广节能技术和节能产品，改善能源结构和消费结构，发展洁净煤技术，加快开发水能、风能、太阳能、生物质能等可再生能源，推进核电建设。要大力发展循环经济，淘汰落后产能及产品，不断提高资源综合利用效率，加快实施生态建设战略，推进植树造林，增强碳汇功能。目前，中国的节能减排成效显著。2008年全国单位能耗比2005年降低10%，今年有望再降低5%，2010年达到20%，是全世界做得最好的国家。

中国的水电和太阳能利用均居世界第一位，风能利用居世界第四位，农村沼气用户去年达到 2600 万，每年减少标煤使用 1600 万吨，减少二氧化碳排放 4400 万吨。但由于中国一次能源消费构成中煤炭占 68%，今后节能减排任务依然繁重。

二是充分发挥科技的支撑和引领作用。主要是加强政策引导、组织协调和投入力度，强化应对气候变化的基础研究和重大技术开发，提高科学判断能力。要围绕提高能源效率和洁净煤、可再生能源、核能及相关低碳技术的研发应用，探索新的开发途径，加强先进技术的消化、吸收和再创新，尽快形成具有自主知识产权的创新技术。

三是研究制定发展绿色经济和低碳产业的政策措施。发展高碳能源低碳化利用技术，建设低碳型工业、建筑和交通体系，加快发展清洁能源汽车、轨道交通和其他代步工具，培育以低排放为特征的新经济增长点，促进发展方式转型。要大力加快住房建设、城乡建设和市政公用建设，发展绿色建筑，提高节能保温效果。

四是加强气象能力建设。中国是世界上自然灾害最严重的国家之一，气象灾害及各种衍生、次生灾害占全国自然灾害的 70% 以上。要大力加强极端天气与灾害气候的监测、预警、预报和科学防范，推进农田基础设施及农业结构调整，提高农业综合生产能力，强化水资源管理及海洋、海岸带的监督和保护，提高抵御海洋灾害的能力。

五是把重大政策战略纳入国民经济和社会发展规划。综合运用经济、科技、法律、行政手段，全面加强应对气候变化的能力建设，完善产业政策、财税政策、金融政策和投资政策，建立生态补偿机制和政策导向体制，并用严密的法规制度推进落实。

加强国际合作的对策思考

气候变化是国际社会普遍关心的重大全球性问题，单靠一个国家或少数国家的力量，很难有所作为，国际社会必须携手合作，共同应对。

《联合国气候变化框架公约》明确指出：历史上和目前全球温室气体排放绝大部分源自发达国家，发展中国家人均排放相对较低。据此"公约"规定：各缔约方应在公平的基础上，根据他们共同但有区别的责任和各自的能力，为人类当代和后代的利益保护气候系统。同时指出：发达国家缔约方应率先采取行动，应对气候变化及其不利影响。

中国政府高度重视全球气候变暖问题，最早提出建设资源节约型、环境友好型社会的目标，制定了《中国21世纪议程》和《中国应对气候变化国家方案》，同时，采取一系列应对举措和实际行动推进节能减排，为减缓气候变化作出了重要贡献。2009年8月27日，全国人大常委会又通过了《关于积极应对气候变化的决议》，阐明了中国参与国际合作的原则立场，强调在维护联合国公约的前提下，按照"两个坚持"、"两个维护"的宗旨行事。

"两个坚持"就是坚持"共同但有区别的责任"原则，坚持可持续发展原则，重申发达国家应当正视其历史积累排放的责任和当前高于人均排放的现实，率先大幅度减少温室气候排放，切实兑现向发展中国家提供资金和技术转让的承诺。在这个前提下，发展中国家也要积极采取行动应对气候变化。"两个坚决"就是坚决维护发展中国家应有的发展权；坚决反对任何形式的贸易保护主义，这是开展国际合作的底线。

参阅文件：

国务院关于城乡划分标准的规定

(1955年11月7日国务院全体会议第二十次会议通过)

(1955年11月7日发布)

由于城市人民同乡村人民的经济条件和生活方式都不同，政府的各项工作，都应当按城市和乡村有所区别，城乡人口也需要分别计算。为了让各部门在区别城乡的不同性质来进行计划、统计和其他业务工作的时候有统一的依据，现在规定城乡划分标准如下：

（一）凡符合下列标准之一的地区，都是城镇；

甲、设置市人民委员会的地区和县（旗）以上人民委员会所在地（游牧区行政领导机关流动的除外）。

乙、常住人口在二千人以上，居民50%以上是非农业人口的居民区。

（二）工矿企业、铁路站、工商中心、交通要口、中等以上学校、科学研究机关的所在地和职工住宅区等，常住人口虽然不足二千，但是在一千以上，而且非农业人口超过75%的地区，列为城镇型居民区。具有疗养条件，而且每年来疗养或休息的人数超过当地常住人口50%的疗养区，也可以列为城镇型居民区。

（三）上列城镇和城镇型居民区以外的地区列为乡村。

（四）为了适应某些业务部门工作上的需要，城镇可以再区分为城市和集镇。凡中央直辖市、省辖市都列为城市，常住人口在二万人以上的县以上人民委员会所在地和工商业地区也可以列为城市，其他地区都列为集镇。个别部门因为工作需要有另订城市和集镇区分标准的必要的时候，应当报告本院批准。

（五）市的郊区中，凡和市区毗邻的近郊居民区，无论它的农业人口所占比例的大小，一律列为城镇区，郊区的其他地区可按第（一）、（二）、（三）三条标准，分别列为城镇、城镇型居民区或乡村、近郊区的范围由市人民委员会根据具体情况确定。

以上城乡划分标准，是为了便于计划、统计和业务计算的，并不因为这个而改变各地区的行政地位的机构编制。

第（一）条甲款以外的城镇和城镇型居民区的确定必须经过批准，应当由内务部制订《城镇和城镇型居民区申请批准办法》报送本院批准后发布施行。

为了利于各项工作的进行，责成内务部在 1956 年内，对我国现有的城镇和城镇型居民区尽速作一次统一的审定，并编制《全国城镇和城镇型居民区一览表》报送本院核准使用；此后，城镇和城镇型居民区的增减变动，应当由内务部定期统一通知。

国家统计局关于城乡划分若干主要问题的说明

关于城乡划分标准自 1953 年年底拟订了新的标准以来，曾经作过反复研究和多次讨论，对原拟方案作了修改和补充。今将现拟方案中有关的主要问题说明如下：

一、关于确定城乡界限的依据

这一标准是参考苏联的现行规定及其他国家的规定，并结合了我国当前的实际情况拟订的。

（1）苏联现行规定为"人口在一千人以上，且从事农业者不超过25％的居民地为城市"，在最低人口数外，更规定了从事农业生产者不能超过一定的比例。其他国家如美国规定为二千五百人，英国规定为三千五百人，法国规定为二千人。在拟订我国标准时，斟酌采用了

参阅文件：国务院关于城乡划分标准的规定

苏联所定的标准，同时亦研究了我国实际情况。这一界限是比较合理的，并且基本上可与世界各国比较。

（2）我国过去习惯上把县以上人民委员会所在地及工商业集镇列入城镇。根据1953年全国人口调查登记统计资料，全国现有城镇共计五千四百个（各级市未包括在内），这些城镇共有三千三百七十三万人。在这五千四百个城镇和三千三百七十三万人口中，人口在二千人以上的城镇占83.0%，它们的人口占96.3%。此外，二千人以下一千人以上的城镇有七百二十七个，它们的一部分是县（旗）以上行政领导机关所在地，按本标准仍属〔城镇〕范围，另一部分亦有可能按本标准第（二）条的规定划为〔城镇型居民区〕。至于一千人口以下的城镇尚有一百九十三个（如黑龙江省海林县种马场、甘肃环县南关市、青海省都兰县香日德、江苏省扬中县八桥镇、油坊镇、湖北省孝感县小河镇、东扬镇等），人口总数为十三万七千余人，除少数县（旗）以上行政领导机关所在地仍属〔城镇〕范围外，余下一些由于它们的人口集中程度很低，经济上城镇方面的特点不显著，政治上又非当地行政领导的中心，故将被划入〔乡村〕中。这一部分无论在城镇数和人口数方面都很少，问题不大。所以此项规定，与过去习惯大体是符合的。

（3）按照本标准估计，我国1952年的城镇人口约为六千七百万（根据〔1952年劳动就业调查〕资料估计，城镇范围基本上与现在所拟标准相当），约占当年全国总人口五亿六千八百九十万人的11.8%。又按照1953年全国人口调查登记的结果来看，1953年全国城镇人口（城镇范围基本上亦与现在所拟标准相当），共为七千七百二十五万余人，占全国大陆人口总数五亿八千二百六十万人的13.26%。这两个比重与世界其他国家比较：苏联1926年普查时的城市人口占17.9%，1939年普查时升至32.8%。美国1940年的城市人口占56.5%。英国1931年的城市人口占79.2%。印度1941年的城市人口占 12.8%。我国 1953 年的城镇人口的比重较苏联 1926 年的比重为低，较印度 1941 年的比重略高，还是比较符合实际情况的。

二、关于城镇中再分为〔城市〕和〔集镇〕问题

拟定城乡划分标准基本上应分为城镇和乡村：城镇人口比较集中，工商业比较发达，居民以非农业人口为主；乡村则人口比较分散，居民主要靠农业为生；这样划分不仅因为它是简单明确的，而且因为它已经能够反映出社会经济生活中城乡区别的基本方面。但是我国经济比较落后，有许多小城镇的人民生活方式，与现代化的城市仍有相当大的距离，从某些方面来说，还与乡村颇为接近，仅由于他们主要不是依靠农业生活，所以不能列入乡村；因此有些业务部门将城镇再行区分为城市和集镇，也有必要。

在研究城市与集镇的区分时，考虑到一百六十六个中央直辖市和省辖市应该列为城市，因为这是已经设市的地区，具备城市的特征比较显著；同时，这样区分也是很方便的。除此之外，还有哪些地区可以列为城市，问题即很多。过去有些部门把县以上人民委员会所在地当作城市，其他地区作为集镇，这样的区分不尽合理；因为事实上有很多县城人口很少，工商业等不发达；有很多集镇与此相反，人口很多，工商业等很发达，因此不能完全采用这种区分方法。为研究这个问题，曾拟定了几个区分〔城市〕和〔集镇〕的方案，征求有关各部门的意见：一个由各部门自订标准区分，一个按二万人区分。结果，许多部门皆赞成把常住人口在〔二万人〕以上县的人民委员会所在地和特别重要的集镇列为〔城市〕，常住人口不满二万的列为〔集镇〕。因为这一区分法比较具体，可使有关部门的标准统一，不仅便于区分城市和集镇，而且便于作历史的比较。按此标准区分，则除一百六十六个大中城市外，还有二百五十六个小城市，人口七百七十九万人；两者合计共有四百二十二个城市，五千一百三十二万人，约占城镇全

部人口的 66.4%。

有些部门采用上述划分标准确实不适合于本部门的工作需要时，亦得另行规定城市和集镇的划分标准，报国务院批准后采用。

三、关于划出城镇型居民区问题

苏联划分城乡曾有〔城镇型居民区〕的规定，城镇型居民区的人口按城市人口计算。讨论我国标准时，有的部门曾主张：〔人口虽不足两千，但该居民区如为工矿区、交通要口、疗养区、职工住宅区、林木作业所等，其非农业人口超过总人口半数以上者〕亦可划为城镇。讨论结果，基本上同意了这一意见，同时认为这部分居民区的人口应计入〔城镇人口〕。这类居民区在我国目前正在发生并发展着，它们的出现应该得到我国人民和政府的及时的注意。它们是〔城镇型〕的居民区，因此不能因为它们的人口在二千人以下即和乡村一律看待。

现拟标准和原来提出的条文有些不同，主要是因为：1.〔工矿区〕在我国目前绝大多数已包括在〔城镇〕范围中，故划出城镇型居民区时，应仅指没有形成为〔工矿区〕的一般的〔工矿企业所在地〕为妥。2.〔林木作业所〕如系指伐木楞场的所在地，则可为〔工矿企业所在地〕所包括，不必单独列举。3.〔疗养区〕是否为（城镇型居民区）应有一定的限制。4. 此外，根据苏联专家研究人口调查方案时提出的意见，增列了铁路站、中等以上学校、科学研究机关等的所在地，凡符合规定条件者亦可为〔城镇型居民区〕。5. 最低人口〔一千人〕的限制主要是根据苏联〔工人城〕（苏联的城镇型居民区之一种）须有〔成年人口四百人以上〕的标准拟订。我国未按〔四百人〕标准是因为根据〔全部人口〕计算，未根据〔成年人口〕计算。据人口调查公报，我国成年人口占全国人口的比例为 58.92%，所以我国的〔全部人口〕一千人以上约相当于〔成年人口〕四百人以上。

四、关于市的郊区如何划分问题

在这次普选中进行人口调查登记的结果,北京市郊区有乡村人口七十万八千余人,天津市郊区有乡村人口三十六万五千余人(原宛平县和天津县的建制现在都已撤销),其他市如石家庄、保定、宣化等的郊区也有类似的情况。对此问题,苏联规定:〔有时候较大的市苏维埃管辖若干村苏维埃,在这种情况下,这些村苏维埃的人口不算为市人口而是乡村人口〕。讨论我国标准时,有的部门主张:〔市的城区凡纯粹以农业为主要活动的农村地区,不应划作城市,但郊区如与市区经济、文化上有密切联系者,可划为城市〕。这项意见已在标准内加以采纳,规定为:凡与市区毗邻的近郊,因在经济、文化上与市区有着密切的联系,可划为城镇;近郊区的范围由各城市自定。此外的郊区则按标准第(一)、(二)、(三)三条的规定分别划为城镇、城镇型居民区或乡村。

中国住房基本数据
（1950~2000年）

住宅建设投资占国内生产总值的比重

（1950~2000年）

年　份	国内生产总值（亿元）	住宅建设投资（亿元）	比　重（%）
恢复时期	**1530.0**	**8.31**	**0.5**
1950	426.0	1.25	0.3
1951	497.0	2.58	0.5
1952	607.0	4.48	0.7
"一五"时期	**4122.0**	**53.79**	**1.3**
1953	727.0	11.27	1.6
1954	765.0	9.23	1.2
1955	807.0	6.64	0.8
1956	888.0	13.36	1.5
1957	935.0	13.29	1.4
"二五"时期	**5616.0**	**49.56**	**0.9**
1958	1117.0	8.16	0.7
1959	1274.0	13.67	1.1
1960	1264.0	15.89	1.3
1961	1013.0	7.67	0.8
1962	948.0	4.17	0.4
调整时期	**3578.0**	**29.09**	**0.8**
1963	1047.0	7.59	0.7
1964	1184.0	11.59	1.0
1965	1347.0	9.91	0.7
"三五"时期	**7785.0**	**39.32**	**0.5**
1966	1535.0	9.21	0.6
1967	1428.0	5.33	0.4
1968	1409.0	5.66	0.4
1969	1537.0	11.04	0.7
1970	1876.0	8.03	0.4

续表

年　份	国内生产总值（亿元）	住宅建设投资（亿元）	比　重（%）
"四五"时期	11054.0	100.74	0.9
1971	2008.0	14.53	0.7
1972	2052.0	18.84	0.9
1973	2252.0	20.89	0.9
1974	2291.0	22.51	1.0
1975	2451.0	23.97	1.0
"五五"时期	15845.8	389.31	2.5
1976	2424.0	22.84	0.9
1977	2573.0	26.30	1.0
1978	2975.0	39.21	1.3
1979	3356.0	77.28	2.3
1980	4517.8	223.68	5.0
"六五"时期	32227.0	2176.20	6.8
1981	4862.4	295.75	6.1
1982	5294.7	357.11	6.7
1983	5934.5	416.10	7.0
1984	7171.0	465.61	6.5
1985	8964.4	641.63	7.2
"七五"时期	72550.1	5268.30	7.3
1986	10202.2	777.81	7.6
1987	11962.5	944.20	7.9
1988	14928.3	1187.12	8.0
1989	16909.2	1194.69	7.1
1990	18547.9	1164.48	6.3
"八五"时期	188127.8	14403.12	7.7
1991	21617.8	1417.41	6.6

中国住房基本数据(1950~2000年)

续表

年 份	国内生产总值（亿元）	住宅建设投资（亿元）	比 重（%）
1992	26638.1	1716.91	6.4
1993	34634.4	2725.75	7.9
1994	46759.4	3806.36	8.1
1995	58478.1	4736.69	8.1
"九五"时期	392163.5	31615.95	8.1
1996	67884.6	5198.54	7.7
1997	74462.6	5370.68	7.2
1998	78345.2	6393.81	8.2
1999	82067.5	7058.78	8.6
2000	89403.6	7594.14	8.5
1981~2000	685068.4	53463.57	7.8
1950~2000	734599.2	54133.69	7.4

注：1. 本表所列数字包括全国城镇及农村新建住宅投资。由于1980年以前农村住宅投资无单独统计，表中1980年及以前建房投资额为城镇建房投资，不含农村。

2. 我国因长期实行计划经济体制，住宅投资统计均按设计预算进行计算，不是市场形成价格，房屋面积和实际价格之间存在较大差距，使用本资料时，请予注意。

3. 数据来源：据国家统计局有关资料整理。

4. 本书第二版统计数据中，因故未增加2001年以后的数据，特此说明。

住宅建设投资占固定资产投资的比重
(1950～2000 年)

年 份	全社会固定资产投资（亿元）	住宅建设投资（亿元）	比 重（％）
恢复时期	**78.36**	**8.31**	**10.6**
1950	11.34	1.25	11.0
1951	23.46	2.58	11.0
1952	43.56	4.48	10.3
"一五"时期	**611.58**	**53.79**	**8.8**
1953	91.59	11.27	12.3
1954	102.68	9.23	9.0
1955	105.24	6.64	6.3
1956	160.84	13.36	8.3
1957	151.23	13.29	8.8
"二五"时期	**1307.00**	**49.56**	**3.8**
1958	279.06	8.16	2.9
1959	368.02	13.67	3.7
1960	416.58	15.89	3.8
1961	156.06	7.67	4.9
1962	87.28	4.17	4.8
调整时期	**499.45**	**29.09**	**5.8**
1963	116.66	7.59	6.5
1964	165.89	11.59	7.0
1965	216.90	9.91	4.6

中国住房基本数据(1950～2000年)

续表

年　　份	全社会固定资产投资（亿元）	住宅建设投资（亿元）	比　重（％）
"三五"时期	**1209.09**	**39.32**	**3.3**
1966	254.80	9.21	3.6
1967	187.72	5.33	2.8
1968	151.57	5.66	3.7
1969	246.92	11.04	4.5
1970	368.08	8.08	2.2
"四五"时期	**2276.37**	**100.74**	**4.4**
1971	417.31	14.53	3.5
1972	412.81	18.84	4.6
1973	438.12	20.89	4.8
1974	463.19	22.51	4.9
1975	544.94	23.97	4.4
"五五"时期	**3351.22**	**389.31**	**11.6**
1976	523.94	22.84	4.4
1977	548.30	26.30	4.8
1978	668.72	39.21	5.9
1979	699.36	77.28	11.1
1980	910.90	223.68	24.6
"六五"时期	**7997.60**	**2176.20**	**27.2**
1981	961.00	295.75	30.8
1982	1230.40	357.11	29.0
1983	1430.10	416.10	29.1
1984	1832.90	465.61	25.4
1985	2543.20	641.63	25.2

续表

年 份	全社会固定资产投资（亿元）	住宅建设投资（亿元）	比 重（%）
"七五"时期	20593.50	5268.30	25.6
1986	3120.60	777.81	24.9
1987	3791.70	944.20	24.9
1988	4753.80	1187.12	25.0
1989	4410.40	1194.69	27.1
1990	4517.00	1164.48	25.8
"八五"时期	63808.30	14403.12	22.6
1991	5594.50	1417.41	25.3
1992	8080.10	1716.91	21.2
1993	13072.30	2725.75	20.9
1994	17042.10	3806.36	22.3
1995	20019.30	4736.69	23.7
"九五"时期	139093.70	31615.95	22.7
1996	22974.00	5198.54	22.7
1997	24941.10	5370.68	21.5
1998	28406.20	6393.81	22.5
1999	29854.70	7058.78	23.6
2000	32917.70	7594.14	23.1
1981～2000	231493.10	53463.57	23.1
1950～2000	240826.17	54133.69	22.5

注：1. 由于核算体制原因，1980年及以前不使用"全社会固定资产投资"这一概念，当时称"基本建设投资"，即国家和集体投资。1981年后改为"全社会固定资产投资"，包括范围扩大为各种经济成分。

2. 资料来源：据国家统计局有关资料整理。

全国城镇新建住宅投资

(1950～2000年)

年　份	住宅建设投资（亿元）
恢复时期	**8.31**
1950	1.25
1951	2.58
1952	4.48
"一五"时期	**53.79**
1953	11.27
1954	9.23
1955	6.64
1956	13.36
1957	13.29
"二五"时期	**49.56**
1958	8.16
1959	13.67
1960	15.89
1961	7.67
1962	4.17
调整时期	**29.09**
1963	7.59
1964	11.59
1965	9.91

续表

年　份	住宅建设投资 （亿元）
"三五"时期	**39.32**
1966	9.21
1967	5.33
1968	5.66
1969	11.04
1970	8.08
"四五"时期	**100.74**
1971	14.53
1972	18.84
1973	20.89
1974	22.51
1975	23.97
"五五"时期	**297.63**
1976	22.84
1977	26.30
1978	39.21
1979	77.28
1980	132.00
"六五"期间	**1056.89**
1981	149.23
1982	190.91
1983	193.75
1984	208.19
1985	314.81

续表

年 份	住宅建设投资（亿元）
"七五"期间	**2424.44**
1986	375.57
1987	440.35
1988	578.77
1989	531.41
1990	498.34
"八五"期间	**9540.87**
1991	640.83
1992	1013.54
1993	1904.09
1994	2704.22
1995	3278.19
"九五"期间	**21442.86**
1996	3326.22
1997	3319.67
1998	4310.81
1999	5050.88
2000	5435.28
1950～1980	**578.44**
1981～2000	**34465.06**
1950～2000	**35043.50**

全国城镇新建各类房屋面积及住宅所占比重

（1950～2000年）　　　单位：万平方米

年　份	城镇新建各类房屋面积	其中：住宅面积	住宅占新建房屋的比重（%）
恢复时期	4659	1462	31.4
1950	731	219	30.0
1951	1510	453	30.0
1952	2418	790	32.7
"一五"时期	26640	9454	35.5
1953	3639	1342	36.9
1954	4777	1327	27.8
1955	4509	1446	32.1
1956	6910	2523	36.5
1957	6805	2816	41.4
"二五"时期	38111	11012	28.9
1958	10510	2642	25.1
1959	11424	3246	28.4
1960	10735	2979	27.8
1961	3629	1377	37.9
1962	1813	768	42.4
调整时期	10850	4271	39.4
1963	2355	1009	42.8
1964	3791	1534	40.5
1965	4704	1728	36.7

中国住房基本数据(1950~2000年)

续表

年 份	城镇新建各类房屋面积	其中：住宅面积	住宅占新建房屋的比重(%)
"三五"时期	20166	5400	26.8
1966	4719	1264	26.8
1967	2743	734	26.8
1968	2904	778	26.8
1969	5666	1517	26.8
1970	4134	1107	26.8
"四五"时期	38296	12573	32.8
1971	8142	1800	22.1
1972	7925	2730	34.4
1973	7429	2705	36.4
1974	7049	2569	36.4
1975	7751	2769	35.7
"五五"时期	54983	25847	47.0
1976	6907	2420	35.0
1977	7622	2828	37.1
1978	9011	3752	41.6
1979	12000	6256	52.1
1980	19443	10591	54.5
"六五"期间	127173	73089	57.5
1981	19681	11661	59.3
1982	23178	13830	59.7
1983	24410	14090	57.7
1984	26716	14718	55.1
1985	33188	18790	56.6

续表

年 份	城镇新建各类房屋面积	其中：住宅面积	住宅占新建房屋的比重(%)
"七五"期间	179659	105385	58.7
1986	37323	22152	59.4
1987	38664	22257	57.6
1988	40906	23950	58.5
1989	33132	19708	59.5
1990	29634	17318	58.4
"八五"期间	238223	147240	61.8
1991	32807	19240	58.6
1992	40369	24003	59.5
1993	50486	30832	61.1
1994	55929	35676	63.8
1995	58632	37489	63.9
"九五"期间	354254	238346	67.3
1996	61443	39450	64.2
1997	62490	40550	64.9
1998	70166	47617	67.9
1999	79647	55869	70.1
2000	80508	54860	68.2
1950～1980	193705	70019	36.1
1981～2000	899309	564060	62.7
1950～2000	1093014	634079	58.0

注：1. 本表反映城镇历年房屋建筑面积及住宅所占比表，因统计口径原因1979年以前为基本建设投资建造的房屋，1980年以后包括集体及个人建房。

2. 资料来源：据历年《中国统计年鉴》整理。

全国农村新建住宅投资

（1980～2000年）

单位：亿元

年　　份	合　　计	集 体 投 资	个 人 投 资
1980	91.68	1.59	90.09
"六五"期间	**1119.31**	**54.66**	**1064.65**
1981	146.52	5.77	140.75
1982	166.20	9.37	156.83
1983	222.35	7.81	214.54
1984	257.42	18.04	239.38
1985	326.82	13.67	313.15
"七五"期间	**2843.86**	**95.66**	**2748.20**
1986	402.24	13.68	388.56
1987	503.85	16.64	487.21
1988	608.35	27.38	580.97
1989	663.28	21.60	641.68
1990	666.14	16.36	649.78
"八五"期间	**4862.25**	**311.64**	**4550.61**
1991	776.58	17.33	759.25
1992	703.37	24.85	678.52
1993	821.66	61.40	760.26
1994	1102.14	99.41	1002.73
1995	1458.50	108.65	1349.85
"九五"期间	**10173.09**	**863.17**	**9309.92**
1996	1872.32	105.92	1766.40
1997	2051.01	160.36	1890.65
1998	2083.00	175.77	1907.23
1999	2007.90	208.80	1799.10
2000	2158.86	212.32	1946.54
1980～2000 合计	**19090.19**	**1326.72**	**17763.47**

注：1. 1980年以前农村住宅投资无单独统计。

2. 农村集体新建住宅投资，是指农村非个人投资建造的住宅。

3. 资料来源：据国家统计局有关资料整理。

全国农村新建住宅建筑面积

（1980~2000 年）　　　　单位：万平方米

年　份	合　计 （建筑面积）	集体投资 （建筑面积）	个人投资 （建筑面积）
1980	33956.0	589.0	33367.0
"六五"时期	**321146.0**	**14231.0**	**306915.0**
1981	57783.0	2043.0	55740.0
1982	57629.0	3428.0	54201.0
1983	72450.0	2856.0	69594.0
1984	61102.0	3264.0	57838.0
1985	72182.0	2640.0	69542.0
"七五"时期	**407882.0**	**13144.6**	**394737.4**
1986	98364.0	3896.0	94468.0
1987	88384.0	2860.0	85524.0
1988	84468.0	3668.7	80799.3
1989	67559.0	1425.0	66134.0
1990	69107.0	1294.9	67812.1
"八五"时期	**317233.0**	**12593.1**	**304639.9**
1991	75445.0	1252.0	74193.0
1992	61877.0	1435.0	60442.0
1993	48133.0	2004.0	46129.0
1994	61834.0	4188.1	57645.9
1995	69944.0	3714.0	66230.0
"九五"时期	**406366.0**	**20243.4**	**386122.6**
1996	82754.0	3223.0	79531.0
1997	80551.0	3264.0	77287.0
1998	79955.0	2923.7	77031.3
1999	83437.0	6679.0	76758.0
2000	79669.0	4153.7	75515.3
1980~2000 合计	**1486583.0**	**66801.1**	**1425781.9**

注：1. 1980 年及以前农村新建住宅面积无单独统计。

　　2. 由于小数进位的原因，农村新建住宅建筑面积的相关资料，尾数不尽一致，本书未作调整。

20世纪90年代全国住房水平

单位：平方米/人

年 份	人均住房建筑面积
1990	17.95
1991	18.19
1992	18.74
1993	18.99
1994	19.08
1995	19.85
1996	20.35
1997	20.76
1998	21.23
1999	21.65
2000	22.07

注：1. 本表旨在反映90年代全国人均住房水平及变化情况。过去观察住房水平是按城市及农村分别计算的，且城市是以"人均居住面积"计算，农村是以"人均建筑面积"计算，口径不统一。这次参照国际惯例均用建筑面积计算，以利于从宏观上综合观察居住状况和进行国际比较。

2. 计算全国人均住房水平的公式是：（城镇年末实有住宅数量＋农村年末实有住宅数量－空置住宅数量）÷年底人口总数，限于资料来源，本表未减空置住宅数量，特此说明。

3. 本表所用实有住宅数量系据建设部有关单位统计资料整理，年底人口总数采用《中国统计年鉴》公布的人口数。

4. 因资料来源所限，1990年以前农村建房没有单独统计，故本表只反映1990年以及以后各年度数据。

20世纪90年代全国城镇住房水平

单位：平方米/人

年　份	人均住房建筑面积
1990	15.22
1991	15.84
1992	16.11
1993	16.53
1994	17.37
1995	17.86
1996	18.46
1997	19.06
1998	19.89
1999	20.44
2000	21.04（见注2）

注：1. 本表旨在反映按建筑面积计算的城镇人均住房水平，计算住房水平的建筑面积系据建设部有关单位资料整理，人数用《中国统计年鉴》公布的人口数。

2. 2000年城镇人均住房水平本书第一版为18.30平方米，是根据第五次全国人口普查快速汇总数计算的，这一年全国城镇人口比上年末增加了6952万人，较历年平均增长数多出5000多万人，因此人均住房面积相应下降。考虑到可比口径的一致性，这次重印时用前三年平均增长人数（980.7万人）重新计算。

20世纪90年代全国农村住房水平

单位：平方米/人

年　份	人均住房建筑面积
1990	18.93
1991	19.03
1992	19.74
1993	19.97
1994	19.76
1995	20.66
1996	21.13
1997	21.48
1998	21.81
1999	22.19
2000	24.21

注：1. 本表所指农村是指农民聚居的村庄，包括中心村、村民委员会所在地，不包括集镇（乡政府所在地）、建制镇。

2. 1990年前因农村住房无全面统计资料，本表只反映1990年以后的数据。

3. 资料来源：住房面积据建设部有关单位统计资料整理。人口数采用《中国统计年鉴》公布的人口数。

4. 本表所列人均住房水平与《中国统计年鉴》数据略有出入，系资料来源不同所致。

全国城市住宅减量统计

单位：万平方米

年　　份	本年度住宅减少数量（建筑面积）
1978	302.7
1979	424.1
1980	483.0
1981	597.1
1982	1032.2
1983	807.2
1984	939.6
1985	1130.2
1986	1285.0
1987	1493.7
1988	1677.4
1989	1329.4
1990	1268.5
1991	1719.9
1992	2940.1
1993	3898.5
1994	3419.9
1995	3185.2
1996	2725.6
1997	2706.3
1998	3816.4
1999	3905.0
2000	4377.0
1978~2000 合计	**45464.0**

注：1. 本表住宅减少数量，包括因建设需要拆除、危险房屋拆除、自然淘汰和各种灾害倒塌而减少的住宅面积。

2. 我国统计制度是计划经济体制下建立起来的以生产型为主的统计，对增量统计覆盖面较广，对减量统计覆盖面较少，因而房屋实际减少数量比统计数量要多，使用本资料时请注意。

3. 资料来源：据建设部有关单位年报数及历史资料整理。

城镇居民家庭居住支出占消费总支出的比重（1985～2000 年）

单位：元

年 份	消费性总支出	居住支出	住房	水电、燃料及其他	居住支出占总支出的比重（%）
1985	673.20	25.44	6.48	18.96	3.8
1986	798.96	29.04	7.20	21.84	3.6
1987	884.40	31.68	7.74	23.94	3.6
1988	1103.98	36.84	7.83	29.01	3.3
1989	1210.95	45.32	8.82	36.50	3.7
1990	1278.89	52.17	9.43	42.74	4.1
1991	1453.81	64.14	10.66	53.48	4.4
1992	1671.73	99.68	35.72	63.96	6.0
1993	2110.81	140.01	52.93	87.08	6.6
1994	2851.34	193.16	79.00	114.16	6.8
1995	3537.57	250.18	103.62	146.56	7.1
1996	3919.47	300.85	124.14	176.71	7.7
1997	4185.64	358.64	148.66	209.98	8.6
1998	4331.61	408.39	172.96	235.42	9.4
1999	4615.91	453.99	195.90	258.09	9.8
2000	4998.00	500.49	201.59	298.89	10.0

注：1. 城市居民家庭消费性总支出指日常生活的全部支出。包括购买商品支出和文化生活、服务等非商品性支出。
2. 居住支出包括：房租、水电、煤气及燃料等其他支出在内。
3. 资料来源：据历年《中国统计年鉴》有关数据整理。

农村居民家庭居住支出占消费总支出的比重

（1985～2000 年）

单位：元

年 份	生活消费总支出	居 住	居住占总支出的比重（%）
1985	317.42	39.46	12.4
1986	356.95	51.23	14.4
1987	398.29	57.76	14.5
1988	476.66	71.10	14.9
1989	535.37	77.05	14.4
1990	584.63	69.30	11.9
1991	619.79	68.90	11.1
1992	659.01	68.15	10.3
1993	769.65	106.79	13.9
1994	1016.81	142.34	14.0
1995	1310.36	182.21	13.9
1996	1572.08	219.06	13.9
1997	1617.15	233.23	14.4
1998	1590.33	239.62	15.1
1999	1577.42	232.69	14.8
2000	1670.13	258.34	15.5

注：1. 农村居民家庭生活消费支出是指农村居民家庭用于日常生活的全部开支。

2. 资料来源：据历年《中国统计年鉴》有关数据整理。

城镇居民家庭户均使用面积典型调查(1999年)

	家庭总户数（户）	户均住房使用面积（平方米/户）
全　　国	**137415**	**52.28**
北　　京	2814	38.01
天　　津	2803	38.43
河　　北	6244	52.59
山　　西	5144	51.56
内　蒙　古	4736	49.74
辽　　宁	8145	41.04
吉　　林	6114	45.95
黑　龙　江	6851	41.22
上　　海	2788	30.34
江　　苏	6449	49.89
浙　　江	4141	50.64
安　　徽	4832	47.45
福　　建	4287	74.26
江　　西	3991	62.58
山　　东	5941	54.58
河　　南	5487	58.91
湖　　北	5127	58.67
湖　　南	5667	55.54
广　　东	5512	69.52
广　　西	4071	64.07
海　　南	1054	76.21
四　　川	5868	57.27
贵　　州	4141	56.31
云　　南	5188	52.57
西　　藏	571	72.69

续表

	家庭总户数（户）	户均住房使用面积（平方米/户）
重　庆	2646	46.18
陕　西	4263	46.32
甘　肃	4042	45.49
青　海	2583	51.13
宁　夏	2801	50.01
新　疆	3114	58.39

注：本表系根据国家统计局城调队1999年8月《全国城市住户基本情况抽样调查》资料整理。此次抽样调查的范围为226个市县，14.55万个家庭。

城镇住宅套型典型调查

（1999年）

类　　别	户　　数（户）	占总户数比重（％）	户均使用面积（平方米）
合　计	**137415**	**100.00**	**52.28**
单栋住宅	2534	1.84	145.92
单元房一居室	13134	9.56	32.36
单元房二居室	53627	39.03	47.73
单元房三居室	27000	19.65	67.06
单元房四居室及以上	3598	2.62	88.28
其他楼房	13851	10.08	49.13
平　房	23671	17.23	43.10

注：资料来源：据国家统计局1999年8月《全国城市住户基本情况抽样调查》资料整理。

城镇住宅权属状况典型调查

(1999 年)

类　别	户　数（户）	占总户数比重（%）
合　计	137415	100.00
租赁公房	39317	28.61
租赁私房	4794	3.49
原有私房	16545	12.04
房改私房	66558	48.43
商品房	7459	5.43
其他	2742	2.00

注：资料来源：国家统计局1999年8月《全国城市住户基本情况抽样调查》。

城镇住宅卫生设备状况典型调查

(1999年)

	合计		卫生设备							
			无卫生设备		有厕所有浴室		有厕所无浴室		公用卫生设备	
	户数	百分比	户数	百分比	户数	百分比	户数	百分比	户数	百分比
全国	137415	100.00	23522	17.12	55292	40.24	47417	34.51	11184	8.14
北京	2814	100.00	871	30.95	1310	46.55	375	13.33	258	9.17
天津	2803	100.00	465	16.59	1286	45.88	660	23.55	392	13.99
河北	6244	100.00	617	9.88	1424	22.81	3735	59.82	468	7.50
山西	5144	100.00	969	18.84	1113	21.64	2764	53.73	298	5.79
内蒙古	4736	100.00	1886	39.82	724	15.29	1643	34.69	483	10.20
辽宁	8145	100.00	481	5.91	2709	33.26	4222	51.84	733	9.00
吉林	6114	100.00	1779	29.10	946	15.47	3092	50.57	297	4.86
黑龙江	6851	100.00	2373	34.64	1149	16.77	3151	45.99	178	2.60
上海	2788	100.00	771	27.65	1596	57.25	97	3.48	324	11.62
江苏	6449	100.00	1324	20.53	3421	53.05	1515	23.49	189	2.93
浙江	4141	100.00	466	11.25	3263	78.80	358	8.65	54	1.30
安徽	4832	100.00	1296	26.82	1943	40.21	1347	27.88	246	5.09
福建	4287	100.00	526	12.27	3318	77.40	202	4.71	241	5.62
江西	3991	100.00	706	17.69	2616	65.55	379	9.50	290	7.27
山东	5941	100.00	434	7.31	2221	37.38	2507	42.20	779	13.11
河南	5487	100.00	1011	18.43	2542	46.33	1444	26.32	490	8.93
湖北	5127	100.00	719	14.02	1445	28.18	2380	46.42	583	11.37
湖南	5667	100.00	705	12.44	2104	37.13	2219	39.16	639	11.28
广东	5512	100.00	276	5.01	4324	78.45	728	13.21	184	3.34

续表

	合 计		卫 生 设 备							
			无卫生设备		有厕所有浴室		有厕所无浴室		公用卫生设备	
	户数	百分比	户数	百分比	户数	百分比	户数	百分比	户数	百分比
广西	4071	100.00	288	7.07	3311	81.33	71	1.74	401	9.85
海南	1054	100.00	140	13.28	823	78.08	15	1.42	76	7.21
四川	5868	100.00	735	12.53	3092	52.69	1430	24.37	611	10.41
贵州	4141	100.00	493	11.91	397	9.59	2762	66.70	489	11.81
云南	5188	100.00	1126	21.70	2476	47.73	1262	24.33	324	6.25
西藏	571	100.00	95	16.64	109	19.09	250	43.78	117	20.49
重庆	2646	100.00	392	14.81	1240	46.86	661	24.98	353	13.34
陕西	4263	100.00	356	8.35	1285	30.14	1958	45.93	664	15.58
甘肃	4042	100.00	422	10.44	593	14.67	2575	63.71	452	11.18
青海	2583	100.00	484	18.74	367	14.21	1496	57.92	236	9.14
宁夏	2801	100.00	479	17.10	1193	42.59	1059	37.81	70	2.50
新疆	3114	100.00	837	26.88	952	30.57	1060	34.04	265	8.51

资料来源：国家统计局1999年8月《全国城市住户基本情况抽样调查》。

房地产开发投资及占固定资产投资的比重

（1986～2000年）　　　　　　　　　　单位：亿元

年　份	固定资产投资	房地产开发投资额	房地产开发占固定资产投资比重（%）
1986	3120.6	101.0	3.2
1987	3791.7	149.9	4.0
1988	4753.8	257.2	5.4
1989	4410.4	272.7	6.2
1990	4517.0	253.3	5.6
1986～1990	**20593.5**	**1034.1**	**5.0**
1991	5594.5	336.2	6.0
1992	8080.1	731.2	9.0
1993	13072.3	1937.5	14.8
1994	17042.1	2554.1	15.0
1995	20019.3	3149.0	15.7
1991～1995	**63808.3**	**8708.0**	**13.6**
1996	22974.0	3216.4	14.0
1997	24941.1	3178.4	12.7
1998	28406.2	3614.2	12.7
1999	29854.7	4103.2	13.7
2000	32917.7	4984.1	15.1
1996～2000	**139093.7**	**19096.3**	**13.7**
1986～2000	**223495.5**	**28838.4**	**12.9**

资料来源：《中国统计年鉴》、《中国固定资产投资统计年鉴》。由于小数进位原因，部分数据与原稿略有出入。

历年房地产开发面积占全国房屋面积比重

单位：万平方米

年 份	全国房屋竣工面积		房地产开发竣工面积	
	合计	其中：住宅	合计	其中：住宅
1986	154621	120516	3437	2849
1987	145425	110641	3462	2944
1988	140190	108418	4247	3617
1989	110557	87267	4808	4070
1990	107952	86425	4196	3527
1986～1990	**658745**	**513267**	**20150**	**17007**
1991	120093	94685	5244	4325
1992	116153	85880	7144	5840
1993	124949	78965	12564	10218
1994	136550	97510	13950	11370
1995	145600	107433	15592	12525
1991～1995	**643345**	**464473**	**54494**	**44278**
1996	162849	122204	15356.7	12232.6
1997	166057	121101	15819.7	12464.7
1998	170905	127572	17566.6	14125.7
1999	187357	139306	21410.8	17640.7
2000	181974	134529	25104.9	20603.0
1996～2000	**869142**	**644712**	**95258.7**	**77066.7**
1986～2000	**2171232**	**1622452**	**169902.7**	**138351.7**

注：1. 全国房屋面积包括城镇及农村新建全部房屋面积。

2. 资料来源：《中国统计年鉴》。

历年商品房销售面积及销售额

年 份	销售面积（万平方米）		销售额（万元）	
	合计	其中：住宅	合计	其中：住宅
1987	2697.2	2376.7	1100967	
1988	2927.3	2549.1	1472164	
1989	2855.4	2491.4	1637542	
1990	2871.5	2544.6	2018263	
1987～1990	11351.4	9961.8	6228936.0	
1991	3025.5	2745.2	2378597	2075979
1992	4288.9	3812.2	4265938	3798493
1993	6687.9	6035.2	8637141	7291913
1994	7230.4	6118.0	10184950	7305208
1995	7905.9	6787.0	12577269	10240705
1991～1995	29138.6	25497.6	38043895.0	30712298.0
1996	7900.4	6898.5	14271292	11069006
1997	9010.2	7864.3	17994763	14075553
1998	12185.3	10827.1	25133027	20068676
1999	14556.5	12997.9	29878734	24137347
2000	18637.1	16570.3	39354423	32286046
1996～2000	62289.5	55158.1	126632239.0	101636628.0
1987～2000	102779.5	90617.5	170905070	

历年商品住宅平均销售价格

单位：元/平方米

年　份	各类住宅平均销售价格
1991	756
1992	996
1993	1208
1994	1194
1995	1509
1996	1605
1997	1790
1998	1854
1999	1857
2000	1948

注：资料来源：《中国统计年鉴》及《中国固定资产投资统计年鉴》。

全国房地产开发企业个数

单位：个

年　份	房地产开发企业个数	其　中		
		内资企业	港、澳、台投资企业	外商投资企业
1994	24372	19685	3456	1231
1995	23841	19177	1846	2818
1996	21269	16932	2135	2202
1997	21286	17202	1989	2095
1998	24378	19960	3214	1204
1999	25762	21422	3167	1173
2000	27303	23277	2899	1127

注：1. 资料来源：《中国固定资产投资统计年鉴》、《中国房地产开发1986—1995统计资料汇编》。

2. 1993年及以前年度的企业个数未按企业登记注册类型分组，此处未予列示。

全国房地产开发从业人数

单位：万人

年 份	年末从业人数	其中：职工人数	
		国有单位	城镇集体单位
1980	37	33	4
1981	38	33	5
1982	38	33	5
1983	37	32	5
1984	36	31	5
1985	36	32	4
1986	38	34	4
1987	39	34	5
1988	42	37	4
1989	43	38	4
1990	44	40	4
1991	48	43	5
1992	54	48	4
1993	66	55	5
1994	74	59	6
1995	80	61	6
1996	84	63	7
1997	87	64	7
1998	94	63	7
1999	96	61	7
2000	100	60	6

注：1. 本表为从事房地产开发并取得工资或其他形式的劳动报酬的全部人员。

2. 资料来源：《中国统计年鉴》。

房地产开发企业财务状况

单位：万元

年 份	资本金合计	资产总计	负债总计	所有者权益	资产负债率
1995	32434070	130390725	94361408	36029317	72.4
1997	38120741	164169597	125154596	39015001	76.2
1998	57787310	195261772	148572535	46689237	76.1
1999	45208800	187448042	142638782	44809260	76.1
2000	53029071	251859857	190321015	61538842	75.6

注：资料来源同前表。

房地产开发企业经营状况

单位：万元

年份	经营总收入					经营税金及附加	营业利润（盈＋亏－）
	合计	土地转让收入	商品房屋销售收入	房屋出租收入	其他收入		
1988	1621234	78573	1472164	8826	61671		130408
1989	1795114	74680	1637541	10970	71923		78598
1990	2187081	87145	2018263	22610	59063		179252
1991	2840325	153810	2378597	39221	268697	205551	275239
1992	5285565	427420	4265938	59617	532590	414435	635196
1993	11359074	839281	8637141	106348	1776304	965917	1559223
1994	12881866	959357	10184950	172817	1564742	951029	1674350
1995	17316624	1943981	12582817	257927	2531899	903047	1434087
1996	19687850	1203378	15337647	299899	2846926	927779	179805
1997	22184557	1032847	17552061	387878	3211770	1042143	－103462
1998	29512078	1322454	24084097	493192	3612325	1388134	－106565
1999	30260108	1032492	25550245	627408	3049963	1453611	－350926
2000	45157119	1296054	38968215	953237	3939613	2145704	732836

注：资料来源：《中国统计年鉴》。

房地产开发企业资金来源

单位:万元

年份	资金来源合计	国家预算内资金	国内贷款	债券	利用外资	自筹资金	其他
1988	3294614		743585			557999	1993030
1989	3812675		786976			761860	2263839
1990	4082955		872907			906536	2353506
1991	5694785		1159226			1159121	3376438
1992	11489248		2794478			2571562	6123208
1993	26457255		4968439			8774112	12714704
1994	35426453		7450153	522734		12137844	15318722
1995	39838690	380623	8828941	190491	5005203	10900813	14532619
1996	38836669	168485	9304680	102031	5184445	10021085	14055943
1997	38170650	124789	9111902	48691	4608565	9728831	14547872
1998	44149422	149480	10531712	62319	3617581	11669821	18118509
1999	47959012	100457	11115664	98703	2566022	13446210	20631956
2000	59976309	68720	13850756	34760	1687046	16142122	28192905

注:资料来源:《中国房地产开发1986—1995统计资料汇编》及历年《中国统计年鉴》。

1979年农村住房水平典型调查

地 区	调查户数（户）	常住人口（人）	年末住人房屋		平均每人住房面积（平方米）
			间数（间）	建筑面积（平方米）	
全国总计	11878	66123	36333	556835	8.4
四 川	1295	6650	3453	54057	8.1
贵 州	631	3701	1553	29368	7.9
云 南	180	1090	589	13176	12.1
西 藏	20	118	39	721	6.1
陕 西	296	1678	857	12292	7.3
甘 肃	359	2096	1387	18898	9.0
青 海	84	559	310	2797	5.0
宁 夏	233	1458	892	10368	7.1
新 疆	130	741	286	5564	7.5
河 南	1083	6354	4292	52635	8.3
湖 北	599	3460	1761	39591	11.4
湖 南	309	1691	842	18433	10.9
广 西					
广 东	185	1117	498	11340	10.2
上 海	94	398	218	5371	13.5
江 苏	554	2856	1722	25386	8.9
浙 江	497	2241	1229	26935	12.0
安 徽	480	2752	1591	23223	8.4

中国住房基本数据(1950～2000年)

续表

地 区	调查户数（户）	常住人口（人）	年末住人房屋		平均每人住房面积（平方米）
			间数（间）	建筑面积（平方米）	
福 建	419	2657	1412	18471	7.0
江 西	256	1465	635	13901	9.5
山 东	753	4270	3313	34738	8.1
北 京	59	326	222	2626	8.1
天 津	224	1123	632	7981	7.1
河 北	620	3278	2173	26659	8.1
山 西	600	3197	2038	26705	8.4
内蒙古	458	2645	1050	15967	6.0
辽 宁	500	2653	1198	19672	7.4
吉 林	330	1922	895	15644	8.1
黑龙江	630	3627	1248	24316	6.7

注：1. 本表主要反映调查年度农村住房数量及居住水平。
2. 资料来源：国家统计局1979年对28个省、市、区（缺广西）11878农户住房典型调查，前国家建工总局施工局1980年6月16日印发。

1979年农村户均住房水平典型调查

单位：平方米/户

地 区	户均住房建筑面积
全国总计	**46.9**
四 川	41.7
贵 州	46.5
云 南	73.2
西 藏	36.1
陕 西	41.5
甘 肃	52.6
青 海	33.3
宁 夏	44.5
新 疆	42.8
河 南	48.6
湖 北	66.1
湖 南	59.7
广 西	
广 东	61.3
上 海	57.1
江 苏	45.8
浙 江	54.2
安 徽	48.4
福 建	44.1
江 西	54.3
山 东	46.1
北 京	44.5
天 津	35.6
河 北	43.0
山 西	44.5
内蒙古	34.9
辽 宁	39.3
吉 林	47.4
黑龙江	38.6

注：1. 本表主要反映改革开放前农村每户家庭的平均住房水平。
　　2. 资料来源：根据1979年国家统计局调查资料加工整理。

1979年农村房屋结构典型调查

按结构分	计算单位	平原区	丘陵区	山区	合计
一、住房面积合计	万平方米	24.56	20.70	10.42	55.68
1. 钢筋混凝土	万平方米	0.07	0.09	0.01	0.17
2. 砖木石结构	万平方米	9.22	7.09	4.07	20.38
3. 其他结构	万平方米	15.27	13.52	6.34	35.13
其中：土坯墙	万平方米	14.14	12.04	5.61	31.79
窑洞	万平方米	0.80	1.04	0.55	2.39
竹草墙	万平方米	0.33	0.44	0.18	0.95
二、住房结构比重	%	100.00	100.00	100.00	100.00
1. 钢筋混凝土	%	0.29	0.44	0.10	0.30
2. 砖木石结构	%	37.54	34.25	39.06	36.60
3. 其他结构	%	62.17	65.31	60.84	63.10
其中：土坯墙	%	57.57	58.16	53.84	57.10
窑洞	%	3.26	5.02	5.28	4.30
竹草墙	%	1.34	2.13	1.73	1.70

注：1. 本表主要反映70年代末期农村住房结构状况。

2. 资料来源：同前表。

1985年全国城镇实有住宅数量

单位：万平方米

地 区	城镇实有住宅建筑面积	城 市	县 镇
总计	229117.6	136333.4	92784.2
北京	6671.1	5997.9	673.2
天津	4451.8	4166.7	285.1
河北	12335.4	6203.1	6132.3
山西	7730.9	4216.0	3514.9
内蒙古	6093.0	3695.0	2398.0
辽宁	12839.2	10052.2	2787.0
吉林	6867.1	4141.3	2725.8
黑龙江	12628.4	7472.0	5156.4
上海	7822.8	6895.4	927.4
江苏	12884.7	7911.3	4973.4
浙江	10585.10	4524.1	6060.9
安徽	7457.7	4429.8	3027.9

中国住房基本数据(1950～2000年)

续表

地 区	城镇实有住宅建筑面积	城 市	县 镇
福建	7161.3	3545.3	3616.0
江西	7068.0	3307.0	3761.0
山东	11917.6	7641.4	4276.2
河南	10621.1	6258.1	4363.0
湖北	11419.4	6845.6	4573.8
湖南	10602.3	5553.2	5049.1
广东	12789.5	7290.5	5499.0
广西	6367.8	3111.5	3256.3
四川	15579.8	8224.7	7355.1
贵州	4650.9	2241.9	2409.0
云南	5761.8	2376.2	3385.6
陕西	6395.0	3607.5	2787.5
甘肃	3929.5	2614.6	1314.9
青海	1353.4	674.8	678.6
宁夏	929.2	687.5	241.7
新疆	4203.9	2648.8	1555.1

注：1. 本表反映1985年末全国城市和县镇实有住宅数量，实有住宅总量包括1949年新中国成立至1985年底新建住房数量，也包括1949年以前建造的住宅。
2. 本表数据是根据1985年《全国城镇房屋普查》资料整理的，主要用于历史比较，下同。

1985年城镇居民户均住房建筑面积

单位：平方米/户

地 区	城镇户均住房建筑面积	其 中	
		城 市	县 镇
总计	**57.6**	**52.0**	**68.3**
北京	53.9	52.4	71.6
天津	42.7	41.8	62.0
河北	61.6	54.1	71.7
山西	63.5	56.8	73.8
内蒙古	50.5	47.6	55.8
辽宁	39.9	38.5	46.0
吉林	41.5	40.1	43.7
黑龙江	43.5	42.1	45.6
上海	43.5	41.7	63.1
江苏	57.7	54.3	64.3
浙江	73.8	64.1	83.1
安徽	58.9	54.4	66.8
福建	89.5	79.8	101.6
江西	75.5	64.8	88.3
山东	63.7	57.8	77.7
河南	64.9	59.0	75.7
湖北	64.9	57.7	80.0
湖南	68.9	60.6	81.2
广东	67.3	62.3	75.3

续表

地　区	城镇户均住房建筑面积	其　中	
		城　市	县　镇
广西	73.6	64.0	85.9
四川	56.3	52.6	61.0
贵州	59.5	55.5	63.7
云南	59.9	51.9	67.2
陕西	65.6	60.1	74.3
甘肃	59.0	54.7	69.9
青海	63.2	57.7	70.0
宁夏	59.6	55.4	75.5
新疆	58.4	53.2	70.0

注：1. 本表用于观察城镇居民80年代初期户均住房水平，均按建筑面积计算。

2. 户均住房水平的基础资料选自1985年《第一次全国城镇房屋普查》数据。

1985年城镇居民户均住房使用面积

单位:平方米/户

地 区	城镇户均住宅使用面积	其 中	
		城 市	县 镇
总计	**37.9**	**34.4**	**44.7**
北京	31.8	31.5	36.1
天津	24.4	23.7	39.2
河北	40.5	35.9	46.6
山西	39.5	35.8	45.4
内蒙古	35.3	33.4	38.9
辽宁	27.6	26.3	32.9
吉林	29.3	27.8	31.7
黑龙江	31.0	29.5	33.4
上海	30.9	30.0	41.1
江苏	39.8	37.4	44.4
浙江	51.0	44.0	57.7
安徽	40.4	37.2	46.0
福建	59.2	52.7	67.4
江西	48.2	42.1	55.5
山东	40.9	37.6	48.9
河南	41.0	38.5	45.7
湖北	42.9	39.0	51.0
湖南	42.9	38.8	49.0
广东	44.9	41.5	50.4

中国住房基本数据(1950～2000年)

续表

地　区	城镇户均住宅使用面积	其　中	
		城　市	县　镇
广西	44.4	40.6	49.4
四川	37.6	35.4	40.4
贵州	42.7	37.9	47.8
云南	37.7	31.8	43.0
陕西	35.2	33.1	38.6
甘肃	36.3	34.4	41.3
青海	39.1	35.7	43.2
宁夏	36.2	34.5	42.7
新疆	39.8	35.2	50.0

注：1. 本表用于观察城镇居民80年代初期按使用面积计算的户均住房水平。

2. 资料来源同上。

1985年城镇居民人均住房水平

（按建筑面积计算）　　单位：平方米/人

地　区	住宅总数建筑面积（万平方米）	居住人口（万人）	人均住房水平
总计	229117.6	15034.2	15.24
北京	6671.1	449.2	14.85
天津	4451.8	368.5	12.08
河北	12335.4	741.9	16.63
山西	7730.9	490.9	15.75
内蒙古	6093.0	491.1	12.41
辽宁	12839.2	1224.5	10.49
吉林	6867.1	662.1	10.37
黑龙江	12628.4	1181.0	10.69
上海	7822.8	668.7	11.70
江苏	12884.7	783.6	16.44
浙江	10585.0	511.0	20.71
安徽	7457.7	487.4	15.30
福建	7161.3	332.3	21.55
江西	7068.0	387.3	18.25
山东	11917.6	664.9	17.92
河南	10621.1	659.5	16.10
湖北	11419.4	638.8	17.88

中国住房基本数据(1950～2000年)

续表

地　区	住宅总数建筑面积（万平方米）	居住人口（万人）	人均住房水平
湖南	10602.3	544.6	19.47
广东	12789.5	772.7	16.55
广西	6367.8	303.0	21.02
四川	15579.8	950.7	16.39
贵州	4650.9	300.5	15.48
云南	5761.8	323.8	17.79
陕西	6395.0	371.2	17.23
甘肃	3929.5	264.8	14.84
青海	1353.4	91.0	14.87
宁夏	929.2	63.7	14.59
新疆	4203.9	305.5	13.76

注：1. 本表用于观察城镇居民80年代初期人均住房水平，均按建筑面积计算。

2. 本表数据系根据第一次全国城镇房屋普查资料整理，人均建筑面积普查公报未单独标列。

3. 整理资料时因扩大了计算单位，部分数据与公报数略有出入，不一致处以普查资料为准。

1985年城镇居民人均住房水平

（按使用面积计算）

地　区	住宅总数使用面积（万平方米）	居住人口（万人）	人均住房水平（平方米/人）
总计	150912.8	15034.2	10.04
北京	3939.6	449.2	8.77
天津	2543.5	368.5	6.90
河北	8099.5	741.9	10.92
山西	4813.0	490.9	9.80
内蒙古	4261.6	491.1	8.68
辽宁	8877.6	1224.5	7.25
吉林	4847.0	662.1	7.32
黑龙江	9006.1	1181.0	7.63
上海	5563.6	668.7	8.32
江苏	8893.2	783.6	11.35
浙江	7314.5	511.0	14.31
安徽	5115.4	487.4	10.50
福建	4738.9	332.3	14.26
江西	4508.4	387.3	11.64
山东	7660.4	664.9	11.52
河南	6714.5	659.5	10.18
湖北	7545.5	638.8	11.81
湖南	6609.5	544.6	12.14

中国住房基本数据(1950~2000年)

续表

地 区	住宅总数使用面积（万平方米）	居住人口（万人）	人均住房水平（平方米/人）
广东	8530.7	772.7	11.04
广西	3844.8	303.0	12.692
四川	10402.8	950.7	10.94
贵州	3339.1	300.5	11.11
云南	3622.4	323.8	11.19
陕西	3436.3	371.2	9.26
甘肃	2419.1	264.8	9.13
青海	836.6	91.0	9.19
宁夏	564.2	63.7	8.86
新疆	2865.0	305.5	9.38

资料来源：同前表。

1985年城镇成套住宅比重

地区	全部住宅建筑面积（万平方米）	成套住宅			成套住宅占住宅合计数的比重（%）
		万套	万平方米	平方米/套	
总计	**229117.6**	**966.2**	**55205.7**	**57.14**	**24.1**
北京	6671.1	54.3	3161.4	58.22	47.4
天津	4451.8	34.6	1894.4	54.75	42.6
河北	12335.4	55.4	3050.1	55.06	24.7
山西	7730.9	22.7	1376.4	60.63	17.8
内蒙古	6093.0	13.2	700.4	53.06	11.5
辽宁	12839.2	95.9	4661.8	48.61	36.3
吉林	6867.1	24.6	1274.1	51.79	18.6
黑龙江	12628.4	41.1	2098.0	51.05	16.6
上海	7822.8	47.9	2287.4	47.75	29.2
江苏	12884.7	56.9	3220.8	56.60	25.0
浙江	10585.0	28.0	1571.4	56.12	14.8
安徽	7457.7	24.7	1477.0	58.58	19.4
福建	7161.3	14.7	929.0	63.20	13.0
江西	7068.0	17.3	1287.4	74.42	18.2
山东	11917.6	52.0	3199.7	61.53	26.8
河南	10621.1	38.4	2249.1	58.57	21.2
湖北	11419.4	56.4	3661.8	64.93	32.1
湖南	10602.3	39.2	2440.4	62.26	23.0

中国住房基本数据(1950～2000年)

续表

地　区	全部住宅建筑面积（万平方米）	成套住宅			成套住宅占住宅合计数的比重（%）
		万套	万平方米	平方米/套	
广东	12789.5	66.2	4477.8	67.64	35.0
广西	6367.8	26.1	1451.0	55.59	22.8
四川	15579.8	62.9	3617.3	57.51	23.2
贵州	4650.9	13.3	793.9	59.69	17.1
云南	5761.8	9.8	515.6	52.61	8.9
陕西	6395.0	30.0	1618.4	53.95	25.3
甘肃	3929.5	17.2	888.5	51.66	22.6
青海	1353.4	5.6	363.1	64.84	26.8
宁夏	929.2	3.5	199.2	56.91	21.4
新疆	4203.9	14.1	770.3	54.63	18.3

注：1. 成套住宅是指可供一户家庭使用的功能齐全的房屋，一般由若干个卧室、起居室及客厅、餐厅、厨房、卫生间、走道、阳台、储藏室等组成。成套住宅的面积和设施水平随着生活水平的提高不断完善，80年代初期的成套住宅比较简陋，多数只包括卧室、客厅、厨房、厕所及简易洗浴设备。
2. 本表所列数据包括城市及县镇。
3. 表内每套住宅面积为第一次全国城镇住房普查资料数，整理时由于扩大了计算单位，部分数据可能略有出入，不一致处以普查资料为准。

1985年城镇居民缺房状况

地 区	家庭总户数（万户）	缺房家庭户数（万户）	缺房家庭占普查总数的比重（％）
总计	3977.3	1054.0	26.50
北京	123.8	30.2	24.39
天津	104.3	42.3	40.50
河北	200.1	33.7	16.82
山西	121.8	29.9	24.58
内蒙古	120.6	41.6	34.47
辽宁	321.8	143.9	44.73
吉林	165.6	70.4	42.51
黑龙江	290.6	121.1	41.66
上海	180.0	90.0	49.98
江苏	223.2	35.3	15.83
浙江	143.5	22.6	15.74
安徽	126.7	26.6	20.96
福建	80.0	14.9	18.67
江西	93.6	21.3	22.72
山东	187.1	33.0	17.65
河南	163.7	33.6	20.55
湖北	175.9	35.0	14.23
湖南	153.9	24.3	15.79

中国住房基本数据(1950～2000年)

续表

地 区	家庭总户数（万户）	缺房家庭户数（万户）	缺房家庭占普查总数的比重（%）
广东	190.1	67.7	35.62
广西	86.5	17.3	19.96
四川	276.9	41.8	15.10
贵州	78.2	11.5	14.67
云南	96.2	22.2	23.04
陕西	97.5	23.2	23.77
甘肃	66.6	13.1	19.73
青海	21.4	3.5	16.14
宁夏	15.6	1.9	12.09
新疆	72.0	12.2	17.01

注：1. 本表根据1985年全国城镇房屋普查资料整理，用于观察历史上住房演变情况。

2. 缺房户包括无房户、不便户、拥挤户，分别占缺房总数的11.5%、42.0%、46.6%。

1985年城镇住房设施状况

序　号	项　目	家庭总户数（万户）	各项设施分别占合计数的比重（%）
	合计	3977.3	100.0
1	厨房		
	独用	2488.2	62.6
	合用	257.5	6.5
2	厕所		
	独用	963.5	24.2
	合用	394.2	9.9
3	自来水		
	独用	2280.9	57.3
	合用	630.2	15.9
4	煤气		
	独用	321.9	8.1
	合用	8.5	0.2
5	电灯	3847.0	96.7
6	洗浴设施	245.0	6.2
7	暖气	329.0	8.3

资料来源：同前表。

1985 年城镇房屋结构状况

结构类型	房屋数量（万平方米）	比重（%）
合计	467662.4	100.0
钢结构	1699.5	0.4
钢、钢筋混凝土结构	3583.1	0.8
钢筋混凝土结构	23627.5	5.1
混合结构	211056.1	45.1
砖木结构	176906.8	37.8
其他结构	50789.3	10.8

注：1. 本表用于反映 80 年代初期不同结构房屋所占的比重。
　　2. 资料来源：同前表。

1985年城镇房屋层数

房屋层数	房屋数量（万平方米）	比重（%）
合 计	467662.4	100.0
平房	234857.2	50.2
2～3 层	132952.8	28.4
4～6 层	92429.5	19.8
7～10 层	6374.4	1.4
11 层及以上	1048.5	0.2

注：1. 本表用于反映 80 年代初期城镇住房不同层数所占的比重。
　　2. 资料来源同前表。

20世纪90年代农村个人建房典型调查

年　份	实有住户数（万户）	当年建房户数（万户）	平均每户新建住宅面积（平方米/户）
1990	19198.20	575.14	83.8
1991	19445.69	574.84	96.3
1992	19612.67	502.73	96.7
1993	19768.55	482.78	90.8
1994	20011.05	484.55	92.7
1995	20099.40	519.18	95.6
1996	20326.93	507.55	97.9
1997	20468.97	485.15	96.2
1998	20563.12	477.98	99.0
1999	20759.21	464.38	100.0
2000	20632.77	437.29	102.6

注：1. 本表旨在反映1990～2000年我国农村个人建房状况。

　　2. 本表数据系根据建设部有关单位统计资料整理而成。

　　3. 新建住宅面积均为建筑面积。

统 计 数 据 说 明

（一）国内生产总值及全社会固定资产投资

1. 由于国民经济核算体系的变化，1980 年以前"国内生产总值"概念是"国民收入"的内容。因此，表内数据的口径不完全一致。1950年～1951 年为国民收入取自《基本建设统计资料 1949～1979》第 1 页。

1952 年为国民收入使用额取自《国民经济统计提要 1949～1983》第 43 页。

1953～1979 年为国民收入使用额取自《1950～1985 中国固定资产投资统计资料》第 11 页。

1980～2000 年国内生产总值取自国家统计局《2001 中国统计年鉴》第 49 页，以分年数相加为时期数。

2. 固定资产投资额 1950 年～1952 年为基本建设投资额，取自《基本建设统计资料 1949～1979》第 1 页。

1953～1979 年为全民所有制单位固定资产投资额，取自《1950～1985 中国固定资产投资统计资料》第 9 页。

1980～2000 年全社会固定资产投资取自国家统计局《2001 中国统计年鉴》第 158 页。

（二）住宅建设投资额

1. 1950～1979 年为全民所有制基本建设住宅建设投资额，取自《1950～1985 中国固定资产投资统计资料》第 67 页。

2. 自 1980 年起国家统计局投资统计增加了更新改造投资统计。因此，城镇住宅投资包括基本建设和更新改造。为了和 1981 年及以后各个年度统一统计口径，我们根据国家统计局已有资料，对1980年农村集体、个人和城镇个人建房投资作了推算，具体见下表：

项　目	住宅投资额（亿元）	资料来源及说明
1980年合计	223.68	有＊者为推算数
一、按地域分		
城镇	132.00	
农村	91.68	
二、按投资来源分		
全民	120.09	《国家统计局1950～1985中国固定资产投资统计资料》第67页
基本建设	111.66	
更新改造	8.43	同上220页
集体	4.87	
城镇	3.28	同上348页
农村	＊1.59	1981年为5.77亿元，占当年投资额的6.9%，同上351页
个体	98.72	
城镇	＊8.63	1981年城镇个人建房投资11.43亿元（同上364页）占城镇1981年个人固定资产投资11.92亿元的92%，以1980年城镇个人投资9亿元（同上363页）×95.9%＝8.63亿元
农村	＊90.09	1982年城镇个人建房投资162.6亿元（同上370页）占城镇1982年个人固定资产投资198.53亿元的81.9%，以1980年城镇个人投资110亿元（同上363页）×81.9%＝90.09亿元

3. 1981～2000年城镇及农村住宅投资额据《中国固定资产投资统计年鉴》各年有关数据整理，与《中国固定资产投资统计数典（1950～2000）》第32页数据相同。

（三）城镇、农村新建住宅建筑面积

1. 1950～1952年城镇住宅建筑面积合计数摘自国家统计局《基本建设统计资料1949～1979》第245页，其分年数分别按当年建筑安装工程投资与住宅分年投资的比重求得。见下表（有＊者为推算数）。

年 份	竣工的房屋建筑面积（万平方米）	其中：住宅	基本建设投资中建安工程（亿元）	其中：住宅	建筑安装工程投资分年比重（％）	其中：住宅投资分年比重
50—52	4659	1462	54.7	8.31	100.0	100
1950	＊731	＊219	8.59	1.25	15.7	15
1951	＊1510	＊453	17.71	2.58	32.4	31
1952	＊2418	＊790	28.40	4.48	51.9	54

上表数据业经国家统计局投资司耿春普同志认可。

2. 1953～1965年城镇新建住宅建筑面积，摘自国家统计局编《1950～1985中国固定资产投资统计资料》第154页。统计口径为基本建设竣工的住宅面积。

3. 1966～1970年城镇新建住宅建筑面积在国家统计局《1950～1985中国固定资产投资统计资料》第154页中，只有合计数，比照上例按1996～1970年住宅投资额的比重推算了分年数。见下表（有＊者为推算数）。

年　份	竣工房屋建筑面积（万平方米）	其中：住宅	住宅投资额（亿元）	住宅投资额分年的比重（%）
"三五"时期	20166	5400	39.32	100.0
1966	*4719	*1264	9.21	23.4
1967	*2743	*734	5.33	13.6
1968	*2904	*778	5.66	14.4
1969	*5666	*1517	11.04	28.1
1970	*4134	*1107	8.08	20.5

上表统计口径为基本建设竣工的住宅建筑面积。

4.1971~1979年城镇住宅房屋建筑面积,摘自国家统计局《基本建设统计资料1949~1979》第245页、第246页,与国家统计局《1950~1985中国固定资产投资统计资料》第154页数据相同。统计口径为基本建设竣工的房屋(住宅)建筑面积。

5.1980年城镇新建房屋建筑面积因资料不全为推算数。其中用基本建设投资建造的房屋为14500万平方米,更新改造投资建造的为2133万平方米,以上资料取自《1950~1985中国固定资产投资统计资料》第154、272页。城镇个人建造的房屋比照1981年的比例推算为1916万平方米。

6.1980年新建住宅建筑面积据国家统计局《1950~1995年固定资产投资统计资料》,由于资料不全,部分数据系推算,具体推算办法见下表(有 * 者为推算数)。

项　　目	住宅建筑面积（万平方米）	说　　明
1980年合计	44546.3	
一、按地域分		
城镇	10590.7	
农村	33955.6	
二、按投资来源分		
全民	8913.8	
基本建设	8230.0	取自《1950～1985年固定资产投资统计资料》154页
更新改造	683.8	取自《1950～1985年固定资产投资统计资料》272页
集体	869.4	
城镇	280.5	取自《1950～1985年固定资产投资统计资料》353页
农村	*588.9	以农村个人建房27元/平方米推算数除以1980年推算投资1.59亿元所得
个体	*34763.1	个体建造住宅，据国家统计局《1950～1985固定资产投资统计资料》第364、369页1981年的投资/面积推算，即城镇个人建房投资11.92亿元/1928.6万平方米＝61.8元/平方米，农村个人建房投资166.34亿元/61660万平方米＝27元/平方米。以城镇和农村的投资额分别相除而得，即：城镇1980年投资8.63亿元/61.8元/平方米＝1396.4万平方米，农村1980年投资90.09亿元/27元/平方米＝33366.7万平方米
城镇	*1396.4	
农村	*33366.7	

7. 1981～2000年城镇、农村新建住宅建筑面积据国家统计局各年固定资产投资统计年鉴整理，与《中国固定资产投资统计数典(1950～2000)》第79页的数据相同。

(四) 1980～2000年农村新建住房投资

1. 1980年农村新建住宅投资见本书统计数据说明（二）住宅建设投资额的第2项。

2. 1981～2000年农村集体和个人新建住房投资额据各年《中国固定资产投资统计年鉴》整理，与《中国固定资产投资统计数典(1950～2000)》第455、32页数据相同。

(五) 1980～2000年农村新建住宅建筑面积

1. 1980年农村新建住宅建筑面积见本书统计数据说明（三）城镇、农村新建住宅建筑面积的第6项。

2. 1981～2000年农村集体、个人新建住房建筑面积据各年《中国固定资产投资统计年鉴》整理，与《中国固定资产投资统计数典(1950～2000)》第464～466、474页数据相同。

(六) 城镇新建各类房屋建筑面积

城镇新建各类房屋建筑面积包括：工业厂房、仓库、住宅、学校、医疗、科研、旅游饭店等各类房屋。数据来源：

1. 恢复时期新建房屋面积在《基本建设统计资料1949～1979》中只有合计数，作者依据投资额推算了分年数。

2. 1953～1965年摘自《1950～1985中国固定资产投资统计资料》第153页。

3. 1966～1970年国家统计局的资料中只有5年的合计数，作者按投资分年比例推算。

4. 1971~1979年摘自《中国固定资产投资统计资料》第153页。

5. 1980年以后固定资产投资统计扩大了范围,为便于比较,作者对1980年城镇个体建造的房屋进行推算,加上统计局已有的国有、城镇集体建房,合计为19442.7万平方米,其中城镇个体建房为1916.1万平方米。

6. 1981~2000年据《中国固定资产投资统计数典(1950~2000)》第78、406、473页整理。

(七) 人均住房水平

1. 由于统计资料所限,1990年以前因农村住房无统计资料,只能观察20世纪90年代的住房水平。

2. 计算住房水平的人口数,采用《中国统计年鉴2001》第91页的数据。其中2000年的人口数为第五次全国人口普查数据,包括大陆31个省、自治区、直辖市和现役军人。不包括中国香港、澳门特别行政区和台湾省、福建省的金门、马祖等岛屿。

3. 计算住房水平的年末实有住宅建筑面积据建设部各有关单位统计资料整理。城镇的范围包括城市、建制镇、集镇;农村指农民聚居的村庄,包括中心村、村民委员会所在地。

4. 2000年城镇住房建筑面积比1999年增加43993.2万平方米,但2000年第五次全国人口普查城镇人口比上年增加6952万人,因此,人均住房面积比上年下降。

(八) 居民住房消费占总支出的比重

1. 城镇居民家庭住房消费占消费总支出的比重,住房消费支出中包括:房租、水电费、煤气、燃料等。居民家庭总消费与日常生活的全部支出,包括:购买商品支出和文化生活、服务等非商品性支出。

数据来源:

(1) 1985～1991年摘自《中国统计年鉴1992》第284页。

(2) 1992～2000年据各年《中国统计年鉴》有关数据整理。

2. 农村居民家庭住房消费占总支出的比重。

农村居民家庭生活消费总支出指日常生活的全部开支。数据来源：

(1) 1985、1987、1988、1989年据《中国统计年鉴1992》卷第310页。

(2) 1986年据《中国统计年鉴1991》卷第298页。

(3) 1990～2000年据各年《中国统计年鉴》整理。

（九）房地产开发

1. 房地产开发完成投资

1986～2000年房地产开发投资额据各年《中国固定资产投资统计年鉴》、《中国统计年鉴》整理，与《中国固定资产投资统计数典》第369页数据相同。

2. 房地产开发、竣工面积

1986～2000年竣工面积据《中国固定资产投资统计数典（1950～2000）》第371页。

3. 商品房销售面积及销售额

(1) 1987～1990据《中国统计年鉴1999》第234页。

(2) 1991～2000据《中国统计年鉴2001》第215页。

4. 商品住宅平均售价

1991～2000年商品房平均售价据上表商品住宅销售面积及销售额计算，与《中国固定资产投资统计年鉴2001》第217页数据相同。

5. 全国房地产开发企业个数

(1) 全国房地产开发企业个数据《中国房地产开发1986～1995年统计资料汇编》：

1994年为24372个，第151页。

1995年为23841个，第190页、191页，其中：

内资：国有 10423、集体 5531、私营 137、联营 510、股份有限公司 1075、有限责任公司 1395、其他经济 106 小计 19177。

外资小计 2818＝中外合资 1943＋中外合作 498＋外资 377

港台 1846＝与大陆合资 724＋与大陆合作 457＋港台独资 665

（2）1996 年据《中国固定资产投资统计年鉴 1997》第 663、664、665 页。其中表列其他经济 146 个，并入内资企业（16932＝国有 8676＋集体 4755＋私营 125＋联营 448＋股份制 2782＋其他 146）。

（3）1997～2000 年取自《中国统计年鉴 2001》第 207 页。

6. 全国房地产开发从业人数

全国房地产从业人员取自《中国统计年鉴 2001》第 113、119、121 页。

7. 房地产开发企业财务状况

（1）1995 年数据《中国房地产开发 1986～1995 年统计资料汇编》中国建筑工业出版社出版第 174 页。其中，资产负债率按该书中的资产、负债加以计算。

（2）1996 年没有资料，空缺。

（3）1997～2000 年据《中国统计年鉴 2001》第 219 页。

8. 房地产开发企业经营情况

（1）1988～1990 据《中国统计年鉴 1999》第 233 页。

（2）1991～2000 据《中国统计年鉴 2001》第 219 页。

（3）1998 年经营总收入、商品房销售收入、营业利润（单位：万元）两年数据不同：

	经营总收入	商品房销售收入	营业利润
1999 年鉴	30583079	25155108	964443
2001 年鉴	29512078	24084097	－106565

本书从 2001 年鉴数据。

9. 房地产开发企业资金来源

（1）1988年据《中国房地产开发1986～1995年统计资料汇编》第18页。

（2）1989年据《中国房地产开发1986～1995年统计资料汇编》第38页。

（3）1990年据《中国房地产开发1986～1995年统计资料汇编》第57页。其中各项来源相加为4132949万元，与表列数字4082955万元，不符。

（4）1991年据《中国房地产开发1986～1995年统计资料汇编》第74页。

（5）1992年据《中国房地产开发1986～1995年统计资料汇编》第94页。

（6）1993年据《中国房地产开发1986～1995年统计资料汇编》第119页。

（7）1994年据《中国房地产开发1986～1995年统计资料汇编》第138页。

（8）1995年据《中国房地产开发1986～1995年统计资料汇编》第170页。

（9）1996年据《中国固定资产投资统计年鉴1997》第678、679页。

（10）1997～2000年据《中国统计年鉴2001》第212页。

（十）本书基本数据未包括中国香港、澳门特别行政区及台湾省的数据。

国外参考资料

国外住宅建设对国民经济的影响

（一）住宅建设占国内生产总值的比重

据联合国对世界 70 多个国家的调查，各国住宅建设投资占国内生产总值（GDP）的比例，大约在 3%～8% 之间。每个国家又因经济发展水平及其他因素影响，不同时期所占比重也不尽相同。

日本：50 年代平均为 4%，60 年代为 6%，70 年代超过 7%，1973 年达到 8.7%，以后随着住房问题的缓和逐步下降。

法国：70 年代为 6%～7%，80 年代为 5%～6%，1992 年为 4.9%。

美国：70 年代以后住宅投资比例稳定，平均在 3%～5% 之间。

韩国：60 年代在 1.3%～9.7% 之间，70 年代上升到 6%，1978 年达到 6.8%，以后保持在 4%～5% 之间。

（二）住宅建设占固定资产投资的比重

联合国调查资料显示：住宅建设投资占固定资产投资的比重一般在 20%～30% 之间，各国也不完全相同。

德国：1984 年曾达到 31.7%

英国：1979 年最低，为 16.5%

韩国：80 年代为 16% 左右。

又据世界银行对各国住宅投资的分析，很多国家人均 GDP 在 1300 美元左右时，住宅投资比例最高，人均 GDP 低于 1300 美元则明显下降。

（三）住宅建设对国民经济的生产诱发系数

生产诱发系数系指该产业增加一个单位的投资所诱发出的全部产业国内产值与该产业投资之比。我国在这方面无精确计算，日本1990年按投入产出表计算的生产诱发系数为1.96。详见附表。

日本1990年各产业诱发系数　　　　附表

序次	产业名称	生产诱发系数
1	制造业	2.195
2	建筑业 其中：住宅建筑业	1.976 1.961
3	运输业	1.875
4	矿业	1.800
5	农林水产业	1.726
6	服务	1.676
7	公务	1.517
8	商业	1.487
9	金融保险业	1.472
10	通讯广播	1.441
11	房地产业	1.259

注：资料来源于《建设科技动态》1998年第9802期。

国外参考资料

国外新建住宅平均每套建筑面积

（1970～1991年）

单位：平方米

年　份	日　本	德　国	瑞　典
1970	65	84	80
1971	70	85	79
1972	72	85	81
1973	79	85	89
1974	82	89	94
1975	83	91	101
1976	82	95	104
1977	86	96	117
1978	85	103	115
1979	92	103	114
1980	91	102	113
1981	91	99	111
1982	93	96	103
1983	87	94	99
1984	84	90	95
1985	83	90	94
1986	81	91	94
1987	79	96	96
1988	84	98	98
1989	81	102	102
1990	81	98	98
1991	86	95	95

注：据中国建筑技术研究院信息所《建设科技动态》第9802期整理。

美国新建独户住宅面积及设施

年份	中等（平方英尺）	平均（平方英尺）	4卧室（％）	2.5浴室（％）	煤气、采暖（％）	中央空调（％）	火炉（％）	2车位车库（％）
1985	1605	1785	18	29	44	70	59	55
1986	1660	1825	20	33	47	69	63	60
1987	1755	1905	23	38	52	71	62	65
1988	1810	1995	26	42	54	75	65	66
1989	1850	2035	28	44	58	77	63	70
1990	1905	2080	29	45	59	76	66	72
1991	1890	2075	28	44	60	75	62	71
1992	1920	2095	29	47	65	77	64	75
1993	1945	2095	30	48	66	78	63	77
1994	1940	2100	30	49	67	79	64	78
1995	1920	2095	30	48	67	80	63	76
1996	1950	2125	31	49	69	81	63	77

国外参考资料

美国新建多户住宅面积及设施

年份	中等 (平方英尺)	平均 (平方英尺)	2卧室 (%)	2浴室 (%)	1层或以上 (%)
1985	882	922	61	37	9
1986	876	911	60	36	8
1987	920	981	61	39	10
1988	940	994	63	41	12
1989	940	1006	62	41	12
1990	955	1005	65	44	11
1991	980	1020	69	43	12
1992	985	1040	71	42	14
1993	1005	1063	73	45	10
1994	1015	1105	71	44	8
1995	1046	1106	72	49	8
1996	1030	1155	72	51	6

注：1. 资料来源：根据中国建筑技术研究院信息所编印的《建设科技动态》1998年第9802期整理。
2. 1平方英尺＝0.093平方米。

国外居住水平及自有住宅比重

国家或地区	年份	全部住宅数（万栋）	每户房间数（间）	每间平均居住人数（人）	自有房比重（％）	租用房比重（％）
美　　国	1980	8039			64.4	35.6
日　　本	1988	3745	4.8	0.7	61.4	37.2
前联邦德国	1978	2301	4.4	0.6	36.0	64.0
英　　国	1981	179	3.8	0.7	34.7	64.9
法　　国	1978	1864	3.6	0.8	46.6	43.0
意 大 利	1981	1751				
加 拿 大	1981	806	5.6	0.5	63.7	36.3
澳大利亚	1981	467	5.4①	0.6	68.1	24.9
前民主德国	1971	594	2.7		23.0	69.3
前捷克斯洛伐克	1980	491	3.5	0.9	44.7	41.7
波　　兰	1978	933	3.1	1.2	36.3	51.4
匈 牙 利	1980	342	2.0	1.5	68.5	30.2
保加利亚	1975	234	3.6	1.0	77.3	22.7
巴基斯坦	1980		1.9	3.6	78.4	7.7
泰　　国	1976		1.9		88.6	7.5
韩　　国	1980	464②	4.1	2.0②	58.6	39.3
新 加 坡	1980	47			55.0	39.6
巴　　西	1980	2535	2.0	1.0	67.8③	31.5③
墨 西 哥	1980	1222			66.8	33.2
阿 根 廷	1980		2.8	1.3	69.1	16.3

注：①1976年数字，包括营业用房屋。
　　②1975年数字。
　　③1976年数字，只包括城市。资料来源：日本《国际统计要览》，1989年。

国外家庭消费支出构成

单位：%

国家和地区	年份	食品和饮料	服装和鞋类	住房、燃料和能源	家用设备及支出	医疗保健	交通和通讯	教育、休闲与娱乐	其他
韩　　国	1996	28.5	7.4	7.7	4.4	4.4	12.6	15.2	19.9
日　　本	1996	16.3	5.2	23.3	5.0	10.8	11.6	12.8	15.0
菲 律 宾	1993	57.3	2.7	4.2	13.9		4.6		16.4
印　　度	1993	53.0	9.8	9.9	4.2	2.3	13.0	3.5	4.4
泰　　国	1993	29.2	12.2	7.8	10.2	7.0	15.5	4.9	13.1
法　　国	1996	17.6	5.1	22.0	7.3	10.2	16.5	7.3	14.0
英　　国	1996	19.9	5.9	19.7	6.5	1.6	17.1	10.8	18.5
奥 地 利	1996	16.8	7.4	20.1	8.1	5.4	16.3	8.1	17.7
意 大 利	1996	18.9	8.7	18.0	8.9	6.6	12.4	8.5	18.1
荷　　兰	1996	14.1	5.9	20.9	6.6	12.6	13.3	9.8	16.8
丹　　麦	1995	20.0	5.2	27.1	5.9	2.1	18.0	10.6	11.1
葡 萄 牙	1995	27.0	8.5	10.7	7.5	5.2	16.3	8.3	16.5
西 班 牙	1996	19.3	7.4	13.3	6.2	5.2	15.8	6.9	25.9
瑞　　典	1996	18.4	5.3	33.4	5.1	4.0	17.1	9.2	7.5
瑞　　士	1996	16.9	4.6	24.8	4.8	13.1	11.0	8.4	15.0
美　　国	1996	10.6	5.7	18.6	5.4	18.0	14.4	10.8	16.5
加 拿 大	1996	14.4	5.1	25.3	8.4	4.3	16.2	10.3	15.9
墨 西 哥	1996	29.0	4.3	14.1	8.5	4.4	14.6	6.0	19.3
澳大利亚	1996	20.6	4.6	20.2	6.2	7.2	14.3	11.0	15.9
新 西 兰	1996	16.2	4.1	20.3	10.6	7.3	15.4	9.8	16.3

注：转引自2001年《国际统计年鉴》。

负担系数与人口老龄化

国家和地区	负担系数（%）①		65岁及以上人口比重（%）		65岁及以上人口性别比②		预计到2015年增加人口（百万人）
	1980年	1999年	1980年	1999年	1980年	1999年	
世 界	**71.2**	**60.0**	**5.9**	**6.8**	**138**	**128**	**7084**
中 国③	67.4	47.9	4.7	6.8	130	104	1394
中国香港	47.0	39.4	6.4	10.2	150	124	7
孟加拉国	97.9	72.9	3.4	3.3	98	143	166
印 度	74.2	63.8	4.0	4.8	97	82	1222
印度尼西亚	79.7	55.3	3.3	4.5	119	107	250
伊 朗	93.2	66.4	3.3	4.6	113	118	82
以色列	71.8	60.1	8.7	9.2	113	108	8
日 本	48.3	46.0	9.0	16.5	136	134	124
哈萨克斯坦	62.6	53.2	6.1	7.5	213	138	15
朝 鲜	75.4	47.8	3.5	5.0	189	193	26
韩 国	60.8	39.6	3.8	6.4	143	183	51
马来西亚	75.4	62.5	3.7	4.0	102	161	29
蒙 古	85.5	64.8	2.9	4.4	133	118	3
缅 甸	77.3	50.2	4.0	4.8	125	127	54
巴基斯坦	89.6	82.7	2.9	3.2	86	118	193
菲律宾	80.7	68.4	2.8	3.7	112	98	97
新加坡	46.7	41.1	4.5	5.5	126	119	5
斯里兰卡	65.5	49.6	4.3	6.4	90	121	23
泰 国	77.1	45.2	3.5	5.5	127	105	69
土耳其	78.4	52.9	4.7	5.7	121	130	78
越 南	89.9	63.8	4.8	5.0	155	118	94
埃 及	77.1	65.8	4.0	4.5	122	141	80
尼日利亚	95.2	88.0	2.6	2.5	126	120	169
南 非	74.9	60.3	3.4	4.7	156	134	46

国 外 参 考 资 料

续表

国家和地区	负担系数（%）①		65岁及以上人口比重（%）		65岁及以上人口性别比②		预计到2015年增加人口（百万人）
	1980年	1999年	1980年	1999年	1980年	1999年	
加拿大	47.3	46.4	9.4	12.5	132	167	33
墨西哥	95.8	61.6	3.8	4.5	121	134	118
美 国	50.9	51.4	11.2	11.8	151	127	316
阿根廷	63.0	60.0	8.1	9.6	128	142	43
巴 西	73.0	52.6	4.1	4.9	112	144	200
委内瑞拉	78.3	63.3	3.2	4.3	119	131	30
白俄罗斯	50.7	47.6	10.8	13.4	217	123	9
保加利亚	51.5	46.9	11.9	15.6	119	200	7
捷 克	58.3	43.9	13.4	13.6	159	135	10
法 国	56.9	52.5	14.0	15.6	158	160	61
德 国	51.7	45.9	15.6	15.8	180	150	79
意大利	54.9	46.7	13.2	17.2	143	164	55
荷 兰	51.1	46.8	11.5	13.6	143	145	17
波 兰	52.4	46.8	10.1	11.8	159	143	39
罗马尼亚	58.6	45.9	10.3	12.7	132	164	21
俄罗斯	46.8	44.8	10.2	12.2	271	139	135
西班牙	59.4	45.9	10.7	16.5	144	219	38
乌克兰	50.0	47.2	11.9	13.9	226	141	44
英 国	56.2	53.3	15.1	15.7	155	203	60
南斯拉夫	51.2	51.2	9.8	13.3	128	137	11
澳大利亚	53.6	48.6	9.6	11.8	139	129	21
新西兰	57.9	52.1	10.0	11.3	139	130	4

注：1. ①指0～14岁和65岁及以上人口与15～64岁人口之比，用百分数表示。

②男性为100。

③世界银行统计数据。

2. 资料来源：世界银行《世界发展指标》，2001年。

城市人口比重

单位：%

	1980年	1990年	1995年	1997年	1998年	1999年
世界	**39.5**	**43.4**	**45.0**	**45.7**	**46.1**	**46.4**
中国①	19.4	26.4	29.0	29.9	30.4	30.9
中国香港	91.5	99.9	100.0	100.0	100.0	100.0
中国澳门	98.1	98.7	98.8	98.8	98.8	98.8
孟加拉国	14.4	19.3	21.8	22.9	23.4	24.0
印度	23.1	25.5	26.8	27.4	27.8	28.1
印度尼西亚	22.2	30.6	35.6	37.7	38.8	39.8
伊朗	49.6	56.3	59.0	60.0	60.6	61.1
以色列	88.6	90.3	90.7	90.9	91.0	91.1
日本	76.2	77.4	78.1	78.4	78.5	78.7
哈萨克斯坦	54.0	57.0	56.4	56.4	56.4	56.4
朝鲜	56.9	58.4	59.1	59.5	59.8	60.0
韩国	56.9	73.8	78.2	79.7	80.4	81.2
马来西亚	42.0	49.8	53.7	55.2	55.9	56.7
蒙古	52.1	58.0	60.8	61.9	62.4	63.0
缅甸	24.0	24.6	25.8	26.6	26.9	27.3
巴基斯坦	28.1	31.9	34.3	35.4	35.9	36.5
菲律宾	37.5	48.8	54.0	55.8	56.8	57.7
新加坡	100.0	100.0	100.0	100.0	100.0	100.0
斯里兰卡	21.6	21.3	22.1	22.7	23.0	23.3
泰国	17.0	18.7	20.0	20.6	21.0	21.3
土耳其	43.8	61.2	69.2	71.6	72.9	74.1
越南	19.2	19.7	19.4	19.5	19.6	19.6
埃及	43.8	44.1	44.4	44.7	44.9	45.0
尼日利亚	26.9	35.0	39.5	41.3	42.2	43.1

国外参考资料

续表

	1980年	1990年	1995年	1997年	1998年	1999年
南 非	48.1	48.8	49.3	49.7	50.0	50.2
加拿大	75.7	76.6	76.7	76.9	76.9	77.0
墨西哥	66.3	72.5	73.4	73.8	74.0	74.2
美 国	73.7	75.2	76.1	76.5	76.8	77.0
阿根廷	82.9	86.5	88.4	89.0	89.3	89.6
巴 西	66.2	74.7	78.4	79.6	80.1	80.7
委内瑞拉	79.4	84.0	85.5	86.1	86.3	86.6
白俄罗斯	56.5	66.3	68.8	69.8	70.2	70.7
保加利亚	61.2	66.5	68.0	68.6	69.0	69.3
捷克共和国	74.6	74.8	74.5	74.6	74.6	74.7
法 国	73.3	74.0	74.7	75.1	75.2	75.4
德 国	82.6	85.3	86.5	86.9	87.1	87.3
意大利	66.6	66.7	66.6	66.8	66.8	66.9
荷 兰	88.4	88.7	89.0	89.2	89.2	89.3
波 兰	58.1	61.8	63.7	64.5	64.8	65.2
罗马尼亚	49.1	53.6	54.9	55.4	55.7	55.9
俄罗斯	69.8	74.0	75.9	76.6	77.0	77.3
西班牙	72.8	75.4	76.5	76.9	77.2	77.4
乌克兰	61.7	66.9	67.4	67.6	67.8	67.9
英 国	88.8	89.1	89.2	89.3	89.4	89.4
南斯拉夫	46.3	50.9	51.4	51.7	51.9	52.0
澳大利亚	85.8	85.1	84.7	84.7	84.7	84.7
新西兰	83.3	84.7	85.3	85.5	85.6	85.7

注：1. ①市镇人口占总人口的比重。
2. 资料来源：世界银行《世界发展指标》，2001年。

人均国民生产总值

单位：美元

	1980年	1990年	1995年	1997年	1998年	1999年
世界平均	2540	4090	5000	5270	5020	5020
低收入国家	370	430	420	460	420	420
中等收入国家	1110	1360	1770	2080	1990	1980
下中等收入国家	720	920	1010	1220	1190	1200
上中等收入国家	2600	3060	4590	5240	4930	4870
高收入国家	10710	20630	26150	27330	26240	26440
非经合组织成员国	5300	10300	16150	17740	16770	16610
经合组织成员国	10970	21180	26700	27880	26780	27020
中、低收入国家(按地区分组)	780	940	1140	1310	1250	1240
东亚和太平洋	340	570	940	1140	1000	1010
欧洲和中亚			1990	2280	2190	2160
拉丁美洲和加勒比	2100	2240	3360	3900	3870	3800
中东和北非	2010	1710	1800	2050	2060	2060
南亚	270	380	380	420	420	440
撒哈拉以南非洲	650	550	520	540	510	490
中　国①		220	320	520	710	740	780
中国香港	5790	12680	23120	25290	24060	24570
中国澳门		8770	16640	16610	15030	14200
卢森堡	17720	33590	43680	46470	42080	42930
瑞　士	19620	33520	41350	43400	40200	38380
挪　威	15360	25470	31500	36380	34590	33470
丹　麦		23430	31810	34220	32660	32050
日　本	10390	26400	39720	38350	32550	32030
美　国	13030	23560	28150	30040	30570	31910

注：①未包括中国香港、澳门特别行政区及台湾省数据。

续表

	1980年	1990年	1995年	1997年	1998年	1999年
冰　　岛	15230	23600	24650	27760	28230	29540
瑞　　典	15880	25050	25180	27750	27300	26750
德　　国			27920	28590	26690	25620
奥 地 利	11030	19610	26930	28230	26560	25430
荷　　兰	13690	19120	25360	27250	25690	25140
芬　　兰	10940	24890	21050	25620	24780	24730
比 利 时	13280	18370	25520	26870	25310	24650
法　　国	12780	19660	24700	25850	24730	24170
新 加 坡	4860	11730	23060	27450	24640	24150
英　　国		16220	19120	21520	22370	23590
爱 尔 兰	6080	11990	16130	19790	20480	21470
澳大利亚	11600	17690	19790	22270	21370	20950
意 大 利	7930	17420	19090	20560	20440	20170
加 拿 大	11150	19800	19880	20290	19760	20140
法属波利尼西亚	9280	15500	17560	17480	17370	16930
以 色 列	5350	10860	14960	16710	16470	16310
新喀里多尼亚	7820	15010	17790	17790	16120	15160
西 班 牙	6030	11790	14370	15340	14930	14800
新 西 兰		12410	14240	16170	14520	13990
希　　腊	5780	7910	10900	12360	12160	12110
塞浦路斯	3590	8110	11520	12140	11900	11950
葡 萄 牙	2990	6420	10070	11250	11020	11030
斯洛文尼亚			8300	9920	9780	10000
马 耳 他	3370	6880	8400	9330	9140	9210
安提瓜和巴布达	1860	5550	7250	8240	8490	8990
巴巴多斯	3350	6520	6850	7850	8210	8600

不同国家投资率比较

单位:%

	1980年	1990年	1995年	1997年	1998年	1999年
世　　界	**25.4**	**24.0**	**22.8**	**22.9**	**22.4**	**22.9**
中　　国	35.2	34.7	40.8	38.2	37.4	37.0
中国香港	35.1	27.4	34.8	34.5	29.1	25.2
中国澳门		22.8	29.5	21.4	18.5	17.4
孟加拉国	19.8	17.1	19.1	20.7	21.6	22.2
印　　度	20.9	25.2	26.5	23.4	21.8	22.9
印度尼西亚	24.1	30.7	31.9	30.8	27.1	23.7
伊　　朗	29.6	28.6	30.2	21.8	23.9	18.2
以 色 列	22.4	25.1	25.3	22.1	20.1	21.0
日　　本	32.2	32.3	28.6	29.1	26.7	26.1
哈萨克斯坦			23.3	15.6	17.3	17.6
韩　　国	31.7	37.7	37.2	34.2	21.2	26.8
马来西亚	30.3	32.4	43.6	43.0	26.6	22.3
蒙　　古		34.3	26.4	26.0	25.8	26.1
缅　　甸	21.5	13.4	14.3	12.6	10.8	
巴基斯坦	18.5	18.9	18.4	18.0	17.7	15.0
菲 律 宾	29.1	24.2	22.5	24.8	20.2	18.6
新 加 坡	46.3	36.7	34.5	39.3	32.8	32.8
斯里兰卡	33.8	22.2	25.7	24.4	25.1	27.1
泰　　国	29.1	41.4	41.4	32.9	20.3	21.0
土 耳 其	18.2	24.3	25.5	25.1	24.2	23.3
越　　南		13.0	27.1	28.3	28.7	25.4
埃　　及	27.5	28.8	17.2	17.7	20.5	22.8
尼日利亚	21.3	14.7	16.3	17.4	28.3	24.2
南　　非	23.4	11.8	18.2	16.0	16.2	15.7
加 拿 大	23.2	20.7	18.4	20.7	20.3	20.2

国 外 参 考 资 料

续表

	1980年	1990年	1995年	1997年	1998年	1999年
墨西哥	27.2	23.1	19.8	25.9	24.3	23.2
美　国	20.1	17.6	18.1	19.4	20.1	
阿根廷	25.3	14.0	17.9	19.4	19.9	18.8
巴　西	23.3	20.2	22.3	21.3	21.3	20.4
委内瑞拉	26.4	10.2	18.1	21.0	21.2	15.6
白俄罗斯		26.8	25.1	25.7	26.1	24.0
保加利亚	34.0	25.6	15.7	11.4	14.7	19.0
捷克共和国		25.2	34.0	32.8	29.7	28.4
法　国	25.1	23.4	19.2	17.8	18.8	19.0
德　国			22.7	21.6	21.8	22.2
意大利	28.0	22.2	19.3	18.9	19.7	20.3
荷　兰	24.4	24.3	21.0	21.6	21.9	22.0
波　兰	26.4	24.7	19.7	24.6	26.2	26.4
罗马尼亚	39.8	30.2	24.3	21.5	21.4	19.9
俄罗斯		30.1	25.4	22.8	15.7	15.5
西班牙	24.4	26.9	22.3	22.1	23.1	24.2
乌克兰		27.5	26.7	21.4	20.8	19.8
英　国	17.6	20.2	16.9	17.2	18.0	17.6
澳大利亚	26.2	22.0	22.4	23.7	24.6	
新西兰	20.9	18.9	22.3	21.1	19.0	

注：资料来源：世界银行《世界发展指标》,2001年。

世界经济发展主要指标

	1980年	1990年	1995年	1997年	1998年	1999年
国内生产总值(支出法)(10亿美元)						
世界总计	11027	21728	29076	29696	29430	30876
低收入国家	698	878	966	1084	960	1033
中等收入国家	2390	3521	4801	5568	5223	5519
下中等收入国家	1203	1808	2165	2582	2447	2609
上中等收入国家	1158	1729	2639	2992	2781	2916
高收入国家	8069	17320	23303	23054	23245	24323
非经合组织成员国	192	430	726	816	765	792
经合组织成员国	7877	16888	22576	22239	22478	23530
中、低收入国家						
（按地区分组）	3088	4393	5765	6651	6182	6552
东亚和太平洋	502	927	1790	2003	1683	1895
欧洲和中亚	1245	960	1131	1010	1098	
拉丁美洲和加勒比	782	1136	1723	2043	2037	2053
中东和北非	385	403	504	600	589	614
南亚	234	404	477	541	554	581
撒哈拉以南非洲	271	297	318	343	322	324
人均国民生产总值(美元)						
世界总计	2540	4090	5000	5270	5020	5020
低收入国家	370	430	420	460	420	420
中等收入国家	1110	1360	1770	2080	1990	1980
下中等收入国家	720	920	1010	1220	1190	1200
上中等收入国家	2600	3060	4590	5240	4930	4870
高收入国家	10710	20630	26150	27330	26240	26440
非经合组织成员国	5300	10300	16150	17740	16770	16610
经合组织成员国	10970	21180	26700	27880	26780	27020

续表

	1980年	1990年	1995年	1997年	1998年	1999年
中、低收入国家(按地区分组)	780	940	1140	1310	1250	1240
东亚和太平洋	340	570	940	1140	1000	1010
欧洲和中亚	1990	2280	2190	2160		
拉丁美洲和加勒比	2100	2240	3360	3900	3870	3800
中东和北非	2010	1710	1800	2050	2060	2060
南亚	270	380	380	420	420	440
撒哈拉以南非洲	650	550	520	540	510	490
国内生产总值年增长率(%)						
世界总计	**2.0**	**2.7**	**2.7**	**3.4**	**1.9**	**2.6**
低收入国家	**5.7**	**3.4**	**5.3**	**3.9**	**0.9**	**4.1**
中等收入国家	**4.8**	**1.7**	**4.0**	**4.9**	**1.1**	**3.0**
下中等收入国家	3.2	1.9	5.0	4.9	2.4	3.6
上中等收入国家	6.0	1.6	3.2	4.9	…	2.6
高收入国家	**1.4**	**2.8**	**2.4**	**3.1**	**2.1**	**2.4**
非经合组织成员国	6.9	6.4	5.8	5.5	1.0	4.3
经合组织成员国	1.3	2.7	2.3	3.0	2.1	2.4
中、低收入国家(按地区分组)	**4.9**	**2.0**	**4.2**	**4.7**	**1.1**	**3.2**
东亚和太平洋	3.7	7.1	9.3	6.0	−1.3	6.8
欧洲和中亚	−1.9	0.2	3.2	0.1	1.0	
拉丁美洲和加勒比	6.4	−0.6	1.5	5.1	1.9	…
中东和北非	2.4	7.0	2.0	3.0	3.6	2.6
南亚	6.4	5.6	7.0	4.2	6.0	6.0
撒哈拉以南非洲	5.8	1.1	3.7	3.2	2.0	2.0

注：1. 低收入国家指1999年人均GNP755美元及以下国家，中等收入国家指人均GNP756至9265美元的国家（其中2995美元及以下为下中等收入国家），高收入国家指人均GNP9266美元及以上的国家。

    2. 资料来源：世界银行《世界发展指标》，2001年。

国土面积与人口密度

	国土面积 (万平方公里)	1999年年中人口数 (万人)	1999年人口密度 (人/平方公里)
世　界	**13387.0**	**597840**	**45**
亚　洲	**3174.8**	**363428**	**114**
中　国①	960.0	125360	131
	0.1	684	6840
阿富汗	65.2	2192	34
亚美尼亚	3.0	380	127
阿塞拜疆	8.7	798	92
巴　林	0.1	67	670
孟加拉国	14.4	12695	882
不　丹	4.7	206	44
文　莱	0.6	32	53
柬埔寨	18.1	1095	60
塞浦路斯	0.9	78	87
东帝汶	1.5	87	58
格鲁吉亚	6.9	501	73
印　度	328.8	98661	300
印度尼西亚	190.5	20926	110
伊　朗	163.3	6275	38
伊拉克	43.8	2245	51
以色列	2.1	610	290
日　本	37.8	12651	335
约　旦	8.9	648	73
哈萨克斯坦	271.7	1494	5
朝　鲜	12.1	2370	196
韩　国	9.9	4686	473
科威特	1.8	211	117
吉尔吉斯	19.9	487	24
老　挝	23.7	530	22
黎巴嫩	1.0	324	324
马来西亚	33.0	2271	69
蒙　古	156.7	262	2
缅　甸	67.7	4506	67

续表

	国土面积 （万平方公里）	1999年年中人口数 （万人）	1999年人口密度 （人/平方公里）
尼泊尔	14.7	2237	152
阿　　曼	21.2	246	12
巴基斯坦	79.6	13451	169
菲律宾	30.0	7475	249
卡塔尔	1.1	59	54
沙特阿拉伯	215.0	1990	9
新加坡	0.1	389	3890
斯里兰卡	6.6	1904	288
叙利亚	18.5	1611	87
塔吉克斯坦	14.3	624	44
泰　　国	51.3	6181	120
土耳其	77.5	6439	83
土库曼斯坦	48.8	438	9
阿联酋	8.4	240	29
乌兹别克斯坦	44.7	2395	54
越　　南	33.2	7871	237
也　　门	52.8	1768	33
非　　洲	**3031.2**	**76663**	**25**
阿尔及利亚	238.2	3077	13
安哥拉	124.7	1248	10
贝　　宁	11.3	619	55
博茨瓦纳	58.2	161	3
布基纳法索	27.4	1162	42
布隆迪	2.8	648	231
喀麦隆	47.5	1469	31
佛得角	0.4	42	105
中　　非	62.3	355	6
乍　　得	128.4	746	6
科摩罗	0.2	66	330
刚果（布）	34.2	286	8
科特迪瓦	32.2	1453	45
吉布提	2.3	63	27

续表

	国土面积 （万平方公里）	1999年年中人口数 （万人）	1999年人口密度 （人/平方公里）
埃　　及	100.1	6723	67
赤道几内亚	2.8	44	16
埃塞俄比亚	110.4	6167	56
加　　蓬	26.8	139	5
冈比亚	1.1	127	115
加　　纳	23.9	1968	82
几内亚	24.6	736	30
几内亚比绍	3.6	119	33
肯尼亚	58.0	2955	51
莱索托	3.0	211	70
利比里亚	11.1	293	26
利比亚	176.0	547	3
马达加斯加	58.7	1550	26
马拉维	11.8	1064	90
马　　里	124.0	1096	9
毛里塔尼亚	102.6	260	3
毛里求斯	0.2	117	585
摩洛哥	44.7	2824	63
莫桑比克	80.2	1730	22
纳米比亚	82.4	170	2
尼日尔	126.7	1040	8
尼日利亚	92.4	10895	118
卢旺达	2.6	724	278
塞内加尔	19.7	928	47
塞舌尔	0.1	8	80
塞拉利昂	7.2	472	66
索马里	63.8	967	15
南　　非	122.1	4305	35
苏　　丹	250.6	2888	12
斯威士兰	1.7	98	58
坦桑尼亚	94.5	3279	35
多　　哥	5.7	451	79

国外参考资料

续表

	国土面积 (万平方公里)	1999年年中人口数 (万人)	1999年人口密度 (人/平方公里)
突尼斯	16.4	946	58
乌干达	24.1	2162	90
刚果(金)	234.5	5034	21
赞比亚	75.3	1041	14
津巴布韦	39.1	1308	33
北美洲	**2239.1**	**47779**	**21**
安提瓜和巴布达	0.04	7	175
巴哈马	1.4	30	21
巴巴多斯	0.04	27	675
伯利兹	2.3	24	10
加拿大	997.1	3049	3
哥斯达黎加	5.1	359	70
古巴	11.1	1116	101
多米尼加共和国	4.9	825	168
萨尔瓦多	2.1	615	293
格林纳达	0.03	9	300
危地马拉	10.9	1109	102
海地	2.8	780	279
洪都拉斯	11.2	639	57
牙买加	1.1	256	233
墨西哥	195.8	9737	50
尼加拉瓜	13.0	494	38
巴拿马	7.6	281	37
波多黎各	0.9	389	432
美国	936.4	27313	29
南美洲	**1786.7**	**34075**	**19**
阿根廷	278.0	3658	13
玻利维亚	109.9	814	7
巴西	854.7	16537	19
智利	75.7	1502	20
哥伦比亚	113.9	4159	37
厄瓜多尔	28.4	1241	44

续表

	国土面积 （万平方公里）	1999年年中人口数 （万人）	1999年人口密度 （人/平方公里）
圭亚那	21.5	86	4
巴拉圭	40.7	536	13
秘鲁	128.5	2523	20
苏里南	16.3	42	3
乌拉圭	17.7	331	19
委内瑞拉	91.2	2371	26
欧洲	**2298.8**	**72893**	**32**
阿尔巴尼亚	2.9	311	107
奥地利	8.4	818	97
白俄罗斯	20.8	1004	48
比利时-卢森堡	3.3	1015	308
保加利亚	11.1	821	74
克罗地亚	5.7	455	80
捷克共和国	7.9	1028	130
丹麦	4.3	532	124
爱沙尼亚	4.5	141	31
芬兰	33.8	517	15
法国	55.2	5910	107
德国	35.7	8209	230
希腊	13.2	1063	81
匈牙利	9.3	1007	108
冰岛	10.3	28	3
爱尔兰	7.0	375	54
意大利	30.1	5724	190
拉脱维亚	6.5	243	37
立陶宛	6.5	366	56
马耳他	0.03	39	1300
荷兰	4.1	1581	386
挪威	32.4	446	14
波兰	32.3	3865	120
葡萄牙	9.2	989	108
罗马尼亚	23.8	2246	94

国外参考资料

续表

	国土面积 （万平方公里）	1999年年中人口数 （万人）	1999年人口密度 （人/平方公里）
俄罗斯	1707.5	14556	9
斯洛伐克	4.9	540	110
斯洛文尼亚	2.0	199	100
西班牙	50.6	3942	78
瑞　典	45.0	886	20
瑞　士	4.1	713	174
英　国	24.5	5874	240
乌克兰	60.4	5011	83
南斯拉夫	10.2	1064	104
大洋洲	**856.4**	**3001**	**4**
澳大利亚	774.1	1897	2
斐　济	1.8	81	45
关　岛	0.1	16	160
新喀里多尼亚	1.9	21	11
新西兰	27.1	381	14
巴布亚新几内亚	46.3	470	10
萨摩亚	0.3	17	57
所罗门群岛	2.9	43	15
汤　加	0.1	10	100
瓦努阿图	1.2	19	16

注：1.①中国香港为土地面积。

2. 资料来源：联合国粮农组织数据库；联合国《统计月报》2001年3月。

参 考 书 目

[1] 联合国人居中心编著.《城市化的世界》[M].沈建国等译.北京：中国建筑工业出版社，1999.

[2] 周珂著.《生态环境法论》[M].北京：法律出版社，2001.

[3] （英）戴维·D·史密斯著.《城市化住宅及其发展过程》[M].天津：天津社会科学院出版社，2000.

[4] 邓楠主编.《可持续发展：人类安全与生存》[M].哈尔滨：黑龙江教育出版社，1999.

[5] 高映轸等著.《土地经济问题再认识》[M].南京：南京出版社，1996.

[6] 天津市城市住房制度改革办公室编，刘玉录执笔.《城市居民收入与住房政策设计》.

[7] 城乡建设环境保护部城市住宅局编.《第一次全国城镇房屋普查资料汇编》.

[8] 历年《中国统计年鉴》[2].国家统计局.北京：中国统计出版社.